现代中国美育文献选编与导读（1900—1960）

杨光　郭焕苓　主编

山東文藝出版社

图书在版编目（CIP）数据

现代中国美育文献选编与导读：1900—1960 / 杨光，郭焕苓主编 .—济南：山东文艺出版社，2023.4

ISBN 978-7-5329-6776-6

Ⅰ .①现… Ⅱ .①杨… ②郭… Ⅲ .①美育—思想史—中国—1900—1960—文集 Ⅳ .① G640-014

中国版本图书馆 CIP 数据核字（2022）第 236444 号

现代中国美育文献选编与导读：1900—1960

XIANDAI ZHONGGUO MEIYU WENXIAN XUANBIAN YU DAODU：1900—1960

杨光　郭焕苓 主编

主管单位　山东出版传媒股份有限公司
出版发行　山东文艺出版社
社　　址　山东省济南市英雄山路 189 号
邮　　编　250002
网　　址　www.sdwypress.com

读者服务　0531-82098776（总编室）
　　　　　0531-82098775（市场营销部）
电子邮箱　sdwy@sdpress.com.cn

印　　刷　山东新华印务有限公司
开　　本　890 毫米 ×1240 毫米　1/32
印　　张　10.5
字　　数　254 千
版　　次　2023 年 4 月第 1 版
印　　次　2023 年 4 月第 1 次印刷
书　　号　ISBN 978-7-5329-6776-6
定　　价　49.00 元

代序　美育史的“漏勺”

近年来，美育成为全社会持续关注的一个热点，当代中国的美育事业再度进入了一个繁荣期，这无疑是可喜的。当然，繁荣的背后，也同时存在着具有当下时代特点、值得我们进一步忧虑和深思的问题。而正是这种对于时代性问题的美育忧虑和思考，以及其中所体现出来的明确意识与艰难探索，方才推动造就了当下美育的“繁荣”。

在有关当代中国美育的种种忧虑中，首先是理论上的“忧虑”。“美育者，应用美学之理论于教育，以陶养感情为目的者也。”蔡元培以否定美育理论之存在的方式，对美育所作的这个“理论式”定义，成为一种美育“理论”忧虑的经典暗示。今天虽然存在着“美育理论”这个名词，人们仍需要思考，真正存在着一种可以称之为“美育理论”的对象吗？现实中，在绝大多数情况下，美育的理论和美学的理论高度重合，把美育教材撰写成稀释版美学教材的现象亦层出不穷。这恰恰是由“美育理论究竟为何”这一问题的模糊不清所导致的必然结果。进而，一种理论形态的美育，还是美育吗？如果用美学的教育取代审美的教育，用传授知识的“教”替换涵养美心的“育”，那么，所谓“美育理论”即便存在，其存在的价值意义又是什么呢？

当自身的存在危机发生之时，人总会不由自主地回顾过往。美育的理论“忧虑”一经发生，便立刻逼迫着它面向自身的过去。美育史由此浮现于眼前。对于当代中国美育而言，它的历史首先是近现代以来的中国美育进程，而不是以“礼乐教化”为标志的传统美育。因为，当我们说存在着“传统”之时，“现代”其实已经隐含其中。这一黑格尔式的“狡黠”自20世纪之初便笼罩着中国美育的现代史，并且一直持续到今天。也正因为今天的中国美育仍未找到勘破此历史狡黠的有效途径，所以现代中国美育的百年历史对于今天而言仍属首要。

历史常常被比喻成一条时间长河。“逝者如斯夫，不舍昼夜”。在这种由河流之喻所表达的时间观和历史观中，连续性和永恒性被显现在突出的位置。但是，对于历史来说，更为恰当的比喻也许是“漏勺”：历史既是由从时间“漏勺”中打捞过滤出来的对象所构成，同时也是由被这“漏勺”所遗漏的对象所构成。“漏勺”不断地“打捞”与“遗漏”，其间，历史在流动变化中生成，这就是书写历史的过程。现代中国美育史应作如是观。

书写任何一种历史，文献都是基础。美育文献是美育史的基础材料。在很大程度上，美育史的书写过程就是一种过滤美育历史文献的过程。对于现代中国美育史来说，近现代中国美育文献的收集整理目前仍然薄弱，尚未出现权威性、实用性的集成式成果。特别是，随着近年来各种近现代文献数据库的大规模建设，不少原本以为散佚的美育类文献重新浮出了历史的水面，进而对再度书写现代中国美育史提出了新的要求与可能性。《现代中国美育文献选编与导读（1900—1960）》一书，或可视为对这一要求与可能性的一次呼应与探索。是为序！

王德胜

2023年2月4日

目录

1. 孔子之美育主义 …… 001

2. 拟播布美术意见书 …… 015

3. 美育论 …… 027

4. 以美育代宗教说 …… 043

5. 美育是什么 …… 057

6. 新文化运动和美育 …… 077

7. 艺术教育学的思潮及批判 …… 099

8. 美育之原理 …… 133

9. 趣味教育与教育趣味 …… 149

10. 艺术教育的原理 …… 167

11. 论美育书 …… 181

12. 中学校的美育实施 …… 195

13. 美感教育思想 …… 221

14. 生命情调与美感 …… 253

15. 谈美感教育 …… 287

16. 美从何处寻？ …… 309

编后记 …… 327

I 孔子之美育主义

王国维

诗云："世短意常多，斯人乐久生。"岂不悲哉！人之所以朝夕营营者，安归乎？归于一己之利害而已。人有生矣，则不能无欲；有欲矣，则不能无求；有求矣，不能无生得失；得则淫，失则戚：此人人之所同也。世之所谓道德者，有不为此嗜欲之羽翼者乎？所谓聪明者，有不为嗜欲之耳目者乎？避苦而就乐，喜得而恶丧，怯让而勇争：此又人人之所同也。于是，内之发于人心也，则为苦痛；外之见于社会也，则为罪恶。然世终无可以除此利害之念，而泯人己之别者欤？将社会之罪恶固不可以稍减，而人心之苦痛遂长此终古欤？曰：有，所谓"美"者是已。

美之为物：不关于吾人之利害者也。吾人观美时，亦不知有一己之利害。德意志之大哲人汗德，以美之快乐为不关利害之快乐（Disinterested Pleasure）。至叔本华而分析观美之状态为二原质：（一）被观之对象，非特别之物，而此物之种类之形式；（二）观者之意识，非特别之我，而纯粹无欲之我也（《意志及观念之世界》第一册，二百五十三页）。何则？由叔氏之说，人之根本在生活之欲，而欲常起于空乏。既偿此欲，则此欲以终；然欲之被偿者一，而不偿者十百；一欲既终，他欲随之：故究竟之慰藉终不可得。苟吾人之意识而充以嗜欲乎？吾人而为嗜欲之我乎？则亦长此辗转于空乏、希望与恐怖之中而已，欲求福祉与宁静，岂可得哉！然吾人一旦因他故，而脱此嗜欲之网，则吾人之知识已不为嗜欲之奴隶，于是得所谓无欲之我。无欲故无空乏，无希望，无恐怖；其视外物也，不以为与我有利害之关系，而但视为纯粹之外物。此境界唯观美时有之。苏子瞻所谓“寓意于物”（《宝绘堂记》）；邵子曰：“圣人所以能一万物之情者，谓其能反观也。所以谓之反观者，不以我观物也。不以我观物者，以物观物之谓也。既能以物观物，又安有有我于其间哉？”（《皇极经世·观物内篇》七）此之谓也。其咏之于诗者，则如陶渊明云：“采菊东篱下，悠然见南山。山气日夕佳，飞鸟相与还。此中有真意，欲辨已忘言。”谢灵运云：“昏旦变气候，山水含清晖。清晖能娱人，游子澹忘归。”或如白伊龙[①]云：

“I live not in myself, but I become portion of that around me; and to me high mountains are a feeling.”

皆善咏此者也。

夫岂独天然之美而已，人工之美亦有之。宫观之瑰杰，雕刻之优美雄丽，图画之简淡冲远，诗歌音乐之直诉人之肺腑，皆使人达于无欲之境界。故泰西自雅里大德勒[②]以后，皆以美育为德育之助。至近世，谑夫志培利[③]、赫启孙[④]等皆从之。乃德意志之大诗人希尔列尔[⑤]出，而大成其说，谓人曰与美相接，则其感情日益高，而暴慢鄙倍之心自益远。故美术者，科学与道德之生产地也。又谓审美之境界乃不关利害之境界，故气质之欲灭，而道德之欲得由之以生。故审美之境界乃物质之境界与道德之境界之

① 拜伦。——编者注
② 亚里士多德。——编者注
③ 夏夫兹博里。——编者注
④ 哈奇逊。——编者注
⑤ 席勒。——编者注

津梁也。于物质之境界中，人受制于天然之势力；于审美之境界则远离之；于道德之境界则统御之（希氏《论人类美育之书简》）。由上所说，则审美之位置犹居于道德之次。然希氏后日更进而说美之无上之价值，曰："如人必以道德之欲克制气质之欲，则人性之两部犹未能调和也。于物质之境界及道德之境界中，人性之一部，必克制之以扩充其他部；然人之所以为人，在息此内界之争斗，而使卑劣之感跻于高尚之感觉。如汗德①之严肃论中气质与义务对立，犹非道德上最高之理想也。最高之理想存于美丽之心（Beautiful Soul），其为性质也。高尚纯洁，不知有内界之争斗，而唯乐于守道德之法则，此性质唯可由美育得之。"（芬特尔朋②《哲学史》第六百页）此希氏最后之说也。顾无论美之与善，其位置孰为高下，而美育与德育之不可离，昭昭然矣。

今转而观我孔子之学说。其审美学上之理论虽不可得而知，然其教人也，则始于美育，终于美育。《论语》曰："小子何莫学夫诗。诗可以兴，可以观，可以群，可以怨。迩之事父，远之事君。多识于鸟兽草木之名。"又曰："兴于诗，立于礼，成于乐。"其在古昔，则胄子之教，典于后夔；大学之事，董于乐正（《周礼·大司乐》《礼记·王制》）。然则以音乐为教育之一科，不自孔子始矣。荀子说其效曰："乐者，圣人之所乐也，而可以善民心。其感人深，其移风易俗。……故乐行而志清，礼修而行成，耳目聪明，血气和平，移风易俗，天下皆宁。"（《乐论》）此之谓也。故"子在齐闻《韶》"，则"三月不知肉味"。而《韶》乐之作，虽絜壶之童子，其视精，其行端。音乐之感人，其效有如此者。

且孔子之教人，于诗乐外，尤使人玩天然之美。故习礼于树

---

① 康德。——编者注

② 文德尔班。——编者注

下，言志于农山，游于舞雩，叹于川上，使门弟子言志，独与曾点。点之言曰："莫春者，春服既成，冠者五六人，童子六七人，浴乎沂，风乎舞雩，咏而归。"由此观之，则平日所以涵养其审美之情者可知矣。之人也，之境也，固将磅礴万物以为一，我即宇宙，宇宙即我也。光风霁月不足以喻其明，泰山华岳不足以语其高，南溟渤澥不足以比其大。邵子所谓"反观"者非欤？叔本华所谓"无欲之我"、希尔列尔所谓"美丽之心"者非欤？此时之境界：无希望，无恐怖，无内界之争斗，无利无害，无人无我，不随绳墨而自合于道德之法则。一人如此，则优入圣域；社会如此，则成华胥之国。孔子所谓"安而行之"，与希尔列尔所谓"乐于守道德之法则"者，舍美育无由矣。

呜呼！我中国非美术之国也！一切学业，以利用之大宗旨贯注之。治一学，必质其有用与否；为一事，必问其有益与否。美之为物，为世人所不顾久矣！故我国建筑、雕刻之术，无可言者。至图画一技，宋、元以后，生面特开，其淡远幽雅实有非西人所能梦见者，诗词亦代有作者。而世之贱儒辄援"玩物丧志"之说相诋。故一切美术皆不能达完全之域。美之为物，为世人所不顾久矣！庸讵知无用之用，有胜于有用之用者乎？以我国人审美之趣味之缺乏如此，则其朝夕营营，逐一己之利害而不知返者，安足怪哉！安足怪哉！庸讵知吾国所尊为"大圣"者，其教育固异于彼贱儒之所为乎？故备举孔子美育之说，且诠其所以然之理。世之言教育者，可以观焉。

选自《教育世界》69号，1904年2月。该文发表时原未署名，今据佛雏先生考订作者为王国维（见《王国维哲学美学论文辑佚》，佛雏校辑，华东师范大学出版社，1993年）。

导 读

王国维（1877—1927），初名国桢，字静安，号礼堂（又号观堂、永观等），是我国近代史上著名的美育思想启蒙者和倡导者。他积极接受西方教育理论和哲学思想，在中国首次提出了“美育”这一概念，并对其加以阐说推介，其成就对中国近代美育思想的发展起到了重要的促进作用。

他出身贫寒，但刻苦攻读，和许多文人知识分子一样，试图通过科举来实现自我。其学术研究大致可分为三个阶段：第一阶段（1898—1907），学术重心放在对西方哲学思想、文学理论的译介和研究上；第二阶段（1908—1911），回归于对中国传统史籍的研究，侧重钻研中国历史文化、考古治经等内容；第三阶段（1912—1927），专注于经史小学之研究，尤其是在金甲文字、汉魏碑帖、敦煌文献等方面取得了较大成就。整体来看，王国维的学术视野开阔，在教育学、美学、心理学以及伦理学等方面均有重要论述，对于中国近代美育思想发展起到了重要的影响，是中国近代美育思想重要的奠基人和倡导者。

一、美育依托教育、美学二维度

王国维的美育思想具有深厚的知识基础，他融教育学、美学、艺术学等为一体，与美育发展相联系，提出了中国近代美育发展史上诸多重要理论，开创了传统美育思想发掘之先河。

在教育维度上，王国维认为先进的教育理念对社会发展起着重要作用，因而强调教育理念的更新与发展，并不断将教育理论付诸实践中。王国维于1901年从东京回国后，与罗振玉等人一同创办了《教育世界》期刊，开始译介西方先进的教育理念和教育制度等，对当时国内的教育理论产生了不小的影响。《教育世界》期刊在选稿推介上，尤其注重将西方教育理念与中国具体实际相结合，这对当时的教育发展起到了一定的推动作用。同时，他将外国先进的教育理念制度等与中国教育实际相结合，进行实践研究。他在担任师范学堂教员时，积累了丰富的教学经验，对于教育理论的筛选和整合，起到了重要作用。

在理论研究和实践运行双重维度的支撑下，他的教育理念逐渐成熟完善，并最终在《论教育之宗旨》一文中完整展现。他指出，教育包括身体能力的教育与精神能力的教育两块：身体能力是为体育；精神能力的教育根据知力、意志、感情与真、善、美之间的“三大关系”而分为智育、德育、美育三个部分，它们各司其职；智育即知力的教育，德育即意志的教育，也称“意育”，美育即感情的教育，也称“情育”。在《论教育之宗旨》一文中，他首次明确提出“美育”这一概念，并与智育、德育相联系，指出三者是相互关联、密不可分的一个整体，而非是相互对立的三个独立概念，一个人的发展应该在三者相互协调中和谐发展，缺少任一方面的作用，都会造成人格的不完善。这种强调“三育”合一的教育理念，在当时社会背景下具有鲜明的时代意义，对于完整人格的塑造给出了理论上的引领与指导，对于现代人格发展仍具有重要的意义和价值。

在美学维度上，王国维的理论来源既依托于西方哲学家的理论研究，又与中国传统美学思想有着密切的联系。具体来说，他的美学思想，可以归结为一种“无用之用”，强调审美活动的超功利性和自由性。王国维强调审美活动的超功利性与康德的“审美无利害”有着直接的关联，凸显审美活动的纯粹和自由。王国维认为审美活动进行前，审美主体内心不应该有对于审美对象的任何审美期待，否则美感就失去了纯粹的意义和价值。举例来说，在中秋团圆之夜，以欣赏圆月为目的的审美在康德审美界定下就不能称之为完全意义的“审美无利害”，而当结束了一天工作之时，忽然抬头远眺，发现一轮明月悬挂于夜幕之中，使审美主体感受到了一种超乎寻常的美的感受，这才是真正意义上的“美”。王国维把康德这种对于美的界定引入自己的审美体系之中，强调美育活动中，对于美的感知和教育不应该是一种功利性质的活动，而应该是一种类于“无用”的社会化活动。

同时，王国维的审美无利害的观念根植于中国传统的思想体系之中，其中影响尤为深远的应属道家老庄思想。道家强调一种“出世”的人生姿态，处在一种“玄之又玄”的游离状态之中，同时对于“无用之用”有着直接且明确的阐释，以《庄子》中一则故事为例,可以帮助我们更好地厘清中国传统文化对“无用之用”的理解。书中有这样一个片段：如能够被用来建造房屋、能够散发香气、制作漆器的树木都被砍伐了，唯独剩下却是看似什么用处也没有的一种树木，也正是凭借其“无用”的特点，这种树木才得以生存。通过这样一个例子，我们可以发现，王国维的美学思想中，强调完全意义上的“审美无利害”是有着深厚文化基础和哲学依据的，这也是其美学思想中最为鲜明的一个特点。

王国维的美学思想中，尤其强调审美主体之独立自由的属性。前文强调的审美无功利性多指在审美活动之前的临界状态，而进入到这种审美观照的活动之中，就需要格外强调审美主体内在的独立属性。审美主体在进入一种独立于外界的审美状态之中时，便逐渐摆脱了客观法律、道德之束缚，形成一种跟随美感而行的审美自由。这种审美独立性,在老庄思想中有着鲜明且直观的描述。《逍遥游》一文中，将无所凭依的鲲鹏置于混沌自然之中，我们似乎可以感受到北冥之鱼自由自在地飘荡时，摆脱了云气、时空、自然的束缚，进入一种完全自我沉醉的理想环境之中，让人感受到一种如痴如醉的神迷境界。在这种境界之中，人与物已经幻化为一体，不存在绝对的隔膜和区别，都统一于对审美对象的完全观照之中，这便是王国维所强调的独立个体性。同时，理解王国维这种思想，也应与当时的时代背景和社会环境相联系，将这种审美机制置于当时纷乱的社会环境之中，这种完全独立性质的审美活动在现实运行中也存在一定的阻碍。但也正是因为这种独立状态探寻的困难,才使得王国维所强调的完全意义上“无用之用”更显珍贵。

综上所述，我们可以略见王国维思想体系之大致框架，其在教育学、美学基础上发展演变而成的美育思想在《孔子之美育主义》一文中得到了充分彰显。王国维依托孔子的美育思想，勾连起他自身对于美育理念的多重理解，本文正是体现王国维美育思想的经典之文。

二、审美无功利性

《孔子之美育主义》一文开篇便写到“世短意常多，斯人乐久生”，指出个体欲望与个人生存间的矛盾性，无穷无尽的欲望伴随着人的一生，始终左右着个体的喜怒哀乐，成为罪恶的源头。那么是否能够有消解个人欲望，实现社会纯粹化发展的路径呢?王国维给出了一种方向上的引导——寻求美。

王国维所谓的美，是通过教育这一途径进行的，形成一种具有广泛意义的审美教育行为。王国维的美育思想与其美学的见解密不可分，他的美育观念是在吸收多方哲学思想的基础上形成的，他在此文中总结美的概念为“美之为物：不关于吾人之利害者也”，这一论断与康德的审美无利害观念有着深刻的联系。值得注意的是，在关于审美无功利性这一概念阐释时，王国维引用了叔本华的价值体系，他指出，叔本华认为关于审美事物的欣赏是需要两种状态的：其一，被观赏的事物应是纯然物质存在的客体，不具有内在思想性；其二，观赏者欣赏时要达到纯粹思想的境地。在此，王国维将其关于审美无功利性的解释进一步丰富整合，形成了一种便于民众接受理解、能够广泛推行的理论观点。即在进行审美活动时，审美主体应该保持纯粹的意识观念，观照的对象也应该是一种纯乎自然性的审美客体，只有达到这两者的和谐，才有可能形成“审美无功利”的基础支撑。至于是否能够消解内在欲求，达到完满人生的境界，涉及教育、伦理、心理、艺术等诸多维度的考量，而王国维也并未进一步追问和探讨。

王国维从“欲望”产生的角度进行论证，他结合叔本华的哲学思想指出，一个人的欲望是从他出生之时就存在的，在社会环境的影响下，不会自然地消解，反而会产生不同层面的欲求，这种不同层面的欲求是在社会大背景下相互连接沟通的，形成一个内化于个体思想体系的欲望网络。因而，当一个人的欲望得到一定程度的满足时，审美个体其他层次的欲望也会产生诸多方面的欲求，产生无穷无尽的欲望纠缠，成为被欲望压榨的非独立的审美个体。紧接着，王国维列举了《宝绘堂记》《皇极经世·观物内篇》等文章进行阐说，强调要在脱离欲望枷锁的前提下进行，其中引用了我们熟悉的陶渊明诗句“采菊东篱下，悠然见南山。山气日夕佳，飞鸟相与还。此中有真意，欲辨已忘言”，通过这样一首诗歌，能够帮助我们更加直观地理解王国维所强调的审美无功利性的意义和价值。我们可以想象这样一幅画面：在乡野自然之中，作者在山中,采撷着自然的花草,感受着自然美景带来的诗意享受,恍惚间一抬头，望见三三两两的飞鸟，在自由自在地飞翔。这样一幅自然和谐的动态画卷，是审美主体未曾预料，也难以表达的审美状态，以至于达到忘记言说的地步。

需要强调的是，王国维将这种审美无功利性在很大意义上建构于自然环境之中，这与当时的社会环境有着密切的联系。但是，在当今社会中，受制于各种社会欲求和社会关系，在自然环境中寻求纯乎自然的理想状态似乎也并不是一件容易之事。“旅游”现在似乎成为一种超脱自然、寻求自我的捷径，社会中不少人都想去看看广阔的世界，陶冶情操，感受自然之美，以求抚平社会带来的各种创伤，达到无欲无求的地步。实则不然，以一种“求美”“赏美”的心态而出发，在本质上就已偏离了王国维所强调的审美纯粹的需求，因而通过有意识地观赏自然美景，而达到审美教育的功效，存在着本质性的偏离。最后，王国维指出除了自然之外，人工之美诸如雕刻、图画、诗歌、音乐等，只要能符合一定审美性的要求，都有机会达到一种“审美无功利”的理想境界。

三、美育与德育

王国维在文中指出“审美之位置犹居于道德之次”，认为美育的社会地位应处于德育之下，这种认识与席勒等人的理论倡导是一致的。作为西方近代美育理论代表性人物的席勒指出，人具有两种冲动：一种是感性冲动，在这个意义上主体性的自然感官起着主导性的作用，容易受到欲望的冲击和控制；另一种是形式冲动，是受理智求知的控制，也被称为理性冲动。两者在一定程度上存在着对立和矛盾，而达到这两种冲动的和谐相处，就需要第三方冲动的调节，在席勒那里被称为——游戏冲动。这种游戏冲动，介于感性冲动和形式冲动二者中间，它的实现与发挥要依靠审美状态的支撑。

王国维在文中指出："审美之境界乃不关利害之境界，故气质之欲灭，而道德之欲得由之以生。故审美之境界乃物质之境界与道德之境界之津梁也。于物质之境界中，人受制于天然之势力；于审美之境界则远离之；于道德之境界则统御之。"在此，王国维认为只有依托美育才能够实现个体从物质层面到道德层面的转化，美育在社会治理的过程中，起到了一个重要的桥梁作用。在社会生活的环境中，王国维认为：我们大多处在世俗社会，关注物质利益和个体欲望的满足，因而会产生诸多社会问题，要实现社会阶层的跳跃，促进社会变动，就必须实行审美之教育，借以实现道德层次的自律。关于道德层次，王国维也进行了较为详细的论述，他指出"最高之理想存于美丽之心（Beautiful Soul），其为性质也。高尚纯洁，不知有内界之争斗，而唯乐于守道德之法则，此性质唯可由美育得之"。通过审美教育这个途径，就有机会到达自我道德教育的层次，从而与"美丽之心"相伴，在这种"美丽心灵"抑或是"美丽灵魂"的陪伴下，审美个体已经脱离了个体间的相互斗争，自然存在于一种自我道德教育的氛围之中，推而广之，也便能使社会成员达成自我道德教育，而不需要依靠内外双重的约束。

概而言之，在席勒美育思想的影响下，王国维深刻吸收了其关于"德育与美育""美丽之心"等概念的核心要义，倡导通过审美教育这一途径，以一种游戏性的冲动，实现从物质状态到道德状态的过渡。同时，他也结合席勒之美育理论，畅想了理想的社会形态，指出了"美丽之心"在社会意义上的具体价值，从而实现其理想化的乌托邦建构。

四、孔子之美育

在此文的后半部分，王国维大量引用了孔子的理论观点，指出“今转而观我孔子之学说。其审美学上之理论虽不得而知，然其教人也，则始于美育，终于美育”，他对孔子为代表的传统文化中的美育因素，进行了细致的分析和介绍。

首先，王国维指出了诗乐对于人审美教育的重要价值。以“兴观群怨”为例，所谓“兴”即抒情，是诗歌的情感熏陶；“观”即对于社会动态的关注，进而掌握国家发展之趋势；“群”即志同道合之人相互之间的研究、探讨；“怨”是指对于政治上进行针砭。由此可见，诗歌对于社会生活的影响是广泛而深刻的。通过对于诗歌的阅读和鉴赏，从个体出发，进而关系到社会和国家的发展，这种依托于诗歌的审美教育，能够内化修养人之价值，外化规范社会行为，以一种潜移默化的形式进行。

其次，王国维也指出孔子思想中对于音乐教育的重视。礼乐制度自古以来就对中国传统社会产生着重要影响，成为一种兼具艺术欣赏和社会功效双重价值的审美形式，其本质上强调的是一种对于道德状态的向往和追求。现代审美艺术教育，主要借助古典诗词、绘画创作、音乐鉴赏这三个主要方面，以求在吟诵诗文歌曲、绘画创作中提升审美主体的审美意识，实与王国维所强调的审美教育相距甚远。现代审美教育具有形式化、强迫性和功利性的特点，希望在短时间课程之后，能够感受到审美状态带来的愉悦感。这种功利性的审美教育，在其诞生之日，与资本运行的教育社会相伴，便决定了其发展轨迹的偏移。尤其是当今社会，对于少儿审美教育的关注，使得不少资本参与其中，对于审美现实功效的鼓吹，使得审美教育在一定程度上成为风靡一时的网红词汇，却忽视了审美概念的内在精神。

最后，王国维对于审美状态中的自然进行了探讨。文中引用孔子之语“莫春者，春服既成，冠者五六人，童子六七人，浴乎沂，风乎舞雩，咏而归”，在一个春光明媚的春日，田野自然中曾点欣赏自然，淡化了政治理想、人生抱负的束缚，而纵情于自然山水之间，用一种纯粹自然的眼光来欣赏自然，感叹自然的美妙，感受自由自在的审美状态。这便是孔子对于自然审美状态的彰显，在这样一种审美状态中，达成物我一体、天地相合的境界，在这种环境中没有欲望、担忧、享乐等诸多因素的影响，完全沉醉于一种道德境界的状态之中。此时的自然状态，也便依靠着纯粹审美个体而升华为一种道德性质的社会存在，在这个环境中不需要依靠外在法律、制度、道德等的束缚，也能达到“随心所欲不逾矩”的理想状态，这便是孔子美育思想的鲜明体现。

此文结尾处，当王国维真正落脚到社会教育、审美、艺术发展的现实时，发出了“呜呼！我中国非美术之国也！一切学业，以利用之大宗旨贯注之。治一学，必质其有用与否；为一事，必问其有益与否。美之为物，为世人所不顾久矣”的感叹。对于当时教育的发展情况，王国维批判了其过于注重功利性的弊病，美的价值长久地被世人所忽视，令人惋叹。王国维对于美的意义与价值的思考，在当今教育发展的模式下，仍值得深思。

盖平运撰写

2

拟播布美术意见书

鲁 迅

一、何为美术

美术为词，中国古所不道，此之所用，译自英之爱忒（art or fine art）。爱忒云者，原出希腊，其谊为艺，是有九神[①]，先民所祈，以冀工巧之具足，亦犹华土工师，无不有崇祀拜祷矣。顾在今兹，则词中函有美丽之意，凡是者不当以美术称。

希腊之民，以美术著于世，然其造作，初无研肄，仅凭直觉之力，以判别天物美恶，惟其为觉敏，故所成就者神。盖凡有人类，能具二性：一曰受，二曰作。受者譬如曙日出海，瑶草作华，若非白痴，莫不领会感动；既有领会感动，则一二才士，能使再现，以成新品，是谓之作。故作者出于思，倘其无思，即无美术。然所见天物，非必圆满，华或槁谢，林或荒秽，再现之际，当加改造，俾其得宜，是曰美化，倘其无是，亦非美术。故美术者，有三要素：一曰天物，二曰思理，三曰美化。缘美术必有此三要素，故与他物之界域极严。刻玉之状为叶，髹漆之色乱金，似矣，而不得谓之美术。象齿方寸，文字千万，核桃一丸，台榭数重，精矣，而不得谓之美术。几案可以驰张，什器轻于携取，便于用矣，而

---

① 九神：古希腊人所崇奉的九位女神，她们分别主管历史、音乐和诗歌、喜剧、悲剧、舞蹈、抒情诗、颂歌、天文、史诗。——编者注

不得谓之美术。太古之遗物，绝域之奇器，罕矣，而非必为美术。重碧大赤，陆离斑驳，以其戟刺，夺人目精，艳矣，而非必为美术，此尤不可不辨者也。

二、美术之类别

由前之言，可知美术云者，即用思理以美化天物之谓。苟合于此，则无间外状若何，咸得谓之美术。如雕塑，绘画，文章，建筑，音乐皆是也。区分之法，始于希腊柏拉图[①]，其类凡二：

（甲）静美术　（乙）动美术

柏氏以雕塑，绘画为静，音乐，文章为动，事属草创，为说不完。后有法人跋多[②]区分为三，德人黑智尔[③]承之。

（甲）目之美术　（乙）耳之美术　（丙）心之美术

属于目者为绘画雕塑，属于耳者为音乐，属于心者为文章，其说之不能具是，无异前古。近时英人珂尔文[④]以为区别之术，可得三种，今具述于次；凡有美术，均可取其一以分隶之。

（一）（甲）形之美术　（乙）声之美术

美术有可见可触者，如绘画、雕塑、建筑、是为形美；有不可见不可触者，如音乐、文章，是为音美。顾中国文章之美，乃互为形声二者，是又非此例所能赅括也。

---

① 柏拉图（前427—前347）：古希腊哲学家，著有《对话集》。——编者注

② 跋多（1713—1780）：法国教士、学者，著有《各种美术归结到一个原则》《文学教程》等。——编者注

③ 黑智尔（1770—1831）：通译黑格尔，德国哲学家，著有《逻辑学》《精神现象学》《美学》等。——编者注

④ 珂尔文（1845—1927）：通译科尔温，英国文艺评论家，剑桥艺术大学教授，大英博物馆印刻画和素描部负责人，著有《回忆录》等。——编者注

（二）（甲）摹拟美术　（乙）独造美术

美术有拟象天物者，为雕刻，绘画，诗歌；有独造者，为建筑，音乐。此二者虽间亦微涉天物，而繁复腠会，几于脱离。

（三）（甲）致用美术　（乙）非致用美术

美术之中，涉于实用者，厥惟建筑。他如雕刻，绘画，文章，音乐，皆与实用无所系属者也。

三、美术之目的与致用

言美术之目的者，为说至繁，而要以与人享乐为臬极，惟于利用有无，有所牴牾。主美者以为美术目的，即在美术，其于他事，更无关系。诚言目的，此其正解。然主用者则以为美术必有利于世，傥其不尔，即不足存。顾实则美术诚谛，固在发扬真美，以娱人情，比其见利致用，乃不期之成果。沾沾于用，甚嫌执持，惟以颇合于今日国人之公意，故从而略述之如次：

✽美术可以表见文化

凡有美术，皆足以征表一时及一族之思惟，故亦即国魂之现象；若精神递变，美术辄从之以转移。此诸品物，长留人世，故虽武功文教，与时间同其灰灭，而赖有美术为之保存，俾在方来，有所考见。他若盛典侅事[①]，胜地名人，亦往往以美术之力，得以永住。

✽美术可以辅翼道德

美术之目的，虽与道德不尽符，然其力足以渊邃人之性情，崇高人之好尚，亦可辅道德以为治。物质文明，日益曼衍，人情因亦日趣于肤浅；今以此优美而崇大之，则高洁之情独存，邪秽之念不作，不待惩劝，而国乂安。

---

① 侅事：重大事件。——编者注

✽美术可以救援经济

方物见斥，外品流行，中国经济，遂以困匮。然品物材质，诸国所同，其差异者，独在造作。美术弘布，作品自胜，陈诸市肆，足越殊方，尔后金资，不虞外溢。故徒言崇尚国货者末，而发挥美术，实其本根。

四、播布美术之方

美术之用，大者既得三事，而本有之目的，又在与人以享乐，则实践此目的之方术，自必在于播布。播布云者，谓不更幽秘，而传诸人间，使与国人耳目接，以发美术之真谛，起国人之美感，更以冀美术家之出世也。兹拟应行之事如次：

✽建设事业

美术馆：当就政府所在地，立中央美术馆，为光复纪念，次更及诸地方。建筑之法，宜广征专家意见，会集图案，择其善者，或即以旧有著名之建筑充之。所列物品，为中国旧时国有之美术品。

美术展览会：建筑之法如上。以陈列私人所藏，或美术家新造之品。

剧场：建筑之法如上。其所演宜用中国新剧，或翻译外国著名新剧，更不参用古法；复以图书陈说大略，使观者咸喻其意。若中国旧剧，宜别有剧场，不与新剧混淆。

奏乐堂：当就公园或公地，设立奏乐之处，定日演奏新乐，不更参以旧乐；惟必先以小书说明，俾听者咸能领会。

文艺会：当招致文人学士，设立集会，审国人所为文艺，择其优者加以奖励，并助之流布。且决定域外著名图籍若干，译为华文，布之国内。

✽保存事业

著名之建筑：伽蓝宫殿，古者多以宗教或帝王之威力，令国人成之；故时世既迁，不能更见，所当保存，无令毁坏。其他若史上著名之地，或名人故居，祠宇，坟墓等，亦当令地方议定，施以爱护，或加修饰，为国人观瞻游步之所。

碑碣：椎拓既多，日就漫漶，当令禁止，俾得长存。

壁画及造像：梵刹及神祠中有之，间或出于名手。近时假破除迷信为名，任意毁坏，当考核作手，指定保存。

林野：当审察各地优美林野，加以保护，禁绝剪伐；或相度地势，辟为公园。其美丽之动植物亦然。

✽研究事业

古乐：当立中国古乐研究会，令勿中绝，并择其善者，布之国中。

国民文术：当立国民文术研究会，以理各地歌谣，俚谚，传说，童话等；详其意谊，辨其特性，又发挥而光大之，并以辅翼教育。

选自《教育部编纂处月刊》第一卷第一册，1913年2月，署名周树人。

导 读

鲁迅（1881—1936），原名周樟寿，后改名为周树人，浙江绍兴人。其文学成就斐然，主要包括杂文、短中篇小说、散文、现代散文诗、旧体诗等，他的文学观念对五四运动及其以后的文学发展产生了深远影响，享誉文坛。不仅如此，他长期致力于中国的教育事业，是一名伟大的教育家，对当时的教育问题发表了一系列破旧立新的观点和主张。在他的教育观点中，美育思想占据了很重要的位置，其美育思想对当时的社会发展变革起到了重要影响，同时对我们现在的美育研究以及学校的审美教育都有重要的借鉴意义。

一、写作背景

鲁迅先生身处反帝反封建的历史转折时代，接受过近代西方文明，深感旧中国的腐朽和不堪，积极介绍和宣传新思想，立志改革旧的社会。他认可并积极迎合蔡元培的教育主张，肯定美育的价值，亲自参与推进美学和美育事业的开展。其早期美育观点主要体现在他于1913年2月发表的《拟播布美术意见书》一文中。在这篇文章里，鲁迅阐释了美术的概念、分类、目的和效用等，制定了播布美育的方针和措施。但后来由于国民政府内阁党派之争，蔡元培愤然辞去所任的教育总长职务，他所提倡的美育也遭遇坎坷，就连美育也在“临时教育会议”上被取消了。鲁迅听闻此消息，极其愤怒，他在日记里写道：“闻临时教育会议竟删美育。此种豚犬，可怜可怜！”[①] 尽管蔡元培辞去教育总长职务以后对开展美育十分不利，但是鲁迅依然提倡美育，并坚决反对用封建地主阶级和资产阶级的腐朽美学毒害人民，决意以美育来改良中华民族的精神素质，改良人生。

二、文本解读

首先要说明的是鲁迅文本中所提到的“美术”和现在通用的“美术”不是一回事。现在通用的美术是一种可视化的艺术，包含绘画、雕塑、设计、建筑、摄影、书法等种类，其主要目的是提升审美，陶冶性情，彰显个性，“art for art”，审美目的大于实用目的；而鲁迅笔下的“美术”即“美之术”“fine art”，“用思理以美化天物之谓”，这种说法是当时“美术”的通常用法，范围较今天而言，较为宽泛，因时代原因，“美术”不但重视审美价值，更重视实用价值，“有用”特征较为明显。

文章伊始对美术做了界定，“故美术者，有三要素：一曰天物，二曰思理，三曰美化”。作者谈到人类所具的“受”和“作”二性，受，即感受，即我们主观上对物的感受，这是人类所共有的，然而只有部分的人能“作”，将我们感受到的加入艺术的构思和想象再现出来，成为区别于我们所见物的本身的艺术作品。“天物”即我们所感受到的现实生活中存在的未经打磨或雕琢等物的本体；“倘其无思，即无美术”，本体未加入“思”的成分就不能称为美术，“思理”，即对现实生活中存在的本体进行艺术的构思加工，为其注入“思”的成分；“美化”即对呈现的物进行艺

① 鲁迅：《鲁迅全集》第十五卷，人民文学出版社，2005 年版，第 11 页。

术化的加工改造，使其适应人的审美，若未对物之本身进行美化，也不能称之为美术。因而，鲁迅所认为的美术作品的三要素“天物”“思理”“美化”即为我们在美学上所讲的现实生活、艺术构思及艺术创造。总结来说，鲁迅所认为的美术是艺术家在现实生活的基础上进行创作的，现实生活美第一性，艺术美第二性，然而艺术作品也绝不是对生活的简单再现，而是饱含了艺术家的思想情感和审美理想，是经过艺术家的“思理”（即构思），然后进入“美化”（即具体的创作）来实现的。基于此，“则无间外状若何，咸得谓之美术”，一切文艺，包括今天的雕塑、绘画、音乐、建筑、文学，都称为艺术。

“主美者以为美术目的，即在美术，其于他事，更无关系。”对于美育的目的而言，主“美”者认为美育目的即在美本身，不在其他，而主“用”者“以为美术必有利于世”，若没有“用”，就没有存在的合理性。鲁迅认为，美育的目的则在于“以与人享乐为臬极”，“美术诚谛，固在发扬真美，以娱人情”。同时，考虑到中国人特别发达的“利用意识”，鲁迅也指明了美育的几个实际用处，从三个方面论述了美育致用的目的和效果。其一，美术可以表见文化，“凡有美术，皆足以征表一时及一族之思惟，故亦即国魂之现象；若精神递变，美术辄从之以转移……”即是说美术可以象征着一个时代或一个民族的文化和思想，并且可以随着精神的递变而递变，大的事迹或建筑名人都可以借助美术作品得以传承下来；其二，美术可以辅翼道德，“美术之目的，虽与道德不尽符，然其力足以渊邃人之性情，崇高人之好尚”，而达到“辅道德以为治”的治病救人的效果。就是说美育有助于道德的成长，可以提升人的性情素养，培养高尚情操，通过内在道德教化，则可实现国泰民安；其三，美术可以救援经济，“品物材质，诸国所同，其差异者，独在造作”，即人类制造器物，物质材料，往往相同，不同的是创意，看看今天创意独特的商品的经济效益，可见鲁迅的说法不谬，即美育在一定程度上可以促进经济的发展。然而，鲁迅在当时极力认为只要我们大力倡导美育，就可以创作出许多优秀的物品，国货就一定能超过进口的洋货，在中国立足，从而振兴当时的民族经济的观点具有一定的绝对性。在当时的社会背景下，外来物品涌向中国，国民经济发展遭遇阻碍，国货被压制，鲁迅企图靠美育来实现国货超过洋货的想法有些简单。再者，国货的优质与否不只在于美育的提倡力度，还需要各方面的变革与发展。

最后，鲁迅结合美育本有的发扬真善美的目的以及美育的现实实用价值给出了通过建设、保存和研究三个层次来实施美育的方法。在建设事业方面，鲁迅并不完全否定旧时艺术作品，“所列物品，为中国旧时国有之美术品”，旧时优秀的美术作品仍需妥善保存，但他更着重的是新的艺术，“或美术家新造之品”“其所演宜用中国新剧”“设立奏乐之处，定日演奏新乐”等。他提倡新的艺术门类，也正反映了他与半殖民地半封建社会艺术决裂的革命精神。他热切地希望我国早日有革命性的作品问世，更期望通过新的艺术形式来唤醒广大民众的觉醒意识，早日实现民族解放的目标。

三、现实意义及评价

鲁迅先生对美育的高度重视，与我们现阶段国家高度重视美育建设工作具有一致性。2018 年习近平总书记在回复中央美术学院八位老教授的信中强调：美术教育是美育的重要组成部分，对塑造美好心灵具有重要作用。[①]2020年《关于全面加强和改进新时代学校美育工作的意见》中指出："美育是审美教育、情操教育、心灵教育，也是丰富想象力和培养创新意识的教育，能提升审美素养、陶冶情操、温润心灵、激发创新创造活力。"[②]虽然鲁迅所提出的有关美育的观点距今已有近百年的历史，但其对美育目的的剖析、美育建设的方法至今仍具有很强的借鉴价值。然而需要指出的是，鲁迅的美育思想与我们所提倡的美育既有联系又有一定的区别。

首先，美的第一、二性问题。艺术来源于现实生活，而又高于现实生活，是现实生活的高度写照。艺术美是艺术家在现实生活的基础上进行艺术构思和审美创造的产物，因而，在美的问题上，现实美第一性，艺术美第二性。鲁迅的美育观遵循这一点，强调一切美术作品都需要以现实生活为根基，经过"思理"和"美化"才可成为艺术，未经"思理"和"美化"过的现实生活中的物则不能纳入艺术的范畴。这一观点在一定程度上会真正地提升其所处时代真正艺术品的价值和内涵，对于艺术的传承和延续有着重要的价值。

其次，美育的目的问题。2014年10月15日，习近平总书记在文艺工作座谈会上的重要讲话中指出："追求真善美是文艺的永恒价值。艺术的最高境界就是让人动心，让人们的灵魂经受洗礼，让人们发现自然的美、生活的美、心灵的美。"[③]美育目的本身在于通过审美活动，浸润人的心灵，陶冶情操，以提升审美品质，

---

① 习近平：《做好美育工作　弘扬中华美育精神》，新华社，2018年8月30日。

② 中共中央办公厅、国务院办公厅：《关于全面加强和改进新时代学校美育工作的意见》，2020年10月5日。

③ 习近平：《在文艺工作座谈会上的讲话》，新华社，2014年10月15日。

实现以美育人的目的。鲁迅在美育目的问题上，认识到美育追求真善美，以娱人情的目的，但为了迎合时代需要，在美育的“用”之问题上深入阐释，以期发扬美育之有用性来实现以美育唤醒人心的目的。这和梁启超的前期“经世论”美育存在切合之处，但又不乏追求美育本真的价值，又贴合了梁氏“趣味论”美育思想的内涵。但从美育本身追求真善美的目的而言，“真”是指各种事物的自然状态或事物的客观规律，美的事物一定是符合物的客观性规律；“善”是指在人类实践活动中追求的有用或有益于人的功利性价值。这里突出“善”的标准即为“有益”或“有用”，对人有害的事物肯定不会成为美的。由此可以看出美育的真善美的目的并非脱离于现实的功利性而存在，本身就有向善弃恶的现实功利目的，但这一功利性是为了引导美向积极健康的方向发展。而鲁迅除追求美育的真善美价值外，多了“有利于世”即“用”的目的，通过“用”来发展、建设美育，从而扩大美育的影响力。这一做法一方面促进了美育的发展，扩充了美育的广度，使得美育本身在革命年代不至于荒废不前，另一方面则影响了美育纯粹性的塑造，过度强调“用”则对美育的真实本质有所搁置，避重就轻，在一定程度上阻碍了美育真善美目的的真正实现，对于美育目的的纯粹性考量还需参照王国维的审美无利害的美育理论。

再者，在乱世中求生机。《拟播布美术意见书》写于 1913 年鲁迅任职教育部佥事之时，当时国民政府内阁党派之争，宋教仁遇刺身亡，社会处于一派混乱状况，鲁迅在提倡美育之前致力于文学研究，成就且不多说，作为生活在那个年代加之受到国外民主自由洗礼的文人，面对国家形势身不由己，企望通过美育之力来唤醒民众，救国救民。其播布美术之方法，如成立文学研究会、建立新乐堂等举措在之后一一得以实现，并为革命的发展提供了新的阵地平台。可以说鲁迅发展美育的举措促进了新文化运动以及五四运动的崛起，并对之后的文学流派以及美育建设起到了一定的促进作用。

鲁迅的美育思想突出地体现着中华优秀传统文化和民族美学精神的要义，直至今天其关于美育问题的一系列真知灼见对我们而言仍有着巨大的现实指导意义。其“用思理以美化天物”的美术概念，在美育目的方面着力追求美育发扬真善美，以娱人情的目的，在美育发展方面的一系列举措对于我们研究美育具有重要的借鉴意义。需要指出的是，追求纯粹的美育并不是完全否定鲁迅所说的美育之“用”，美育绝不是“无用”，而有实实在在的“大用”，要发挥“用”之价值来实现新时代美育涵养人心、浸润心灵、陶冶情操的审美意义，将美育作为立德树人的重要载体，以实现全方位育人的目的。

郭焕苓撰写

3 美育论

余箴

教育之旨归，在使儿童身心均等发达，故体育与心育并重焉。而心之作用，不外知、情、意三者交互发现。故心育之中，又分为知育、情育、意育三端，合之体育，是谓四育。其为知、情、意之对象，而吾人所欲达之之境，则谓之曰真、曰美、曰善。故或易知育、情育、意育之称，为智育、美育、德育。其曰体、智、德三育者，盖以情育、意育赅于德育之中故，非独异乎四育之说，而谓情育或美育可独阙焉也。斯义也，粗治教育学者类能言之，奚俟赘论。然不幸犹有人焉，误解美育之义，或曰是无补于实用，或曰虽有用，然不必尽人而然，施之普通教育殊非所宜。予是以不惮词费，欲有以去其惑焉。

教育学上所谓美育一语，恒因其使用之所在而函蕴微殊。用之于狭义，但谓藉自然之美，或人工之美，以诱起主观之美感，此即心理学上所谓审美之情操，别于求知之情、尚德之情而言者也。用之于广义，则美育与情育异名而同实，盖谓欲感情全体之发达，而造乎完满之域者，不外育之以美，与夫启迪知力而欲即于真，陶冶意力而欲止于善者，意无以异。以美育与智育德育对举者，即指此广义之美育也。知美育之与情育不过用语上之区别，则夫轻视美育之谬见可不攻自破。何则，凡人心活动时，其知、情、意三端未有不关联而起者。非知、情、意三端均等发达，则精神作用即不能臻完满。然则美育之与智育、德育，不能偏废其一，且不能有所轻重于其间，此固无辩驳之余地者也。浅者不解美育之义，故闻而疑焉，为晓之曰美育即情育，其亦可以恍然矣。

原夫世之所以轻视美育者，坐以专门意义之美育，与普通意义之美育混视为一故。彼以为美育也者，即造就文学家若艺术家之准备，故不宜于一般教育。然其见地之纰缪固不劳多辨。真正之文学家艺术家非教育之力之所能产出，亦不以短乏美育故，而有夭阏天才之虞。吾民非嗜美之民族，而我之文学家艺术家不绝现于史乘，正其明证。是故普通教育之所以重视美育者，非为欲得文学家艺术家，而预于幼年之顷树厥初基也。又造就通常之文学家艺术家者，自有专任美育之学校在，其无与于普通教育之事尤不待言。普通教育上之所谓美育（教育的美育），第谓人之感情欲其完全发展而无失于正轨，则必导之于纯洁美妙之境，使卑劣之情绪不待抑遏而自消弭云尔。夫发展儿童固有之心力，期勿毗于一偏者，教育之任务。而嗜美之冲动早既潜伏于儿童心性中，苟不因而导之，及时而培育之，则将萎其美感之芽，而精神作用且陷于畸形之发达焉。此美育之重要所以不下于智、德二育也。教育意义之美育盖即如此，惟所以贯彻此教育的美育之方法，仍不外借助于艺术界或自然界，而育儿童于美的环象之中，以徐俟其美化。故夫培养感情全体之广义的美育（情育）与培养审美观念之狭义的美育，初无大别，其或曰情育或曰美育者，不外谋用语之便而已。

由教育的美育之作用而被教育者所获效益何在，此可得而略论焉。恒人一生，惟往复于生活之欲之中。心目之所注，手足之所营，其不由直接若间接以与利害问题相触者，无有也。欲望不赏，苦痛因之，所欲不绝，苦痛亦不绝。其有脱我于物欲而贶我以真乐者，惟于观美之时得之，以是时无我故无欲，无欲故无苦痛也。故曰美也者，救济人生之宝筏也。然在美情未发达者，则美之对象，日环吾躬而渺焉其不相涉，则信乎美情之发达与否，其关系于人生之幸福者大矣。又退一步以言，谓人之游心于美而寄我于乐者，其暂焉耳，一刹那间复以生活之欲继之，必谓审美情操足为救济人生之宝筏，未免言者之过。然人之情操高尚趣味优雅者，恒视彼逐逐之夫，稍减其生活之疲劳，此殆不可掩之事实。然则畀儿童以高尚之情操，优雅之趣味者，较之徒授以智识之财产者，孰得孰失，奚待计焉。不但此也，从歇勒[1]之说，则美所由生，不外人间胜余势力之结果。人之势力用以保存生命而有余，则必以游戏（意同消遣）之动向而宣泄之，有此动向乃有所谓美，而遘之者以为乐焉。是故证诸个人，则悦乐之精神产于健康而失于羸弱。证诸社会，则伟大之艺术，盛于承平而绝于衰乱。无他，以所胜势力有多寡也。信斯言也，则人之胜余势力不能无一宣泄之途。而美情未发达者，既不解由美之对象以求寄托之区，于是胜余势力将如脱衔之马、决堤之流狂奔横溢，莫可捍止，一切卑劣之嗜好靡不诞生于是。是以杜人生之危险而竟训练之效果者，斯又美育之赐也。

予非必如某论者之言，特揭美育为教育宗旨之一，以示重视之旨也。予之意，不言教育则已，既言教育则智、美、德三端断无不相济为用。有歧视美育于智、德二育之外者，已不得谓为真正之教育矣。夫谓其人乏审美之观念，与谓其感情发达未完，语义何别。而感情发达未完者，即精神上有缺陷之谓，则夫知力意力之不能正当发达亦从可知。且美之感情本与知之感情、善之感情同时相因发达者。不解好美恶丑之人，而谓其能好真恶伪、好善恶恶，孰则信之。是故离美育而言智育德育者，非惟于义不当

① 席勒。——编者注

尔，实于势不能尔也。

或者曰，美育之有用固已，其如幼儿心力不解所谓为美何。此以属于感情方面者，妄由知识方面论之，其不可通无论也。美之所以为美，所谓可意会而不可言传者。微论儿童，即在成人，亦不能由言语之媒而警醒之，不能凭悟性之用而理解之也。微论初步教育，即彼授专门艺术者，亦仅以艺术之原理及方法予人，而不能必受教者之于其物，果否引起主观上之美感也。所谓美育也者，第置诸美之环象中，使夫耳目之所触，旦夕之所接，无往而非美。如是习而安焉，积而久焉，终有心领神会之一境，盖非欲使之知其美而使之化于美者也。且自儿童心理学观之，感情之活动率先于知力，而嗜美之倾向实存于先天。未及岁之儿，有遇图画而瞩目、惊音乐而侧耳者。彼于是时尚无何谓图画何谓音乐之观念起于心中，是明明美感之芽，先悟性而萌发也。因其固有之审美冲动而加意涵养之，勿令中凋，此正初步教育之要务。故论幼稚园教育者，且谓宜以情育为主，而于知育意育不妨轻缓，则安见小学校之美育转宜后于知育欤。

问美育之目的，操何道以贯彻之。答者或曰，小学校教科中，其专注美育者有图画音乐在。若体操，则以体育为主者也。若修身，若历史，则以德育为主者也。若国文、算术、地理、理科等，则皆以智育为主者也。夫第自教科之性质以区别之，斯说非无一理。然自形式陶冶之意义以言，则无论何教科，其作用所及未有不兼知、情、意三方面者。抑美育之为效率，不系于教授，而存于养护与训育。人不能以美感付与儿童，但能藉四周之环象以育成之，而徐俟其美化，是则前文既言之矣。是故小学校之所谓美育者，或则由校舍之装饰，器具之整美，以涵养其雅丽之情；或则由宗教之信仰，仪式之庄严，以导致其雍肃之情；或使之仰观两大、俯察万汇，以启发其壮美之情；或使之流连景物、玩味诗歌，以助长其优美之情。要在多方以致之，而持久以待之，断非仅凭一时一事所能遽收美化之效者也。

今者美育之重要似渐为时人所注目矣，予犹为是肤浅之陈述，毋乃哓哓。虽然，予又乌能已于言哉。起而顾我教育界，能完美育之任务者，果几许耶。妨害美育之议论，果稍减焉耶。厥证毋俟旁求，观于近日通行之教科书而有余矣。试就教科书之文字观之。人之理解文字有诉诸推理者，有诉诸想象者，有诉诸感情者，于是有明理之文，有叙事之文，有写景之文，有摅情之文。夫读书作文之用，本以陶冶心力为归，陶冶心力不当偏于一方。故诵读文章，自不宜囿于一体。至以文字价值言，写景摅情之作，转有过乎明理叙事者，以其有境界有韵味，故其入人也深，而亦最适于儿童之所好。国文科之美育之效用强半系于是。然而时人之论，但知顾虑儿童之理解力，而忘却美育。又其视儿童也过愚，意不率，句不俚，辄以意断为难解。故其所为教科书，明理之文居过半，而写景摅情者十不得一二。即有之，亦非吾所谓具美育之价值者。盖写景之作词必丽，摅情之作义恒曲，丽与曲今人之所谓难解，宜其以程度不合屏之也。（有主张诗歌不宜入选者，即本此见地而出。）夫讲解之难易讵必系于雅俗，譬如同一写景之文，而"霜露既降，木叶微脱，人影在地，仰见明月"之与"昨夜有霜，树叶尽落，老鸦一队，飞来飞去"，自吾辈观之，二者之易解，本无以殊，其孰优孰劣，又有目者所共见。而时人必取后者而斥前者，一若语出古人，便尔艰奥，则甚矣成见中之也。吾侪苟有以晓之，彼且嗤为文人结习，谓小学校之国文非为造就文学家计，能解通俗应用之作足矣。庸知吾侪之意，亦岂强人尽为文人文学家之才力，又岂能由教科书之文字而造就之。所恶夫俚拙之文字者，虑有损儿童之固有美感，而因以沮全体精神之发达也；虑没却国文之美育价值，而因以杀普通教育之效果也。

更就教科书之形式观之，则装潢草率，图画漫漶，于今为甚。此虽细故不足道，然充类以推，必将谓校舍之建筑及装饰、教具之设备及整理，一切不妨苟且从事。而学园花坛旅行游艺诸事，概可阙焉弗举。洵若是，尚何美育之足云耶。以上第取教科书一端以为例，而忽视美育之风，其不可掩已如此。余若图画之但解临摹，乐歌之力求鄙俚，凡斯之类，难更仆数。要之，谓今之教育界重悟性轻感情，狃于凡俗而恹然无生气，眩于实利而索然无趣味，可断言也。呜呼，今之教育家，公等自失于伧则亦已矣，奈何必欲率天下人而伧之也。

抑又有言者曰，按诸社会心理，则美育之于今亦为救时良剂。今也，以生计穷蹙、思想动摇之故，故社会精神中恒见一种杌陧不安之象。于是局局于利禄、营营于得失，苟活之念既深，奢惰之风益长，或则情无所泄发而为狂嚣偏宕之行，或则志无所之形而为疲苶泄沓之态。所谓社会感情之中毒者非耶。欲去斯毒，其为道虽不一，然若国民的审美趣味稍稍普及，使他日者真正之文学若艺术，藉是以得孕育之地，则于所以苏国民之元气，铸社会之品性者，其为效必不浅矣。史家谓德意志之中兴，功不存于威廉、俾斯麦而存于兰馨、格代、歇勒之徒，言虽过夸，夫亦有至理也。吾亦知审美趣味之普及不可以蕲诸今日之社会，而不能不期诸未来之国民。为未来国民计，则鼓吹审美趣味之责，非吾教育家畴与任之，故即按时势以立言，而普通教育之宜以美育为重，自有不容已者。况乎舍美育外，无所谓智育、德育，亦即无所谓教育，有如前文所述者耶。

选自《教育杂志》第五卷第6号，1913年6月。

导读

余箴（1877—1929），原名樊炳清，“余箴”为其笔名之一，是清末民国时期的翻译家、教育家，为我国的美育发展做出了贡献。他是“中国人最早的中译日本书”——《东洋史要》的译者，还曾与王国维、严复等人合作编出了中国近代第一套完备的中小学教科书。他结合当时的教育状况，发表了一些具有参考价值的教育和美育观点，代表作有《教育与学术》（1912）、《天才教育论》（1914）、《美育论》（1913）、《勤作教育之一解》（1918）等。樊炳清曾提出“美生于适”的观点，在他看来，“美的产生如同真一样，当审美主体意识中的经验、观念（理想）与审美对象相契合时，方能产生美感；而人的审美能力高下决定着人们对美的领悟和认识”。[①]他还曾提出了美的三要素说，第一要素为官能之快感，而“官能之中，以视、听二觉为主，而嗅、味、触及运动、有机诸觉，但隐为辅焉”[②]，第二要素是形式，第三要素是内容。樊炳清的美学思想与同时期的王国维、蔡元培等人相比，虽未形

① 王强强：《樊炳清美学思想初探——兼论与王国维美学思想的关系》，《兰州交通大学学报（社会科学版）》，2007 年第 2 期。

② 王强强：《樊炳清美学思想初探——兼论与王国维美学思想的关系》，《兰州交通大学学报（社会科学版）》，2007 年第 2 期。

成较为完备的理论体系，传播范围也有限，但其思想还是具有某些闪光点。

樊炳清的美学与美育思想多受叔本华哲学和席勒美学的影响，他在美的本体、要素、功能和文学发展观等方面都有所著述。在美育上，他的美育思想主要是针对美育的价值、美育的实施等方面。本篇《美育论》是樊炳清发表在《教育杂志》上的一篇文章，其美育思想在本篇文章中得到淋漓尽致的体现。樊炳清与近代著名学者王国维是好友，两人的美学思想也存在相似之处，本文中"无论是对境界、韵味的强调，还是对写景、抒情的重视，都与王国维的理论形成了一种事实上的呼应"[①]。

同时，在他看来，美是救济人生的重要法宝，"美也者，救济人生之宝筏也"，美育之作用也就不言而喻了。《美育论》一文大致可分为三个部分，我们将从美育之为何、美育之价值和美育之方法三个方面展开论述。

一、美育之为何

樊炳清在开篇即对常见的"四育"说和"三育"说进行了解释，指出，无论是"四育"（体育、智育、美育、情育），还是"三育"（体育、智育、德育），其欲达之境都是真、善、美三者。"三育"说只是将美育和情育合于德育之中，并不是忽略了美育。但仍有人误解美育之义，或认为其无用，或认为其不适宜在普通教育中得到展示。针对这些情况，樊炳清诠释了美育的含义。他认为，"教育学上所谓美育一语，恒因其使用之所在而函蕴微殊"，可分为狭义和广义二者。从狭义上看，美育即"审美之情操"，通过

① 彭玉平：《王国维词学与罗振常、樊炳清之关系》，《四川大学学报（哲学社会科学版）》，2013 年第 3 期。

自然之美或人工之美诱发主观的美感；在广义上，美育与情育二者实则是相同的，其目的是“欲感情全体之发达，而造乎完满之域”，从而能够“育之以美”，与智育、德育分列三端。

人心活动时，必是知、情、意三端关联而起，若不如此，“则精神作用即不能臻完满”，因此，与之要达到的美育、智育、德育三者也不能有所偏颇。当下，诸多人不解“美育”之义，若提及“情育”则豁然开朗，实则二者实质都是为达到“美”之境界，疑惑也就由此而解。樊炳清对美育含义进行的这个总体说明，一定程度上有助于澄清当时人们对于美育的疑惑和怀疑，对美育的早期发展来说极为重要。

樊炳清一生致力于民国时期的教育事业，从他对美育的理解我们也可以看出，他对美育的看法和观点还是较为深入的，为当时的美育发展提供了较为重要的参考。他认为，之所以有轻视美育的人，是因为他们把“专门意义之美育”与“普通意义之美育”混为一谈。“专门意义之美育”即“造就文学家若艺术家之准备”，认为美育只是为了培养文学家、艺术家，这种思想的不当之处自然不言而喻。真正的文学家艺术家要么有先天的天赋在，要么凭借自身努力，又怎能通过普通教育或美育就能得来的呢？从古至今的文学家艺术家们就是证明，他们的出现并不是专门施以美育而得来的。“普通意义之美育”的目的，“非为欲得文学家艺术家，而预于幼年之顷树厥初基也”，我们主张施行美育，只是为了使儿童能够在幼年就能得到较好的教化罢了。只有在儿童时代就使其感受到美，才能使其在成长过程中步入正轨，导引其走向“纯洁美妙之境”，并且“使卑劣之情绪不待抑遏而自消弭云尔”。儿童自出生之时，就逐渐有了感受美的能力，若不通过美的教育给予其足够的指引，则将“萎其美感之芽”，其精神也将“陷于畸形之发达”。从此来看，美育因其对儿童成长的重要作用，地位更是不低于智育、德育二者了。

二、美育之价值

与王国维相似，樊炳清的美学思想中有鲜明的叔本华印记。叔本华曾说："痛苦恒久不变的源头就是欲求的那种猛烈性本身。"樊炳清认为，人的一生都是往复于"生活之欲"中，"心目之所注，手足之所营，其不由直接若间接与利害问题相触者，无有也。欲望不赏，苦痛因之，所欲不绝，苦痛亦不绝。"人的一生都陷于个人之欲中，欲望不绝则痛苦不绝，只有从物欲中脱身并从美中找到安慰，才能感得人生的价值，才能会体会到人生的美好，即"脱我于物欲而贶我以真乐者，惟于观美之时得之，以是时无我故无欲，无欲故无痛苦也。故曰美也者，救济人生之宝筏也"。当然，在美中寻找解脱并不是永恒的，有可能只是暂时的，暂时解脱后再次投入生活的物欲之中是大多数人的状态，但是诸多的人通过感受美，"稍减其生活之疲劳"，确实是不可否认的事实。

樊炳清的美育思想还受到席勒相关学说的影响，认为艺术的兴衰与人的胜余势力之多少有关。在席勒看来，美之所生，是人胜余势力的结果，"人之势力用以保存生命而有余，则必以游戏（意同消遣）之动向而宣泄之"。对个人而言，"悦乐之精神产于健康而失于羸弱"；对社会而言，伟大的艺术"盛于承平而绝于衰乱"。美是人的胜余势力宣泄的出口，若从未受过美育的教育而导致无处宣泄，则"胜余势力将如脱衔之马、决堤之流狂奔横溢，莫可捍止"，如此下去，"一切卑劣之嗜好靡不诞生于是。是以杜人生之危险而竟训练之效果者"。从此处看，美育有指导人生的价值。

他还认为，美之所以为美，是因为其只可意会不可言传。审美属于感情方面的问题，单纯的知识论并不能解释其来由。对人自身来说，无论是成人还是儿童，不能只由“言语之媒而警醒之”，“不能凭悟性之用而理解之也”。对初步教育来说，若教授专门艺术的人，仅仅教授于人艺术的原理和方法，不能使人受教于物，肯定无法引起主观上的美感，也就无法感知真的美，并不能称之为美育。真正之美育，应是能够使人“第置诸美之环象中，使夫耳目之所触，旦夕之所接，无往而非美”，长此下去，“终有心领神会之一境”，使人处于美的环境之中，并接触美、感知美，才能使其身心真正受到美的熏陶。以儿童为例，一般认为儿童感情活动的产生是先于智力的，而且感受美的能力是先天的，即使是“未及岁之儿”，也能够“遇图画而瞩目、惊音乐而侧耳”，由此来看，美感之萌发是先于悟性的。基于此，初步教育的重点应是在儿童固有审美冲动的基础上继续引导之，“加意涵养”而“勿令中凋”。幼儿园的教育也就更适合以美育（情育）为主，在此基础上，随着儿童的成长，在小学阶段再将教育重点由美育向智育过渡，儿童的美育既得到了较为全面的发展，智育也得到了大幅度的提升，不失为极好的对策。

樊炳清提到，“美育之于今亦为救时良剂”。在清末民国时期，社会上的人们多处于生计穷蹙、思想动摇的状态之下，因此杌陧不安的现象极其普遍，这还是由于国民的审美局限的缘故。“若国民的审美趣味稍稍普及，使他日者真正之文学若艺术，藉是以得孕育之地，则于所以苏国民之元气，铸社会之品性者，其为效必不浅矣。”美育之作用大家有目共睹，必不能舍之于教育之外，只有将美育在普通教育中的地位提升上来，教育的宗旨和作用才能得到更好的实施和发展。

三、美育之方法

对教育来说，智育、美育、德育三端缺一不可，“有歧视美育于智、德二育之外者，已不得谓为真正之教育矣”。蔡元培也曾在《美育》一文中指出，“美育者，应用美学理论于教育，以陶养感情为目的者也……所以美育者，与智育相辅而行，以图德育之完成者也。”[①] 美育与智育、德育相辅相成，三者缺一不可。若忽视美育，那人在感情上就不能得到较为完全的发展，精神上有缺陷也未可知，甚至不能分辨好美恶丑，“是故离美育而言智育德育者，非惟于义不当尔，实于势不能尔也”。缺乏美育教育的人，精神上不富足，在一定程度上也可看作是有缺陷的人，因此美育必不能离德育、智育而远之。

樊炳清认为，在小学教育中，任何教科都无法兼及知、情、意三方面。通常所谓图画、音乐培养美育，历史培养德育，国文、算数等培养智育，不过是学科性质的区别，在形式陶冶的意义上无法使学生全面发展。那怎样才能让学生接受美的教育呢？最好的方法是“藉四周之环象以育成之，而徐俟其美化”。对小学来说，美育教育应首先注重环境的多个方面，并且持久以致。“或则由校舍之装饰，器具之整美，以涵养其雅丽之情；或则由宗教之信仰，仪式之庄严，以导致其雍肃之情；或使之仰观两大、俯察万汇，以启发其壮美之情；或使之流连景物、玩味诗歌，以助长其优美之情。”只有先造就美的环境，长此以往，在美的环境的感化下，儿童才能整体上提高美育素质，得到德智体更全面的发展教育。

在当时的社会背景下，尽管美育的价值逐渐被人们认识，但

① 蔡元培：《美育》，见中国蔡元培研究会主编《蔡元培全集》（第6卷），浙江教育出版社，1997年版，第599页。

忽视美育之风并没有因此而消减，樊炳清以当时的教科书状况为例，指出了美育教育存在的问题，以小见大，针对当时存在的问题进行了较为中肯的批评。教科书作为美育教育的重要参考，其所载内容，根据不同类型可分为明理之文、叙事之文、写景之文和抒情之文。学生在诵读文章时应多多涉猎，不应只囿于一体。樊炳清对教科书之文重明理而轻写景抒情进行了批评，他认为，从文字价值来看，写景抒情之作高于明理叙事之文，因其“境界有韵味，故其入人也深”，因此最适合儿童来阅读。但人们顾虑于儿童的理解力，常常忘却美育。又认为儿童智力有限，对于语句常常难以理解，因此，当下的教科书，以明理之文居多，写景抒情之文较少，即便是仅存的少数几篇，其美育价值也有限，并不是真正具备美育价值的文章。那为何写景抒情之文常常被教科书拒之门外呢？主张此观点的人认为“写景之作词必丽，摅情之作义恒曲，丽与曲今人之所谓难解，宜其以程度不合屏之也”。樊炳清在此处举了一个通俗的例子，同一写景之文，“霜露既降，木叶微脱，人影在地，仰见明月”之与“昨夜有霜，树叶尽落，老鸦一队，飞来飞去”，孰优孰劣一眼就可分辨出来。但尽管如此，时人也定要批判前者，同样的句子，如果是出自古人，那必定要因其所谓“艰奥难懂”而受到批判。时人认为，小学教育只要做到能够理解通俗的作品即可，至于思想较为深邃的作品则不用学习。话虽如此，但教科书之文字又岂是决定儿童是否能够成为艺术家文学家的决定性因素呢？

当下教育界“重悟性轻感情”之风渐长，教科书的现状只是忽视美育之风的冰山一角而已。仅从教科书来看，除了选文内容存在问题，装潢、图画等方面也值得注意。教科书“装潢草率，图画漫漶”，可见其敷衍之状，久而久之，推之于校舍的建筑、装饰，教具的设备、整理则都将敷衍草率，在此之外，还存在“图画之但解临摹”“乐歌之力求鄙俚”等状况，长此下去，教育将长期陷入“于凡俗而恹然无生气，眩于实利而索然无趣味”的境况之中，失去其应有之活跃气氛。而当时某些所谓的“教育家”自身的失误，却要引导世人纷纷忽视美育走上粗俗之路，这对美育发展来说必将是重大的打击。当下，人们“局局于利禄、营营于得失，苟活之念既深，奢惰之风益长”，此种状况只会使社会不停向后倒退，而美育在此则可发挥重要作用，可是看作是“救时良剂”。在美育的调整作用下，涣散的精神将得到调整，不利的思想、作风也将得到指正。当然，樊炳清也提到，审美趣味的普及并不是一朝一夕可以完成的，在当时的社会状况下想要完成美育的普及更是不可能，只能期待未来之国民在美育方面有所建树。而我们作为未来之国民中的一员，也应积极思考如何才能将美育的作用尽可能发挥到极致。

四、小结

总体来看，樊炳清能以较为全面的眼光看待美育教育，从含义、价值、方法等方面对美育做了较为全面的阐释，以其对美育的理解并结合相关实例，对当时的教育做了辩证的评述。与同时期较为著名的王国维、蔡元培等人相比，其美育思想的影响虽然有限,但在有限的范围内,樊炳清还是将其一生贡献给了教育事业，提出了一些较为先进的观点。尤其是在本篇最后，樊炳清主张“普通教育之宜以美育为重”，这对如今的美育教育更是一种警醒和启示，一个世纪已然过去，而美育教育仍有众多不尽如人意之处，对当下的教育情况是一种极大的挑战。他的思想告诫人们、指引人们，只有重视美育，才能从儿童起便让人们体味到精神审美之价值，也只有这样，社会才能得到更好的发展。

王国维曾说：“美育者，一面使人之感情发达，以达完美之域；一面又为德育与智育之手段。”① 如今的教育现状已经是各方面共同腾飞，更加注重学生德育、智育、美育的共同发展。但对美育的重视仅仅是有限的存在，对学生的培养和评价多偏重于智育，美育往往被忽略。尽管一直以来，倡导对学生的美育培养要从小抓起，但目前看来，仿佛还是遥不可及的理想。然而，美育在一定程度上影响着学生的精神发展和成长方向，这应该越来越成为人们重视的方面。因此，对美育的倡导亟待宣传和发扬，作为二十一世纪的新时代青年，我们更应以更加全面的姿态来迎接新时代的挑战，美育的重要性则不言而喻，德智体美多方面共同发展，才能够创造更加美好的未来。

王妃萍撰写

① 王国维：《论教育之宗旨》，见《王国维文集》（第三卷），中国文史出版社，1997 年版，第 58 页。

4

以美育代宗教说

蔡元培

在北京神州学会演讲

兄弟于学问界未曾为系统的研究，在学会中本无可以表示之意见。惟既承学会诸君子责以讲演，则以无可如何中，择一于我国有研究价值之问题为到会诸君一言，即以美育代宗教之说是也。

夫宗教之为物，在彼欧西各国已为过去问题。盖宗教之内容，现皆经学者以科学的研究解决之矣。吾人游历欧洲，虽见教堂棋布，一般人民亦多入堂礼拜，此则一种历史上之习惯。譬如前清时代之袍褂，在民国本不适用，然因其存积甚多，毁之可惜，则定为乙种礼服而沿用之，未尝不可。又如祝寿、会葬之仪，在学理上了无价值，然戚友中既以请帖、讣闻相招，势不能不循例参加，藉通情愫。欧人之沿习宗教仪式，亦犹是耳。所可怪者，我中国既无欧人此种特别之习惯，乃以彼邦过去之事实作为新知，竟有多人提出讨论。此则由于留学外国之学生，见彼国社会之进化，而误听教士之言，一切归功于宗教，遂欲以基督教劝导国人。而一部分之沿习旧思想者，则承前说而稍变之，以孔子为我国之基督，遂欲组织孔教，奔走呼号，视为今日重要问题。

自兄弟观之，宗教之原始，不外因吾人精神之作用而构成。吾人精神上之作用，普通分为三种：一曰智识；二曰意志；三曰感情。最早之宗教，常兼此三作用而有之。盖以吾人当未开化时代，脑力简单，视吾人一身与世界万物，均为一种不可思议之事。生自何来？死将何往？创造之者何人？管理之者何术？凡此种种皆当时之人所提出之问题，以求解答者也。于是有宗教家勉强解答之。如基督教推本于上帝，印度旧教则归之梵天，我国神话则归之盘古。其他各种现象，亦皆以神道为惟一之理由。此知识作用之附丽于宗教者也。且吾人生而有生存之欲望，由此欲望而发生一种利己之心。其初以为非损人不能利己，故恃强凌弱，掠夺攫取之事，所在多有。其后经验稍多，知利人之不可少，于是有宗教家提倡利他主义。此意志作用之附丽于宗教者也。又如跳舞、唱歌，虽野蛮人亦皆乐此不疲。而对于居室、雕刻、图画等事，虽石器时代之遗迹，皆足以考见其爱美之思想。此皆人情之常,而宗教家利用之以为诱人信仰之方法。于是未开化人之美术，无一不与宗教相关联。此又情感作用之附丽于宗教者也。天演之例，由浑而画。当时精神作用至为浑沌，遂结合而为宗教。又并无他种学术与之对，故宗教在社会上遂具有特别之势力焉。

迨后社会文化日渐进步，科学发达，学者遂举古人所谓不可思议者，皆一一解释之以科学。日星之现象，地球之缘起，动植物之分布，人种之差别，皆得以理化、博物、人种、古物诸科学证明之。而宗教家所谓吾人为上帝所创造者，从生物进化论观之，吾人最初之始祖实为一种极小之动物，后始日渐进化为人耳。此知识作用离宗教而独立之证也。宗教家对于人群之规则，以为神之所定，可以永远不变。然希腊诡辩家，因巡游各地之故，知各民族之所谓道德，往往互相抵触，已怀疑于一成不变之原则。近世学者据生理学、心理学、社会学之公例，以应用于伦理，则知具体之道德不能不随时随地而变迁。而道德之原理则可由种种不同之具体者而归纳以得之。而宗教家之演绎法，全不适用。此意志作用离宗教而独立之证也。

知识、意志两作用，既皆脱离宗教以外，于是宗教所最有密切关系者，惟有情感作用，即所谓美感。凡宗教之建筑，多择山水最胜之处，吾国人所谓天下名山僧占多，即其例也。其间恒有古木名花，传播于诗人之笔，是皆利用自然之美以感人者。其建筑也，恒有峻秀之塔，崇闳幽邃之殿堂，饰以精致之造像，瑰丽之壁画，构成黯淡之光线，佐以微妙之音乐。赞美者必有著名之歌词，演说者必有雄辩之素养，凡此种种，皆为美术作用，故能引人入胜。苟举以上种种设施而屏弃之，恐无能为役矣。然而美术之进化史，实亦有脱离宗教之趋势。例如吾国南北朝著名之建筑，则伽蓝耳。其雕刻，则造像耳。图画，则佛像及地狱变相之属为多。文学之一部分，亦与佛教为缘。而唐以后诗文，遂多以风景人情世事为对象。宋元以后之图画，多写山水花鸟等自然之美。周以前之鼎彝，皆用诸祭祀。汉唐之吉金，宋元以来之名瓷，则专供把玩。野蛮时代之跳舞，专以娱神，而今则以之自娱。欧洲中古时代留遗之建筑，其最著者率为教堂。其雕刻图画之资料，多取诸新旧约。其音乐，则附丽于赞美歌。其演剧，亦排演耶稣故事，与我国旧剧《目莲救母》相类。及文艺复兴以后，各种美术渐离宗教而尚人文。至于今日，宏丽之建筑多为学校、剧院、博物院。而新设之教堂，有美学上价值者，几无可指数。其他美术，亦多取资于自然现象及社会状态。于是以美育论，已有与宗教分合之两派。以此两派相较，美育之附丽于宗教者，常受宗教之累，失其陶养之作用，而转以激刺感情。盖无论何等宗教，无不有扩张己教、攻击异教之条件。回教之谟罕默德，左手持《可兰经》，而右手持剑，不从其教者杀之。基督教与回教冲突，而有十字军之战，几及百年。基督教中又有新旧教之战，亦亘数十年之久。至佛教之圆通，非他教所能及。而学佛者苟有拘牵教义之成见，则崇拜舍利受持经忏之陋习，虽通人亦肯为之。甚至为护法起见，不惜于共和时代，附和帝制。宗教之为累，一至于此，皆激刺感情之作用为之也。

鉴激刺感情之弊，而专尚陶养感情之术，则莫如舍宗教而易以纯粹之美育。纯粹之美育，所以陶养吾人之感情，使有高尚纯洁之习惯，而使人我之见、利己损人之思念，以渐消沮者也。盖以美为普遍性，决无人我差别之见能参入其中。食物之入我口者，不能兼果他人之腹；衣服之在我身者，不能兼供他人之温，以其非普遍性也。美则不然。即如北京左近之西山，我游之，人亦游之；我无损于人，人亦无损于我也。隔千里兮共明月，我与人均不得而私之。中央公园之花石，农事试验场之水木，人人得而赏之。埃及之金字塔、希腊之神祠、罗马之剧场，瞻望赏叹者若干人，且历若干年，而价值如故。各国之博物院，无不公开者，即私人收藏之珍品，亦时供同志之赏览。各地方之音乐会、演剧场，均以容多数人为快。所谓独乐乐不如众乐乐，与寡乐乐不如与众乐乐，以齐宣王之惛，尚能承认之，美之为普遍性可知矣。且美之批评，虽间亦因人而异，然不曰是于我为美，而曰是为美，是亦以普遍性为标准之一证也。

美以普遍性之故，不复有人我之关系，遂亦不能有利害之关系。马、牛，人之所利用者，而戴嵩所画之牛，韩幹所画之马，决无对之而作服乘之想者。狮虎，人之所畏也，而芦沟桥之石狮，神虎桥之石虎，决无对之而生搏噬之恐者。植物之花，所以成实也，而吾人赏花，决非作果实可食之想。善歌之鸟，恒非食品。灿烂之蛇，多含毒液。而以审美之观念对之，其价值自若。美色，人之所好也，对希腊之裸像，决不敢作龙阳之想。对拉飞尔若鲁滨司之裸体画，决不至有周昉秘戏图之想。盖美之超绝实际也如是。且于普通之美以外，就特别之美而观察之，则其义益显。例如崇闳之美，有至大至刚两种。至大者如吾人在大海中，惟见天水相连，茫无涯涘。又如夜中仰数恒星，知一星为一世界，而不能得其止境，顿觉吾身之小虽微尘不足以喻，而不知何者为所有。其至刚者，如疾风震霆、覆舟倾屋、洪水横流、火山喷薄，虽拔山盖世之气力，亦无所施，而不知何者为好胜。夫所谓大也、刚也，皆对待之名也。今既自以为无大之可言，无刚之可恃，则且忽然超出乎对待之境，而与前所谓至大至刚者肸合而为一体，其愉快遂无限量。当斯时也，又岂尚有利害得丧之见能参入其间耶！其他美育中如悲剧之美，以其能破除吾人贪恋幸福之思想。《小雅》之怨悱，屈子之离忧，均能特别感人。《西厢记》若终于崔张团圆，则平淡无奇，惟如原本之终于草桥一梦，始足发人深省。《石头记》若如《红楼后梦》等，必使宝黛成婚，则此书可以不作。原本之所以动人者，正以宝黛之结果一死一亡，与吾人之所谓幸福全然相反也。又如滑稽之美，以不与事实相应为条件，如人物之状态，各部分互有比例，而滑稽画中之人物，则故使一部分特别长大或特别短小。作诗则故为不谐之声调，用字则取资于同音异义者。方朔割肉以遗细君，不自责而反自夸。优旃谏漆城，不言其无益，而反谓漆城荡荡，寇来不得上。皆与实际不相容，故令人失笑耳。要之美学之中，其大别为都丽之美、崇闳之美（日本人译言优美、壮美）。而附丽于崇闳之悲剧，附丽于都丽之滑稽，皆足以破人我之见，去利害得失之计较，则其所以陶养性灵，使之日进于高尚者，固已足矣。又何取乎侈言阴骘，攻击异派之宗教，以激刺人心，而使之渐丧其纯粹之美感为耶。

选自《新青年》第3卷第6号，1917年8月。

导读

蔡元培（1868—1940），是中国现代史上杰出的教育家、思想家。他将毕生精力奉献于教育事业中，积极探索和实践美育救国的道路，无愧为中国现代学术教育界的卓越领导者。美学在中国的引进与传播，直至作为现代重要学科之一，与蔡元培的高度重视和大力提倡密不可分。他对德国古典美学有着专深的研究，其美学思想深受康德影响，以普遍与超脱概括美感的性质，并作为提倡审美教育的重要理论依据。在艺术分析与批评中，蔡元培尤为重视审美中的情感因素。在创作方面，强调个性创造，反对因袭模仿；在欣赏方面，重视美感教育，反对消遣，鞭挞低级趣味。他认为，艺术之美即将创造美感形式与表现人生理想境界相统一，融合为有机的精神世界，艺术作品是融合“现象世界”的表象与“本体世界”的观念而成为超越现实的精神世界。

在美学理论的先行指引下，作为教育家的蔡元培将美感思想引入教育实践，成为美育的倡导者与实践者。蔡元培认为，教育“立于现象世界，而有事于实体世界也”，教育家应该突破对现实世界幸福之追求，通过世界观和美感教育陶冶人的情操，培养人的超轶现实世界之观念，最终使人达到“绝对自由”的实体世界。“美感者，合美丽与尊严而言之，介乎现象世界与实体世界之间，而为之津梁。”[①] 通过美感教育，可以使人摆脱种种诱惑，产生一种对现象世界没有厌弃和执着的情感，使意志和行动超越现实世界中的利益纷争与个体差异，进入自由的实体世界。

因此，蔡元培认为，美感教育从本质上而言，是立足于个体的精神、理想所进行的教育。本篇《以美育代宗教说》正是打开蔡元培美育思想的一把钥匙。

一、美育何以代宗教

1917 年 4 月，蔡元培在北京神州学会演讲，首次提出“以美育代宗教说”，在这篇演说词中，他详细论述了美育代宗教的依据。“自兄弟观之，宗教之原始，不外因吾人精神之作用而构成。”在这里，他接受了康德等人的影响，将人的精神作用分为知识、意志、情感三种。在人类文明的初始阶段，三者皆从属于宗教：将人类的起源存亡问题归原于神的杰作，将人的意志交由宗教支配，艺术活动为宗教家利用，成为诱人信仰之方法。然“宗教只是人类进程中间一时之产物，并没有永存的本性”。随着科学的发展、文明的进步，知识、意志、情感三者都渐渐获得了相对独立性，宗教被取代则是顺应历史发展潮流的必然结果。

在此，蔡元培特举了美术进化史的例子：南北朝时期著名的建筑、雕刻甚至文学，都与佛教为缘；自唐以来的诗文作品，将取材转向了自然风物、世事人情；至宋代以来，绘画作品更是多展现山川河流、花鸟虫鱼等自然风景；鼎彝之作用由祭祀到娱乐，舞蹈从娱神到自娱……艺术逐渐突破了宗教的束缚，开始以自然现象及社会生活为内容，美感作用由原来的宗教之附丽，逐渐转变为纯粹之美育。

---

① 高平叔：《蔡元培美育论集》，湖南教育出版社，1987 年版，第 5 页。

纯粹之美育为什么能取代宗教？蔡元培认为根本原因在于二者有着相同的情感基础，美术与宗教，二者都有强烈的感情、深切的感受，且都能带给接受者心理安慰，使人心头的郁结得以消解，痛苦得以疗愈。此外，美育和宗教的最高义相同，皆立于有限世界而指向无穷世界。美育与宗教存在高度类似之处，但具有根本上的优先性，宗教“激刺感情”，而美育“陶养感情”。宗教以某一教派的狭隘利益为基础，利用各种手段将人们的情感活动引入政治斗争和利益冲突中，使人们的情感囿于特定功利目的的约束，无法受到涵养。美育则不然，纯粹之美育，能陶冶人的情感，使人在现象世界中克服人与人之间的利益冲突和敌意的障碍，最终进入理想境界，再无矛盾与差别，从而养成高尚的情操。基于此，蔡元培认为，美育具有宗教所不具备的涵养情感之功能，能够将人的精神境界引向高远，国人精神的需求要依靠美育来解决。

蔡元培之所以大力倡导、践行“以美育代宗教”思想，绝非仅仅把美育当作替代宗教的一个工具，使人郁结消除，痛苦疗愈，他的先见之明在于，他能够敏锐地察觉并发挥美感教育在重建国人精神家园方面的巨大潜力。首先，“美育是自由的，而宗教是强制的”。当艺术服务于宗教的需要时，不论建筑、雕塑、绘画或是音乐，往往受到宗教规范的限制。从拉斐尔画笔下的圣母的造型、色彩，到教堂建筑里雕像的姿态乃至眼神，一切都必须服务于巩固人们对神的信仰，尽管其审美价值并未丧失，但从本质上而言，艺术处于从属地位，丧失了独立性。相对于宗教的强制性而言，美育具有绝对的自由。从山川河流、草木虫鱼至人的举止言行，只要能给人带来美的感受、情感的陶冶，都算作美育，它以自由的方式熏陶着人们的心灵，绝非宗教所能及。其次，“美育是进步的，而宗教是保守的”。相较于宗教的暂存本性，美育是社会进化的产物，一时代有一时代之美育，而宗教却不肯随之进步，“譬如一部圣经，那一个敢修改？”历史在进步，科学在发展，文明在开化，然宗教依然固守传统的规范，宗教被美育替代则是顺理成章的事情。再次，“美育是普及的，而宗教是有界的”。实际上，蔡元培所提倡的美育是一种大美育观，“包括一切音乐、文学、戏院、电影、公园”等等，这是一种全方位、多层次的美育，它的推广必将惠及全民，蔡元培自觉地以教育家的角度审视文学艺术，考察新闻宣传，深入社会环境，目光所及之处皆是审美对象，皆需担负审美教育的重任。与美育相比，宗教之间存在界限，各教派因为教义、戒律的差异，往往以己教排斥异教，穆罕默德持剑传经，基督教的新旧教之战延亘数十年，各教派之间互不相容，甚至产生争斗。正是因为上述原因，蔡元培说：“不能以宗教充美育，而只能以美育代宗教。”

二、为何以美育代宗教

“美育代宗教”思想的提出，有着广阔的社会背景和复杂的思想渊源。自 1840 年鸦片战争开始，古老中国紧闭的大门被打开了，一场亘古未有的历史变局开始了，面对帝国主义的侵略与欺凌，先进的中国知识分子开始了一场场技术、制度、思想等多层面的救亡图存运动，历经多次失败，他们终于意识到，要救国，就必先改造愚昧落后的国民精神，培养新型国民。

通过什么样的方式才能改造愚昧落后的国民精神，培养具有高尚精神的一代新人呢？一时间，“宗教救赎论”登上了历史舞台，孔教运动盛极一时，教会教育势力扩张，正是在急需拯救国家危亡、重建精神信仰的社会历史背景下，蔡元培提出了“以美育代宗教”的口号，作为反对封建复古和宗教文化侵略、推广美育事业的一面战斗旗帜，也为美育在中国教育史上地位的确立奠定了基础。

蔡元培认为，宗教从广义上言之，不过是人的一种信仰心，它包括人的世界观、人生观等。面对孔教运动的日益猖獗，蔡元培旗帜鲜明地提出自己的主张，“宗教是宗教，孔子是孔子，国家是国家，各有范围，不能并作一谈”①。他认为，孔子既没有形而上学的世界观，其所言皆属伦理学、教育学及政治范畴，也没有宗教的神秘主义思想，“不语神怪”。孔子既非宗教家，孔教亦不成立。历代帝王之所以尊孔子为万世师表，祀以太牢，为的是牢笼士子，服务于专制统治，实与今自由之思想、民主之政治相悖，所谓的“孔教”于今日丝毫没有立足之地，更不用说以“孔教”为“国教”。实际上，蔡元培认为宗教和国家两者本就不可调和为“国教”一物，宗教是人的一种信仰心，解决的是人的精神问题，国家则是政治意义上的团体，故国界与教界二者互不干涉，“国家自国家，宗教自宗教”，“国教”二字根本不能成为一名词，以“孔教”为“国教”更是无稽之谈。这种对宗教文化清醒而深刻的体认，源于蔡元培对中国文化意识的自觉。

在中国人的文化意识里，往往倾向于关注现实的世事人情，而至于彼世的宗教鬼神云云，并不刻意玄想，子曰：“未能事人，焉能事鬼？”这种以现实人生为首位的人本主义思想正反映出中国传统文化中的非宗教精神。中国人尊神拜佛并非出于虔诚与敬畏，而是出于实用及功利的目的，着眼于现实的幸福，正如李泽厚所言：“中国的神明是非常世俗的，关帝、妈祖等等都是由人而神的，没有那种唯我独尊超验的绝对权威性。”②传统文化中所隐含的非宗教精神对蔡元培的整个思想体系都有深远的影响。而蔡元培的可贵之处在于，他不仅一针见血地指出宗教精神的虚

---

① 高平叔：《蔡元培哲学论著》，河北人民出版社，1985年版，第168页。

② 李泽厚：《走我自己的路：杂著集》，中国盲文出版社，2002年版，第484页。

无性，还为人们找到了心灵的寄托之处——审美和艺术，正如蔡元培所言：“人生是不免于忧患的，心有所寄，则忧患消除。与其寄于幽渺的宗教，不如寄于当前的美术。”[1] 与其寄希望于身外的、虚无的“天国”或“来世”，不如通过躬身体验和直觉感悟去徜徉于自由的精神世界，此即审美境界。这种实现方式依靠的是情感与想象，是内在的自省，而远非宗教迷信。

作为中国近代史上一位学贯中西、博古通今的美学大家，蔡元培的“以美育代宗教”思想除了源于对中国传统文化的深刻体认外，亦离不开西方美学美育传统的感染熏陶。受康德哲学思想的感染，蔡元培将世界分为现象世界和实体世界，现象世界以现世幸福为终极目的，而实体世界脱离现象世界之感情，追求超越的价值。“美感者，合美丽与尊严而言之，介乎现象世界与实体世界之间，而为之津梁。”因为审美超出“现象世界”的因果律以及利害关系、人我差别等现实关系，也就是与“现象世界”拉开了距离，摆脱种种诱惑，所以能把意志活动引向绝对自由的“实体世界”。事实上，席勒在《审美书简》中也提出用美育解决社会发展中不可避免的人性分裂问题，以实现人性的完整。席勒认为，这一时代的人被“感性冲动”和“理性冲动”所分裂，或受感官控制，或受思想制度控制，二者不可直接调和。唯有游戏冲动是调和二者的桥梁，即通过自由的艺术，使人恢复健康，拥有美的心灵和人性。相较于席勒所重视的美育对完整人性的弥合作用，蔡元培则关注到美的超脱性，重视情感的陶养与生命境界的自由。

在康德的观念中，美具有普遍性，“当人称这对象为美时，他

---

① 高平叔：《蔡元培美育论集》，湖南教育出版社，1987 年版，第 110 页。

又相信他自己会获得普遍赞同并且对每个人提出同意的要求”[①]，蔡元培视审美的普遍性为消除人我之见的良方，它能诱导人的情感定向发展，最终进入高尚的精神境界。美的对象还具有超脱性，所谓“超脱”，就是超越利害生死之上，也即抛却现实的功名利禄、个人得失而进入自由的观念世界,它指向了康德的审美无功利性。“马、牛，人之所利用者，而戴嵩所画之牛，韩幹所画之马，决无对之而作服乘之想者。”谚语云，当局者迷，旁观者清，正是因为美和实际人生之间存在距离，要见出事物本身的美，需将其置于一定距离之外再去观看。然而，芸芸众生迫于现实人生的需要，逃脱不了利害纠纷的枷锁，也就无法把握美与实际人生间的距离。幸而，美的超脱性则可帮助人们超越现实利害的冲突，不为物役。蔡元培说：“既有普遍性以打破人我之见，又有超脱性以透出利害的关系；所以当着重要关头，有‘富贵不能淫、贫贱不能移、威武不能屈’的气概；甚至有‘杀身以成仁’而不‘求生以害仁’的勇敢；这是完全不由于知识的计较，而由于感情的陶养，就是不源于知育，而源于美育。”[②]因为艺术具有超越现实、超越官能欲望的性质，因此进行艺术审美活动能冲淡人的占有欲，增强克己奉公的热情，经过潜移默化，久而久之，使人养成一种创造冲动和献身精神。这正是救国革命、振兴中华所迫切需要的精神，体现了蔡元培身为教育家的高度社会责任感，蔡元培所提倡的美育并非仅限于个人精神层面，而是指向了社会与国家的发展进步，他很好地处理了关注个体的生命自由与改造社会的理想之间的问题。这对于当下如何发挥美育培养健全人格的作用，以应对时代之变、育人之需具有重要的启示意义。

---

① 康德：《判断力批判》上卷，宗白华译，商务印书馆，1985年版，第53页。

② 高平叔：《蔡元培美育论集》，湖南教育出版社，1987年版，第267页。

三、美育的作用

关于美育的内涵，蔡元培曾多次进行过论述。1930年，在为商务印书馆编印的《教育大辞书》撰写美育条目时，他对美育内涵进行了界定："美育者应用美学之理论于教育，以陶养感情为目的者也……"在这之中，蔡元培对美育的内容、方式及任务做了界定，并且进一步突出了美育的情感教育特征。在1931年的《美育与人生》一文中，蔡元培再次解释了美育的内涵，"人人都有感情，而并非都有伟大而高尚的行为，这由于感情推动力的薄弱。要转弱为强，转薄为厚，有待于陶养。陶养的工具，为美的对象，陶养的作用，叫做美育。"[①]此定义中，蔡元培注意到美育过程的重要环节——美的对象，以它为客观基础，以审美主体的情感体验为内在动力，引起审美者心灵的触动与情感的运动，便产生了陶养的作用。"转弱为强""转薄为厚"是美感陶养人的量变过程，消除人我之见、利己损人之思，进而产生高尚的行为，则是美育促进人情感变化的质变过程。将外在的客观条件与内在的审美主体情感体验结合，对人进行美感的陶养，使情感得以净化、心灵得以升华，美育的目的便实现了。

蔡元培说："人是感情的动物，感情要好好涵养之，使活泼而得生趣。"[②]而美育正是涵养感情的重要工具，使人在保持生存之外能享受人生的乐趣，了解人生的可爱。"美感本有两种：一为优雅之美，二为崇高之美。"优雅之美，恬淡平和，这样的熏陶能使人保持镇静、从容不迫，超然利害而不计得失；崇高之美，壮阔而伟大，在这样的熏陶下，能够激人奋发，促人向上。

---

① 高平叔：《蔡元培美育论集》，湖南教育出版社，1987年版，第266页。

② 高平叔：《蔡元培全集》第四卷，中华书局，1984年版，第40页。

蔡元培矢志不渝地宣传美育，倡导美育，正是希望通过美育涵养感情，将人的性灵寄托于美，摆脱低级趣味，构建一种健康的精神生活。正如康德所说的那样，人只有通过审美才能到达最终的道德自由，从而实现人类从自然王国到自由王国的过渡。

人的信仰心绝非自然而然地形成，而是环境熏陶，社会、学校、家庭教育的结果。直至今日，“以美育代宗教说”仍给我们以启示：巍峨高山、淙淙溪流等自然美固能吸引、净化人的心灵，艺术美的作用亦不可小觑。蔡元培所讲的美育已远远超出学校教育和艺术的边界，而与社会组织与建设的方方面面密切相关。今日之我们应努力创造美的艺术，营造美的环境，充分发挥美育的作用，以美的理想实现中国人信仰心理的塑造与完善。

蔡元培的“以美育代宗教说”通过艺术和审美活动建构人的感性生命与情感寄托，完成了对宗教性格的辩证扬弃，对中国传统文化的转换。他开一时代之风气，酿成一大潮流，引导了近代中国人对美育的认知与实践，一直影响至今。现代社会重视科学文化教育，也应重视美育教育，以弥补道德教育、科学教育之不足，以防生活的偏枯。在以美育人的教育导向下，学校教育也应充分发挥美育在培养健全人格方面的重要作用，以文化人。生命由活动组成，美育则以情感体验为线索，串联起生命活动的各个方面，活动愈自由，生命就愈自由。发挥美育情感陶养的作用，观山之高雄、赏海之壮阔，则振兴中华之高尚思想油然而生；溯历史之悠久，观文明之灿烂，则热爱传统文化之道德情感便自然获得。

美以育德，美以怡情，物欲横流中的现代人不妨暂时停下匆匆的脚步，享受人生的乐趣，了解人生的可爱，于无所为而为之的生命活动中，成为自己心灵的主宰。

马昕悦撰写

5 美育是什么

吴梦非

我国从维新以来，差不多有四五十年了。教育界里面更动的亦不少，什么道德教育呀，实用教育呀，人格教育呀，职业教育呀，……都有人在那里提倡的提倡，鼓吹的鼓吹，只有对于“美育”这件事，大家都是冷冷清清，看得没甚要紧。到了中华民国初年，教育部虽然定一条教育宗旨说：“……更以美感教育完成其道德。”但是一般主持教育的，和施行这种美感教育的，除了少数人以外，依旧在那里捕风捉影地过日子，并没有彻底的了解，亦并没有彻底的主张。去年经过了五四学潮的一番大举动，才有一点儿觉悟起来，什么解放咧，改造咧，新道德咧，新教育咧，……你唱我和，气象却是很好。所以“美育”这个问题，因为时势的要求，亦有许多人来注意他。不过我国人，除掉曾经专门研究美的学问，像蔡孑民几位先生以外，对于美育上，往往起一种误解，有人说美育就是美术，亦就是艺术，亦就是美学，这种误解虽然不值识者一笑，但是我们提倡美育的人，亦应该解释解释清楚，使一般人可以知道研究的路径，亦可以知道各人的责任。所以我先要作这一篇文章，介绍西人的几种学说，来建设我们美育的基础。

在数年以前，德国教育界对于“美育”都认为是一个重要问题，所以开会的开会，著书的著书，出杂志的出杂志，研究得很起劲。

兰艾著的《德国青年之艺术教育》和兰因著的《校舍论》最是传诵一时，其中提倡最得力的是 Lichtwark，他常常用绘画展览会或是音乐演奏会，来实行儿童的美育。后来因为德国勤劳学校的教风，行得非常之盛，所以美育的呼声就渐渐儿降低了。1908 年，瑞士出版一册 Forster 著的《学校与品性》(schule u Chrahter) 没有多少时候，销到二万部以上，大受这方面人的欢迎。F 氏是欧洲大陆“伦理运动”的主倡者，他的宗旨是不靠托宗教，完全用修身来实施学校的德育。他著的《学校与品性》里面有一段话说：“女子教育一方面要使他鉴赏美，一方面亦应该养成他爱丑的精神，倘使他专喜欢美同调和的状态，必定要厌恶社会上黑暗、悲惨、不调和的状态，不知不觉中具备一种冷酷性格，所以一定要养成他对于贫的病的有同情的精神才好。男子教育亦是一个样子。这种精神难道不是受着美育的阻碍么？”F 氏这个意见，可以说是美育主张热中的当头棒喝。虽然，这不过是关于发挥美的材料问题，并不是美本身的罪恶。F 氏还有一句话：“美术家应当捉着贯流于人生全体的真理，倘使仅仅发挥关于一部分的美，不能够说是大美术家。”他亦承认裸体画是表神，和对于人生一般意义的徽号，美术上很有价值。并且痛骂发挥一部美的不足取，他所著的《美学时代问题》和《美学体系》里面，论到构成美的材料，是对于人生很有意义，不过没有发挥美的能力，则教育上就没有价值了。近年来西洋商品广告，和专门家的作品中，常常有表明纤弱女子的姿态，大受一般妇女家的厌恶。（我国的时髦画家亦有专描美女画的，因为他对于绘画的意义还没有了解清楚，所以我亦不必去论他。）因为这种画，实在同女子的体育很有影响，像那中世纪的妇人画，同女子教育里面，无论体育、德育，总有些效果，现在的妇人画刚刚同从前相反对。照这样看来，更加可以知道美育的要紧了。像英国 Watts 画的《希望》《信心》《慈善》等作品，不仅仅同道德上没有恶影响，而且可以涵养吾人道德的情操，对于社会上不幸和不遇的人，能够生出一种同情，况且我国人的道德，到今日总算堕落到极点了，近来大家想尽力实施通俗教育和德谟克拉西，亦正是设法去救济他。不过照我看来，第一件要紧的事，就是要退去一般人卑野的趣味，慢慢儿养成他高尚的爱美心。德国诗人希拉有一句话说："人生照着肉体的状态，自然要受苦痛，但是照着美的状态，可以免了这一种苦痛，照着道德的状态，可以支配这一种苦痛。"可见美能够纯化我们的肉欲，可以说是入德的门径，但是这一种主张，还是偏于消极的。再进一步说，美同道德上的关系，就是能够养成我们人高雅的品性，可以无疑的。现在我想再举出几句根本上的话，大略说明美的本质，可以知道美育必定不可忽略的。

"什么叫做美"这个问题从希腊到现在，还没有完全解决。"美学"就是取哲学的态度，用系统来研究这个问题的一种独立科学。不过这篇文章是解说"美育"的，所以不能够把美学的全部分举出来说，只可把美学同教育上有关系的，大略说几句。美学的组织，到十八世纪才有点完备起来，一般美学家对于美学的解释，大都说是："宇宙绝对完全的存在，因我们人的悟性，能够认识他的，叫做真。因我们人道德的意志力，能够体会实践的，叫做善。因我们人的感觉，能够知觉这一种绝对无限完全的，这叫做美。"这一种哲学的解释，同美育没有什么关系，在这世纪的哲学家我们应该注意的就是康德，他有三大名著：（一）《纯粹理性批判》是论我们人对于自己以外，外界的认识力。（二）《实践理性批判》是说我们人认识自己是外界或自然界中的一个，和他的道德论。（三）《判断的批判》就是说明美的本质。他说：美从主观的方面解释起来，是没有概念，亦没有实用上的意味，纯粹是一种无关心，必然的，适合于自己意思的直接判断状态。从客观的方面解释起来，美是有一种目的物的发表，我们人对于这一种目的，不要费什么心思，就能够觉得。照这样看来，康德所说的美，完全是我们人无关心的心境。譬如看见桃花开得烂漫可爱的时候，不知不觉陶然自失，自我没入桃花之中，花和我却融合在一块儿，这就是真美的心境，至于要存心去折他一枝来，那就失掉美的境地，加了一种实用上的欲望，所以美必定是无关心的。还有觉得美的顷刻之间，我和彼融合在一起，亦没有思虑彼之目的等的余地，是当然的了。虽然照这样的修养，自然能够作出温雅风度的高尚品格，使我们人的德性惹起向善的意志力，是很明白的。康德的学说，在教育上很可以参考。他的三大名著，虽然是哲学论，亦是根据人类智情意的三种作用，《纯粹理性批判》就是说我们人的智性力。《实践理性批判》就是说我们人的意志实践力。《判断的批判》就是情的直接判断。可见他所说美的本质，是根据哲学的见地，加上心理的见地，亦很明白的。

近世美学的研究，从哲学的见地，更加带一种心理的倾向，像哈尔德曼 Hartmann 说："事物本身没有美，艺术家用事物作基础，靠自己的力量，才能够创造出美来，可见美并不是实在，乃是一种假象；美感亦不是实感，乃是假感。"兰艾 Lange 说"美感是介乎假象和实象；自然和非自然中间心的活动状态，亦就是一种错觉，并不是像哈尔德曼所说的假象；亦并不是实象。仿佛像不是事实，却是事实的一种感觉的迷，这一种迷，就是意识的迷。自由意志的迷，我们人认识事物的真相，是智的活动；但是觉得事物真相以外的迷，这就是美"。照这样说来，美仿佛像心理学上的一种错觉，这一种德国派的美学论，从哲学的见地，慢慢儿同心理的见地相接近起来。另外像英国的达浑从生物学上的见地立说，就是禽兽世界亦认为有美的现象，他说："美是从生物生存持续的必要上发达下来，同种族生存上有关系的就是美，倘使没有益处的就是丑。”可知道达氏所说的美，是带着实用上的意味，兰艾亦有这一种倾向。

至于美的定义，说起来实在非常的繁杂，我想介绍一位现在德国的美学家伏尔恺脱（Volkelt）的学说，同诸位谈谈，伏氏的学说，很有研究的价值，他说明美的规范，用四对条件，各一对里面都分为主观的和客观的两方面去研究，现在我写在下面。

第一则

一、主观的方面　要有入情入心对物的态度。

二、客观的方面　构成美的材料，形式与内容要统一。

第二则

一、主观的方面　我们人入情的心象，要从各个特殊的，向一般典型的方向扩张进行。

二、客观的方面　构成美的材料，要对于人生很有意味的。

第三则

一、主观的方面　要不起实感

二、客观的方面　构成美的材料，要不是实象实感的。

第四则

一、主观的方面　譬如对于音乐的音调，不是部分的感得，要有综合的统一的感得心，去领会全体的意味。

二、客观的方面　构成美的材料，要保各部分有机的关系，使他统一。

上面所举的四则，虽然是美的规范里面最主要的；但是伏氏所说美感的根本性质，却在于感得 Einfühlung，譬如艺术家的作品，或是自然的美，大都适合于这四则，不过赏玩这种美的心的状态，那是纯粹从四则里面主观的法则。假使自己的感情，同作家的感情，和自然美的本质，达到一致融合的时候，像康德所说无关心的心景，这就是美感的极致。

我们人对于艺术品的感兴，并不是假感；亦并不是错觉的，迷的，纯粹是我们人所感得实际的感。对于悲的就是感得实际的悲，对于强力的亦是感得实际的强力。我们人所感得的状态，决不是迷，亦不是假。乃是自身真感得。不过这里所说实际的感得，同实际生活有关系，并非肉欲的实感，换一句话讲，感得就是自他感情统一融和的状态；亦可以看做共同感情的极致。譬如唱中华民国国歌的时候，假使各人都能够感得，那么国民的感情，自然而然能够结合。（中华民国到现在还没有正式的国歌，我作这一种譬喻实在可叹可笑。）照这样说来，感得主义的学说，可一转而变为国民感情的统合说，教育上很有重大的关系。

十九世纪英国斯宾塞 Spencer 著的《教育理想论》里面，举出完全生活的条件说："我们人第一要养成直接保卫自己的能力；第二要间接保卫自己，用衣食住的方便有维持生活的力量；第三要扶养自己的家族子孙，使他一代一代能够发展下去；第四要为社会国家尽力来贡献文化；第五最后要有正当安慰的时间，享受快乐，但要达这一种目的，不可不养成文艺的趣味。"照这样说，斯氏对于美育问题，完全认为人生安慰的方便，因为下等生物除保卫自己以外，不能够扶养他物，至于人类有牺牲自己，去养他人的美德；亦有舍了自己一身，去尽瘁国家的至诚。所以照生物学的顺序看起来，不在于活动，很是明了。但是美育问题，则并非人生安慰问题，乃是活动问题。并非消极问题，乃是积极问题。国民的活动，要国民的感情大家融洽；个人的活动，要自己的品性高尚。教科中的唱歌科，从斯氏的学说，仅仅有安慰人生的效用，但是从伏氏的学说，实在对于国民的感情统合融合上，有必要而且不可缺的价值。所以我们不应该依斯氏的消极说；应该照伏氏的积极说。主张美育的根本精神，就在这个地方。

美育的学说，照上面说来，大致可以明白。现在我要问“学校中实施美育，应该用哪一种美作标准呢？”请再看下文：

美的种类很多，同教育上最有关系的，就是壮美，优美，悲剧美三种。第一种壮美是发挥凡人以上大力大量的性质，能够引起人努力向上的状态。伏尔恺脱分他为无形的壮美，强的壮美，自由的壮美三种：（一）无形的壮美，像渺渺茫茫，四边无限的海；或是明星闪闪发光的夜里的天空；再像不可测的深夜。这几种他的外部形式，没有际限，并且没有一定典型；他的内容，却有发挥伟大力量的感情，所以宗教心亦属于这一类。（二）强的壮美，有一定典型，亦有一定形式，他的内容虽然没有像上面这样，但是亦有伟大的力量。像四川峨嵋山的风景，他的形状，在空当中是有一定的，决非无限大。但是我们无意识想象山的形状，到感得的时候，实在亦有感得无限力量的事实。（三）自由的壮美，介乎无形的壮美同强的壮美中间，就是这两种调和的状态，内容形式都能够发挥伟大力。如同 Beethoven 的音乐，能够发挥内外调和的伟大力，就属于这一类。像这种美感，亦可以唤他为理想的壮美。

照上面这三种壮美看起来，第二种强的壮美，在一定形式里面发挥他的伟大活动力，仿佛像现在有秩序国家的社会，组织当中的各个人各个人在那里努力活动的状态。所以静稳，确实，纪律，适度等形式的状态，同内容的活动力，假使能够调和，那是同发挥伟力的德育上，有很大的关系。在小学时代，无形的壮美不容易感得，感得最多的是强的壮美。前年我同杨白民先生和他的女公子雪征去游普陀，轮船行到海中，刚刚是风平浪静，四边无涯，这时候不知不觉使我生出一种无形的壮美，有说不出的快乐，立刻呼雪征出舱，不想雪征所感得的美，仔细观察起来，同我却是不同。可见小学生对于这一种大综合的感得，很是困难。最好么用英雄豪杰的肖像，或者使他接触纪念碑和适宜的高山大川，引起他强的壮美，恰恰同他的程度相合。各教科中可以涵养这种精神的机会很多，使学生赏玩名画，或选择唱歌的歌词歌曲，除应该养成他本科性质上的美感以外，还要推奖强的壮美。至于无形的壮美，在中等学校时期，渐渐可以感得，精神修养上可以得不少利益，亦可以说是矫正青年的短虑，使他沉着，大量，最有效的方法。不过偏重无形的壮美，容易养成一种不适合于国民生活的人生；所以不论那一种学校，都应该用强的壮美作本体。等到修养着实，再用无形的壮美来补助他，如此才能造就大人物。

第二种优美的本质，是天地一体，感觉同理性调和，人情同义理没有冲突的一种合理的状态，伏氏分他为高雅的优美，可爱的优美，愉悦的优美三种。（一）高雅的优美，仿佛使人脱离肉感，去做精神生活；亦像离开感觉世界，去做灵的生活，向上的生活。有去地就天，遏止人情，去从义理的倾向。我们看见西湖的山水，不知不觉使我们的俗念，都去个干净，这种美感，就属于这一类。（二）可爱的优美从表面上看起来，虽然像去天就地，离掉理性接近感觉，离掉义理接近人情；实在仍旧是不离天，不舍理性，并且不背义理的一种状态。我们对于儿童天真烂漫，活泼泼的游戏，或是小儿很舒服熟眠的容貌，生出来的美感，就属于这一类。（三）愉悦的优美是（一）（二）两种优美调和的状态，不极端偏于灵的生活；亦不极端偏于感觉的生活，如同拉弗尔 Raphael Sanzio 有一张名画，表神的生活，乃不失掉现世慈母之爱的状态，就是这种美。再像我们人对于佛像佛画的名作，仿佛一方面入于无限的灵界；一方面尚在现世救济众生的佛的态度，能够感得的时候，就生出愉悦的优美来。

上面三种优美，第一高雅的优美没有什么危险，并且养成学生高尚的精神，非常有效果。不过国民小学的儿童，对于此种高尚的美感，不容易感得。到高等小学和中等学校时期，才有感得的能力，第二可爱的优美，亦是如此。不过现在的一般青年，被这种美里面流于卑野的美感所诱惑，往往失去向上努力的意志力，实在有点危险，譬如读卑野恋爱的记事，心中觉得愉快，就是为这种卑野美感所支配，诉到实感上，就造成堕落德性的大基础。所以我们根本的教育法，要涵养学生高尚的趣味，不使他同卑野的相接触。第三愉悦的优美，对于修养上虽然有效，但是可施这种教育的机会，实在是很少。

总之高雅，愉悦两种优美，没甚危险，教育上应该注意的是可爱的优美，又壮美为男性的；优美为女性的。所以男子的学校，必定要用壮美为主体；女子的学校应该特别注意优美。

第三种悲剧美是两物相互争抗的状态，亦有三种：（一）看破身体上大苦痛和死的结果，但是他的精神自由自在，能够支配苦闷的景地。（二）精神因为受着苦痛，生出烦闷，但是他的生命，依旧存在。（三）精神亦消，生命亦去。这三种里面第一种能够养成吾们人弃了自己的生命，着重到从容的精神上面，这一种美就是小学校的学生，亦都欢迎他。

另外像滑稽的美等，亦同教育上有关系。总括起来说，凡是学校里面从教授的材料，教授的方法，以至于教室内相当的设施，学校园的计划，读物的选择，学艺会，运动会，展览会，音乐会等都应该注意全体的校风，以涵养他们强的壮美为主要宗旨，用无形的壮美作补助，第一种悲剧的美亦当注意。至于优美与其积极的奖励，不如消极的警戒。关于此种问题实施起来，最好每学年编成大致的细目。像美国纽约霍雷使曼学校的图画教授要目，对于儿童所赏玩名画的种类，都照学年去支配，初年级多用现代的名画；高年级多用古代的名作。伯林女教育家 Wychgram 在某女学校对于初年级七八岁的儿童，用古代埃及和巴比伦最简单仿佛像儿童自己画的图画，像人物动物等等，揭于教室及走廊的壁上，照学年的顺序，所揭图画亦渐渐的照发达顺序排列，最后排入大家的名作。这种方法，虽然照学生程度的高低，可以不同，但是美育的中心点，仍旧归根到强的壮美，无形的壮美和悲剧美的第一种，仅仅可以作为补助。

上面我解释美育的话已经说完了，总括说一句：美育在学校教育里面，当以图画音乐手工三科为主；以文学体操等科为附。在社会教育里面，当以戏剧为主；以音乐美术小说及他种娱乐等为附。至于美育同美术艺术的区别，想起来大家都可以明白。不过我恐怕还有人要问美术究竟是什么？艺术究竟是什么？这两个问题，说明起来，亦是非常繁杂，这篇文章，因为题目上的限制，我再也不能够多说。现在我只能把这两种，列一个最简单的分类表，请诸君看看。至于美术艺术同社会的美育上关系亦是很大，将来我当另外作几篇文章，再同诸君讨论。

艺术
- 自由艺术
  - 绘画雕刻（占空间）
  - 音乐诗词（占时间）
  - 舞蹈戏剧（占两间）
- 附庸艺术
  - 建筑园艺装饰（占空间）

美术
- 绘画
- 雕刻
- 建筑

选自《美育》第一期、第二期，1920 年 4 月、5 月。

导读

吴梦非（1893—1979），浙江省东阳市人。我国现代知名的音乐教育家、20世纪中国审美艺术教育事业的奠基人之一。青年时代，吴梦非和丰子恺、周玲荪等人师从李叔同学习音乐、美术等，属于我国本土审美艺术教育最早培养出来的一批现代人才。在其后的人生之中，吴梦非的经历与贡献也主要在中国现代审美艺术教育领域。1919年，吴梦非主导组织，与丰子恺、刘质平、周玲荪等人建立了中华美育会，“目的是联合当时全国的艺术工作者和大中小学教师，共同推进艺术教育。”[①]这是现代中国第一个以审美艺术教育为主旨的社会团体。这一时期，还创办了学会同人刊物《美育》，吴梦非任总编辑。这是现代中国第一个专门以审美艺术教育为主题的杂志，其目标为“改造枯寂的学校和社会，使各人都能得到美的享受”[②]。中华美育会的建立和《美育》的创刊，标志着自晚清以来开启的近代中国审美艺术教育理念在民国建立之后进入了一个新的实践阶段，一个更具现代气质的中国美育团体力量由此形成。虽然就著述而言，吴梦非留下的文字

---

① 吴梦非：《五四运动前后的美术教育回忆片段》，《美术研究》，1959年第3期。

② 《本志宣言》，《美育》，1920年第1期。

材料并不多，且主要以音乐教育教学为主，兼及绘画和一般美育美学问题。但在新文化运动前后的变革时代，在现代中国审美艺术教育团体的建立与组织、美育与艺术教育的讨论实施等方面，吴梦非作为其中主要的策划组织者，其历史贡献有目共睹，不容忘却。1959年，吴梦非撰写了《五四运动前后的美术教育回忆片段》，为人们了解民国初年的审美艺术教育状况提供了十分宝贵的历史资料。而本书所选取的《美育是什么》一文则是吴梦非为数不多专门论述其美育观的重要文献。通过该文，既可大致了解吴梦非本人对美育、艺术教育、美术教育、美学等问题的基本看法，有助于管窥一百多年前热心审美艺术教育人士的知识结构和心态动机，同时，文中的某些观点在今天有值得反思、借鉴的价值与意义。

一、国民感情的统合：美育的根本精神

文章开头，吴梦非开宗明义说明了撰写本文的目的。他指出，从维新变法运动以来，虽然中国的近代教育体制为因应时代变局进行了不少革新，道德教育、实用教育、人格教育、职业教育等都得到了不同程度的重视和提倡，但在美育方面却一直是颇为冷清的局面。应该说，吴梦非的这种感受是基本符合历史事实的。虽然晚清时期的有识之士，诸如王国维、梁启超等已经知道美育是现代教育的必然组成部分，也曾呼吁倡导应当重视美育，但这些呼声得到的实际回应很少，大多停留在单纯的认识层面，停留在文章谈话的苍白文字之中。民国建立后，随着一直主张美育且美学修养深厚的蔡元培担任教育部总长，“美育”进入国家教育规划与政策的局面方才真正打开。而在吴梦非看来，民国初年虽然教育部确立了“更以美感教育完成其道德”的宗旨，但由于真正具有美学美育知识同时又能直接主持实施美感教育的人太过稀

少，所以，民国初年的“美育”仍然是停留在纸面上的“美育”，“没有彻底的了解，亦并没有彻底的主张”。他敏锐地觉察到，五四运动的兴起为“美育”在新一轮教育变革过程中得到深化和推动提供了“时势”。而要抓住这个“时势”，首先就必须排除人们以往对“美育”的某些误解，“应该解释解释清楚，使一般人可以知道研究的路径，亦可以知道各人的责任。所以我先要作这一篇文章”。

可以说新文化与五四运动是理解这篇文章甚至吴梦非这一代审美艺术教育家主张与行动特殊性的重要时代文化背景。作为五四一代的年轻知识分子，吴梦非具有强烈的爱国主义与启蒙情怀。当这种情怀在审美与艺术教育方面呈现出来时，他对于“美育”根本精神的阐发体现出了鲜明的五四特色，即“统合国民感情”。借由英德等国美学美育的部分学说，吴梦非具体阐述了这个观点。

首先，他通过福斯特（Forster）在《学校与品性》中的论述认为，一般的美育理解中常常将审美教育局限在对美的“调和”状态的鉴赏与培育上，这其实是不全面的。因为这样的美育会导致人们只乐于接受亲近那些和谐的东西而“厌恶社会上黑暗、悲惨、不调和的状态”。如果对这些现实生活中实际大量存在的丑恶现象长期视而不见和刻意躲避，不知不觉会养成“冷酷的性格”。如果美育的目的在于养成完整的人，那么，这并不符合美育的根本目的。而应该将“对于贫的病的有同情的精神”的培育与“调和”状态的培育同等重要地作为美育的应有之义，这才是更为完整的美育理解。

其次，以英国画家沃茨（Watts）的作品为例，吴梦非侧重强调了绘画等艺术作品在审美艺术教育中应该发挥其道德情操的涵养功能。“美同道德上的关系，就是能够养成我们人高雅的品性，可以无疑的。”在他看来，五四时期张扬的民主等核心价值，如果不通过“高尚的爱美心”的养成，不通过卑野趣味的消除，不通过美的途径进入道德心的门径，那么这些核心价值最终很难建立起来。五四时代的核心价值是“德先生”和“赛先生”，吴梦非则从美学和美育的角度提醒人们注意将这二位先生真正引入中国现代文化语境所必需的另一位人物，即“伊女士”（aesthetic，审美）。通过审美之路到达道德之门，通过爱美心的养成促成道德心的发现，由此，吴梦非十分精准地为审美艺术教育在五四时代找到了其功能论上的思想根据。

这一思想根据，吴梦非通过对康德哲学美学的阐发进行了简要论证。他指出，康德的批判哲学基于真、善、美的三分框架展开，其美学名著《判断力批判》需要和《纯粹理性批判》《实践理性批判》联系起来进行理解。《纯粹理性批判》处理人认识外界能力问题，即“真”，《实践理性批判》处理人认识自身的能力问题，即“善”。康德对美本质的说明，主观上是“无关心，必然的，适合于自己意思的直接判断状态”，客观上是“有一种目的物的发表”。这种“无关心的心境”并不意味着康德的美学是提倡对什么都不关心的审美学说，而是通过“真美心境”的获取直观地映照出自然等外界世界的真意同时表征出人们由真向善的意志。“照这样的修养，自然能够作出温雅风度的高尚品格，使我们人的德性惹起向善的意志力，是很明白的。”虽然今天看来，吴梦非对康德哲学美学的上述解释跳跃性极大，也有不少含混之处。但不可否认，他对康德哲学美学基本框架的把握与理解大体是到位的。在他的转述中，康德哲学美学对美育思想的基础性作用得到了准确的体现。美育作为一种教育，绝不是培养对什么都不关心的人，如同今天精致的利己主义者，而是通过“无关心心境”的培育帮助人们更好地认识外界、理解自身与他人，由审美艺术的津梁启真而储善。这才是康德哲学美学真正影响美育思想的地方，也是“德先生”与“赛先生”的到来无法缺少“伊女士”之陪伴的最终根据。

最后，吴梦非通过对德国美学家伏尔恺脱（Volkelt）对美之规范“四对条件”的转述，提出了他所认为的积极美育精神。在他看来，仅仅说因为“美能够纯化我们的肉欲”，由此构成了“入德的门径”，这种美育观根本上是“偏于消极的”。康德之后美学理论发展中的心理学和生物学路径都没有改变这种消极性。如果审美和艺术活动仅仅是为人生提供某种“安慰剂”，那么，这其实再次将康德美学中的“无关心”转变成了“漠不关心”的同义词。任何一种“漠不关心”的审美和艺术活动都是消极的。对此，吴梦非明确指出：“美育问题，则并非人生安慰问题，乃是活动问题。并非消极问题，乃是积极问题。”在这里，吴梦非提出了与之前王国维等人颇有些不同的美育精神理解立场。他不同意美育精神中过于悲观主义的阐发，即审美艺术仅仅是悲苦人生得以暂且休息的安慰之所，而是认为，美育作为一种活动，远有比安抚悲苦人生更为重要的作用。

对于这种作用，吴梦非突出强调了共鸣、同情（Einfühlung）的美育意义。美育的积极精神，或者说，美育的根本精神，是让人们“感得共情”，通过艺术营造共情。在共情中，“感得”自我与他人感情统一融和的状态。当“自己的感情，同作家的感情，和自然美的本质，达到一致融合的时候”，这才是真正的“无关心的心景”，“美感的极致”。通过“共情”状态中人我之差异的暂时消失，个体与社会在感情层面发生了“统合”，从国家民族角度看，这种感情的统合就是国民感情的统合。当人们能感到自我和他人之间具有的一致性时，某些抽象的社会道德原则才得以落实到人们的感性层面具体而微地显现出来，而这就是美育通向德育的积极路径。也正是经由“共情”的统合作用，吴梦非找到了美育启蒙精神与五四爱国精神的某些一致性，为五四时代的美育“应该是什么”这个问题提供了他的答案。这个答案为后来我国审美艺术教育的开展提供了一个颇为有力的支点。

二、涵养“强的壮美”：美育实施的美的标准

明确了美育的根本精神是国民感情的统合，在此基础上，另一个问题随之而来，“学校中实施美育，应该用哪一种美作标准呢？”这是一个在学校教育的具体实施中如何将美育统合国民感情的根本精神贯彻下去取得效果的问题。从美育精神到美育实施的转变过程中往往涉及方方面面的具体问题，诸如：课程如何选择？美育教师如何培养选拔？教材如何编撰？教学评价系统怎样制定？学生如何考评？等等。本文中，接续着前面的行文逻辑，吴梦非没有停留在这些教学细节上，而是结合着教育对象的不同特点，针对“学校美育实施的标准”这个基础问题论说了他的看法。其结论是学校美育实施的标准根本在于涵养“强的壮美”。

在美学理论中，“壮美”一般和“优美”“崇高”“滑稽”“荒诞”等一起构成一组概念群，归属于“美的类型”问题中被加以认识和理解。吴梦非也是如此立论的。仍旧从伏尔恺脱（Volkelt）关于美的类型的具体论述出发，吴梦非详细地针对壮美、优美、悲剧美等美类型的内部区分进行了阐释，并结合教育中的具体情况讨论了其适用性。

对于“壮美”，伏尔恺脱（Volkelt）分为“无形的壮美，强的壮美，自由的壮美三种”。“无形的壮美”其特点是无形式而能产生伟大的情感力量冲击。所谓“无形式”是指人们无法在感性领域对此类壮美对象进行全面把握，或者说这类壮美具有超感性的特征。比如面对着星辰大海产生的无以名状的感情，这种无

以名状的情感状态是自然伟力对人心灵巨大冲击的结果，而促成这种冲击无法得到彻底表达和言说的重要条件是星辰大海总是“无垠的”，无论是人的视觉还是听觉或者其他任何感官感觉都无法把握星辰大海的全体样貌。“无形式”并不是说星辰大海没有形式，作为客观自然对象，这些当然都是有形的。但其形式过于宏大，对人而言超出了其感性能力把握的范围。在这个意义上，“无形式的壮美”才成立。“强的壮美”，其特点是有形式又伟大。如果“无形式”是超感性的意思，那么“强的壮美”就是可通过感性活动把握到的伟大，比如峨眉风景、泰山日出等。与前两者不同，“自由的壮美”则是无论形式还是内容都能够发挥伟力。这似乎是指，“无形的”和“强的”壮美，产生这两种壮美的对象的形式无法发挥伟力，而是它们的内容发挥了伟力。但“强的壮美”，既然其形式可感，又怎么能判断说这种形式没有发挥伟力而只是其内容发挥了伟力呢？吴梦非在这里的转述很可能不准确。从目前的表述逻辑看，所谓内外调和的“自由的壮美”可能更多的是指艺术等人造对象的壮美，“无形的”和“强的”壮美则更多是指自然等非人造对象的壮美。正因为艺术是人创造出来的，其形式是人赋予的，所以内外的调和可以实现，从而体现出人的理想与自由。正如吴梦非用贝多芬的音乐作为例子一样。

如果按照一般的理解，在壮美中，显然“自由的壮美”与艺术活动联系更紧密，吴梦非本人的音乐绘画艺术素养都很深厚，他似乎应该更强调“自由的壮美”，这也更有利于艺术教育的美育的开展。但后面的论述中，“自由的壮美”明显消失了。吴梦非只是在“无形的壮美”与“强的壮美”二者之间进行了比较和取舍。这是很有意思的地方，值得读者深究。在后文中有一处透露了其中的原委，吴梦非讲“各教科中可以涵养这种精神的机会很多，使学生赏玩名画，或选择唱歌的歌词歌曲，除应该养成他本科性质上的美感以外，还要推奖强的壮美”。吴梦非之所以推崇“强的壮美”作为学校教育的美的标准，有学校教育必须面对学生具体情况的考虑。从他的亲身经历出发，吴梦非指出小学生对“无形的壮美”很难感得，因为这类对象具有“超感性”。相较于此，“强的壮美”有可感的形式，因此更适合心智尚未成熟的青少年学生。

更重要的是，在吴梦非看来，学校以科目方式进行的艺术教育，如绘画美术音乐唱歌等，固然可以涵养“壮美”的精神，也是教学活动开展的必需。但同时，由于分科教育本身带有割裂性质，似乎绘画就是绘画，音乐就是音乐，“绘画美”和“音乐美”就是风马牛不相及的两回事。这又必然违背艺术教育作为美育实现途径的根本要求，把艺术教育降格为艺术知识教育或者艺术美的知识教育。对于美育而言，艺术教育是途径而不是目的，审美能力的感得与涵养才是目的。正因此，吴梦非提出要“在本科性质上的美感以外，还要推奖强的壮美”。“强的壮美”在哪里？在自然和社会生活具体可感的形式与精神内容里，这也是艺术的源头活水。这种看法其实隐含着他对当时艺术教育知识化倾向的某种担忧。如果从今天的情况看，吴梦非的这种担忧绝非杞人忧天。今天，艺术教育的知识化不良倾向日甚一日，各种艺术考级辅导到处可见，但美的感受能力和艺术对人生社会的滋养功能却丧失了，最终导致了学艺术只不过是学艺术技能，学艺术让学艺术的学生心烦意乱，避之不及又不得不学。因此，吴梦非百年前的担忧在今天仍有警示意义与价值。

“美育的中心点，仍旧归根到强的壮美，无形的壮美和悲剧美的第一种，仅仅可以作为补助。”“至于优美与其积极的奖励，不如消极的警戒。”这是吴梦非对学校美育实施标准问题的完整答案。除了“无形的壮美”，对“悲剧美”和“优美”为什么也不如“强的壮美”适合作为学校美育根本标准的问题，他亦进行了分析。就“悲剧美”来说，美学理论中常用的概念是“崇高美”，文艺理论中多用“悲剧美”，指“两物相互争抗的状态”。曾有一个时期，我国的美学和文艺理论中把“壮美”等同于“崇高”来理解，吴梦非把“壮美”和“悲剧美”（崇高）分开论述，可以看到他的西方美学知识素养。“悲剧美”中涉及“矛盾”与“痛苦”的要素，有以“痛”为“快”的内涵。因此，在中小学美育中，一般很少涉及“悲剧美”。吴梦非却认为悲剧美中的第一种“能够养成吾们人弃了自己的生命，着重到从容的精神上面，这一种美就是小学校的学生，亦都欢迎他”。我们不是很清楚，吴梦非依据什么来判定小学生会欢迎这种看破生命后的从容？因为，一般而言，这种悲剧美对人生阅历的要求很高，不是未经多少世事的儿童可以领略的。若从前文吴梦非对美育应当帮助人们直面丑恶而不一味回避的态度来看，他对第一种悲剧美可以辅助“强的壮美”培养的观点倒也有几分道理。

对于“优美”问题，吴梦非的观点则有些奇怪。一般学校美育中大多提倡“优美”的教育，或者至少将“优美”与“壮美”同等对待。吴梦非则提出要警惕“优美”，不要过于积极地提倡。这在现代中国美育史上也十分罕见。在高雅的优美、可爱的优美、愉悦的优美三者之中，吴梦非认为，高雅的优美和愉悦的优美都有助于高尚趣味与精神的培养，是没有危险的。但这两种优美要么“不容易感得”，要么可实施的教育机会很少。“可爱的优美”由于最容易被接受和喜爱，一般美育理论中往往都很重视，而吴梦非却认为这种优美是蕴含着“危险”的，其理由是这种美有“流于卑野的美感”，一旦被其支配，则“诉到实感上，就造成堕落德性的大基础”。基于三种优美都存在缺陷，所以，吴梦非干脆将“优美”判定为学校美育中需要警惕的对象了。在我们看来，吴梦非对“优美”本身及其在美育中作用的理解过于极端，他的这些论述似乎是为了突出“壮美”的重要性而刻意贬低了“优美”的地位，并不公允。对此，读者需要有自己的判断认知。

四、小结

总体上讲，《美育是什么》这篇文献是吴梦非留存下来为数不多的专论美育问题的理论文章之一，较有代表性。有两个要点值得再度强调：第一，他在文中提出美育的根本精神是国民感情的统合，该观点鲜明地体现出五四时期人们对美育的认识与理解。这个观点对今天我国美育事业的发展仍有现实指导意义。第二，他指出，学校美育实施的标准是涵养“强的壮美”。虽然吴梦非对“优美”的论述存在较大问题，使得他的这个标准仍有很大的商榷余地。但对“壮美”问题的突出，也可以反映出五四时期美育呼唤强有力生命创造的时代之音。而他要求在学科艺术教育之外重视“强的壮美”的看法，隐含着其对艺术教育知识化不良倾向的担忧。这种担忧在今天尤具历史警示意义。另外，吴梦非对所有问题的论述基本都提供了相应的西方美学和美育理论知识与观点，这使得该文具备一定的学术色彩。在美育理论和知识并不十分丰富的民国初期，这篇文章可以说是站在了时代的前列。对于其中的某些观点，我们当然可以提出不同的理解，但该文在中国现代美育史上仍应占据一席之地。

杨光撰写

6 新文化运动和美育

周玲荪

从去年五四学潮以来，新文化运动的呼声一天高一天了，各种新出版物，也一天多一天了。这确是我们中华民国一件极可喜可贺的事。不过兄弟以为大家既在提创新文化运动，那么对于美育一方面，最好亦要提创提创。因为我们中国人最缺乏的，是美术思想，因为缺乏美术思想，所以各人脑子里，都为一种混浊之气所蒙蔽，而思想上、精神上、行为上，遂为狭隘的、无谓的、名利的所缚，而自私自利的观念，因此也一天昌盛一天了。大家既然只顾自私自利，岂不是新文化运动的大障碍吗？并且新文化运动的包含，是很大的。假使单靠了那独性的冲动，和环境的刺激去实行，一定要有许多阻力的。近来抱消极主义的、抱厌世观的、自杀的，不是受新文化运动的影响渐渐发现了吗？照这样下去，不但新文化没有进步，反要发生许多弊病，所以去年北京大学生（林得扬）自杀以后，蔡元培先生主张非提创美术教育，不足以引起我们高尚的兴趣，而共图新文化的发展。后来蔡先生又在晨报周年增刊上，做了一篇《文化运动不要忘了美育》。在这篇里头，对于新文化运动和美育的关系，说得非常痛切。兄弟现在再抄出几句来介绍介绍。“……不是用美术教育，不足以引起超越利害的兴趣，融合一种划分人利的僻见；保持一种永久和平的心境。……文化进步的国家既然实施科学教育，尤要普及美术教育。……所以我很望致力新文化运动诸君，千万不要忘了美育。”兄弟当时看了蔡先生这篇文章，以为从此以后，一定有许多人要受了感触的，哪知到了现在，依旧一点没有影响。凡是讲新文化运动的人，对于改良家庭、改造社会、改革政治、提创教育、振兴实业种种方面，都有人大声疾呼，争先恐后的运动，而独于美育一端，尚是无声无臭，视如糟糠，并且在一般学校里的青年，对于现有的美术课程，也往往看作无足轻重，不屑悉心研究。照这样看来，我国美术界的前途，实在没有多大希望的。兄弟不禁为之唏嘘感慨。然而凡是提创新文化运动的同胞，总要彻底明白，美育这件事，和家庭、社会、政治、教育、实业都有密切关系的。倘使借他的力量来帮助我们的改革，那是定可得到事半功倍的效果。现在将他和各方面的关系，略略地写在下面，请大家看看，究竟以为怎样。

（甲）美育和家庭的关系

我国家庭组织的不良，原是头绪纷繁，无从说起，不过最显明切实的，可以用“干燥无味”四个字来包括。为什么原故呢？请看下面的意思：

（一）我国无论大小的家庭里，有一种很普通的习气，就是不讲清洁，不尚装饰。因为这个缘故，所以各人对于家庭里，都起一种厌恶烦闷的心理。这种习气，在我们中国人看来，那是并没有什么不好的地方。然而要知道我们人生的精神、志向、动作和终日所处的环境，是很有关系的。假使我们终日终年处于一种很卑鄙龌龊的环境里，那是虽有高才奇气，也要逐渐消磨了的，何况平常的人呢，推究他们所以不注意清洁和装饰的原由，简单说来，就是缺乏美术的常识。

（二）一个家庭和一个学校，于性质上，大致相同的。在学校里面，每天除了应上几班正课以外，有什么游戏呀、运动呀、音乐呀、图画呀，以供给学生消遣和共同娱乐。然而在家庭之中，关于这几种消遣和共同娱乐的事情，也是万不可少的。无如在我国家庭里，有这几种事情的，能有几家，因为没有这几种正当的消遣和共同娱乐的事情，所以我国人的家庭生活，觉得非常干燥无味。这几种事情，在我国人的眼光看来，那是并不要紧。要知道无论哪个家庭里，既然没有正当消遣的事情，那么不但大家觉得冷静无趣，恐怕家里的人难保不去做不道德的事呢。前月陈独秀先生，在沪江大学里演讲，他说我们提创文化运动，对于音乐美术，也要尽力鼓吹鼓吹。现在我国家庭之中，实在不得了，从总统家里到平常人的家里，终日之间，大都以喝酒赌博为唯一的消遣，长此以往，我们中国人的精神志气都要消磨尽了。以音乐一项而论,在西洋平均每三家有一架钢琴,日本平均每十家有一架，在我国恐怕一万家以内，也分不到一架，照这样看来，我们中国人的家庭生活，实在无聊极了。

以上所述，就是美育和家庭的关系，凡主张改良家庭的人，应当稍为留意。

（乙）美育和社会的关系

社会上的事情，本是千头万绪，断不能用很简单的几句话语可以包括。所以凡要改造社会，也断不能逐事逐物的，一一去研究。最简捷的办法，总要从根本上着想，然后实行一种适当的改造，庶几费力少而成功大。现在我国社会的腐败，人人都能指谪，但是就根本上的要件来讲，不外如下列的数端。

（一）社会上阶级太多，缺少“德谟克拉西”[①] 的精神。

这种弊病，是专制政体的遗毒。我国由四千余年的专制国，既是忽然改为共和政体，那么表面上，虽是大家讲平等自由，其

① 民主。——编者注

实社会方面，总免不掉还有许多阶级，彼此不相联络。假使要改革这种弊病，只有利用社会上各种公共娱乐机关，加以正当的诱导，使大家不知不觉走入“德谟克拉西”的正轨。讲到社会上公共娱乐机关，那是很多的，譬如公园、戏园、游戏场、美术馆、音乐会、跳舞会等，一概包括在内，不过这种场所，要是离开了美育的关系，那是决计不能成立的。

（二）社会上游荡的人太多，因此国家的生产力大受影响。

我国地大物博，人民众多，以理而论，宜乎富强甲于全球，无如现在却是成一反比例，推原其故，实由于社会上游荡分子太多，而社会上游荡分子所以这样的多，又由于市上无谓的不正当的消遣机关太多。所谓无谓的消遣机关，就是茶馆酒肆等类，我国无论都邑乡村以内，关于此类店铺，都是栉比相连。于此足证我国民好闲偷惰的习气很深。所谓不正当的消遣机关，就是妓院、赌窟、烟铺等类，这种机关，于我国社会上，亦是非常发达，一般青年受他害者，不知凡几。但是以上所述的各种机关和国民游荡的习气，是互为因果的。所以凡要改造社会，不可不急谋消除这几种无谓的不正当的消遣机关。然而一方面既要设法消除，又一方面必须以正当的消遣机关来替代，庶可得到良好的效果。讲到社会上应设的正当消遣机关，那是很多的，譬如公共花园、公共俱乐部、公共游戏场等，一概包括在内。不过这几种场所，都要利用美术，才可引人入胜。

（三）社会上各分子自私自利的观念太深，因此合群互助的力量极薄弱。

凡是脑筋腐败，精神昏聩的人，往往不顾群众的趋势，只晓得自私自利。譬如现在社会上的少数无耻奸商和不讲人道的资本家，他们为什么甘心违反大众心理，去干那凶恶无耻的事情，人人都大声疾呼的提创爱国，而他们偏要私进日货，人人都鼓吹“德谟克拉西”，而他们偏要苛待工人。推究他们所以忍心去做这样的事，实由于脑筋糊涂，缺乏高尚的思想和远大的见识，所以他们只知自私自利，不顾旁人的危害，只晓得目前的微利，不顾精神上的痛苦。兄弟以为这班人，平心论起来，实在觉得可怜得很，因为他们不知道人生在世，除了衣食住三者以外，尚有一种精神界理想界的娱乐咧。欧美各国，对于耶稣教所以竭力提创，就是要唤醒社会上一般知识浅薄的人，不要专讲实利主义，以自讨苦吃，并且妨碍合群互助的精神。我国如能以美育来替代宗教，岂不是一种极好的法子吗?

以上所述就是美育和社会的关系，凡要改造社会，应当稍为留意。

（丙）美育和政治的关系

一国里面，事务纷繁，负统治全局并指导凡百事务进行的责任者，就是政治，所以任便什么国家，政治最为紧要，而掌理政治的人，必须才识宏博，并富有道德者，方为合格，方可福国利民。现今我国的政治家，凡品学兼优的，固不乏人，而脑筋腐败，思想混浊的，也是不少。其甚者，不但素餐尸位，碌碌无所表现。又不但搜刮民财，以自饱私囊，甚至卖国卖民，均所不惜。论其心肝，残忍过于豺狼，计其罪孽，凶恶过于盗贼，唉，既有这样的人。根深蒂固，蛇盘鸠占的居于我国的政治界里面，难怪我国的政治，一天坏一天了。又难怪我国的凡百事务，也一天紊乱一天了，又难怪我们的邻居小国，也要献出他们的鬼蜮手段，来欺侮我们了。然而同是我们中国的同胞，为什么这班人，这样的丧尽良心，不顾廉耻，去做那禽兽不忍为的事情呢。推究其故，实由于利欲熏心，不能自主，并且色鬼、赌鬼、酒鬼、烟鬼等，终日在他们的前后左右缠绕，使得他们不得不这样进行。依兄弟看来，我们对于这班人，既是可恨，又是可怜。可怜的，就是他们既然不顾自己的名节，又到牵累到国家，可怜的，就是他们不知道精神上高尚的娱乐，终日只以花天酒地为唯一的消遣，以自讨苦吃，所以现在倘要改革我国的政治，从根本上着想，总要改造这班腐败的政治家的思想着手。假使只是今日改定宪法，明日更换制度，那是也没有什么用处的。譬如在前清的时候，大家以为政治不好，所以毅然决然实行大革命，后来革命既成，政体也改变了，照表面上看来，宜乎气象一新，大家可以同享安乐了。无如民国存立，已有九年，试问政治的成绩，较前清是否确有进步，人民的生计，较前清是否已渐宽裕，于这种地方一想，那是我们就可以明白了。凡要改革政治，假使专从那宪法或制度上着想，是完全靠不住的，必须正要利用那很高尚的美育的力量，来洗刷这班腐败的政治家的脑筋，使得他们思想清楚，精神焕发，然后再来办理政治，那么我国的政治，就有进步的希望了。现在世界上美术最发达的国家，要算是法兰西，在法兰西，无论贫富贵贱，男女老幼，对于美育，均是非常注重的。所以他们常以美育的功用，来替代政治的效能，美育和政治的关系于此可见一斑。

（丁）美育和教育的关系

教育和美育的关系，譬如机器和油的关系，任便什么机器，要是没有油的帮助，那么这机器就不能活动了。任便什么教育，假使绝对没有美育来调和，那么这种教育，必要干燥枯寂，奄无生气的。现在提创新教育的人，常说学校里的课程，总要切于学生的实用，然后才有教育的价值，这种论调，本是很有道理，无如一般办教育的人，往往误会这个意思，以为课程中最切于学生的实用，则莫过于英文国文数学等科学。所以这几门科学应当特别要注意，譬如图画音乐……这一类功课，那是于学生的学业上毫无用处，实在大可废去。这种主张，从表面上看来，似乎很合现在教育的趋势，不知道是大不对的。杜威博士讲，“教育是国家的根本，学校是社会的指导，凡要救国，当从整顿教育着手，凡要改造社会，当从学校里做起。”教育既是国家的根本，那么办理教育，自然要依照国家的现状，而施行对症下药的手段，以尽培养国本的责任。我国人最缺乏美术思想，以致各方面发生了许多弊病（事实上面已经讲过了）。办教育的人，倘为国家前途计，则不可不竭力提创美术教育。既应提创美术教育，还可轻视美术课程吗？学校既是社会的指导，那么学校里的课程，自然要依据社会上的需要而定的。当今我国社会上，为了缺少美育的调和，以致百业凋零，公道日非，并且人人都有堕落的现象（事实上面已经讲过了）。理办学校的人，倘为学校的责任和自身的责任计，宜如何提创美育，以救社会的弊病，既要提创美育，还可说学校里的美术课程，和学生的学业无关系吗？照这样看来，美育和教育确是很有关系的，并且按我国国家的情形，社会的需要，那么于教育上对于美术课程，尤当特别注意。

（戊）美育和实业的关系

我国实业不发达的缘由，大家认为缺少资本、机器、人才三要件。这确是根本上的事实，不过除了上列三端以外，还有一个很紧要的条件，和实业息息相关的，就是美育。世界上实业发达的国家，没有不注重美育的，因为注重美育，所以实业方能发达，这个意思，恐怕大家还有疑问，现在分做两层解释，就可以明白了。（一）办理实业的人，预先必须经过美育的陶冶，庶几心志纯洁，精神清快，对于业务自然奋发猛进，始终一贯。我国人办理实业得起家创业的，本是不少，所惜大都见识浅陋，器量狭小，偶一得志，便夜郎自大，不求进步。或者奢侈淫佚，任意挥霍，等到后来，所有功绩，一败涂地，不能复振，甚至淫佚过度，而生命也随之牺牲，这种弊病，都由于我国人素无美育的训练，因此思想混浊，意志薄弱，易为外物所引诱。譬如未经训练的兵队，而骤使冲锋战斗，其失败可以预料。（二）办理实业的人，必须具有美术思想，然后所产出乎物品，含有美术的意味，可以受人欢迎，销路广大。譬如我国货和东洋货，两相比较，以物质而论，未必我国货不如东洋货，无如他们的货物轻便玲珑，装饰美丽，很能迎合购买人的心理。所以近年来东洋货充斥于我国市面。而我国自己的货物，因为粗劣笨拙，不讲装饰，所以反不为国人所喜用。从这样看来，当今我国人既要提创国货，振兴实业，那么对于实业界的美术知识和美育训练，还可等闲视之吗？

我们看了以上所讲的美育和各方面的关系，可以知道美育这件事，任便在哪一个国里，都要注意的，并且照我国现在的情形而论，对于美育格外要尽力提创，提创的方法，依兄弟的意见并参考东西各国的办法，有下列的数端，凡有志提创美育者，大家起来研究研究。

（一）宜增设国立美术学校

美术学校，是美术家的生产地，现今我国国立美术学校，全国只有北京一个，听说这个学校，因为经费困难，并且开办来没有几年，所以成绩也不过平平。要是和欧美或日本的美术学校相比较，不啻相差天渊。唉，我堂堂中华，有这样大的土地，有这样多的人民，而国立美术学校只有一个，并且内容很不完全，难怪我国的美术界，弄得奄奄无生气了。从今以后，如欲图美术发展，入手办法，非增设几个好好儿的国立美术学校不可。

（二）宜设法奖励国中美术家

美术家是一国美术的领袖，一国里面，美术家愈多，则美术愈发达。法国美术所以非常发达，由于政府对于美术家，多方奖励，不遗余力，使得一般美术家，不得不起竞争，不得不求进步。他们的政府，于每年春秋两季，必举行沙朗（Salon　译为美术展览会）[①]共三次，各次所陈列的作品，自二千五百至三千份左右（一份即一人的作品）。所有优美的作品，由政府发给奖状，或出巨资购为国有，陈列于美术馆，以供国人浏览。英国政府对于奖励美术家的事情，也是很注重的，每年必开皇家美术会（Roya Royal Academy）一次，征集全国美术家的作品，以评论优劣，分别奖励。日本从明治十五年起，始由政府设立绘画共进会，其办法略照英国的皇家美术会，至明治四十年，改为文部省展览会，其规模已逐渐增大，从大正七年起，又改为帝国展览会，其规模较前更形完备，每年于十一月至十二月之间，征集全国现时美术家的作品，开会一次，所有优美成绩，则发给奖状，或由政府购去陈列于美术馆，以供大众观览。英法日三国，既用这种法子来鼓励国中美术家，使得他们有发表和互勉的机会，所以国中的美术因之日新月异，而至此盛况。我国民间，并不是没有美术人才，所惜政府无法奖励，致使具有才能的人，碌碌无所表现。等到后来，竟然老死乡里，和腐草同归。我们仔细一想，不禁感慨系之。我国美术不能发达的原因，虽不一而足，然而政府不能奖励美术家，实是很大的缺点，从今以后，倘要提创美术，那么非仿效英法日三国的办法，每年由政府开全国美术展览会一次不可。

（三）全国高等专门学校内，宜增设美术科或于课外组织美术研究会。

高等专门学校，是教育高等专门人才的机关。按我国现有的高等专门学校，对于美术课程，大都不甚注重，因此美术界的高等人才非常缺少，而国中美术界的势力，就更觉薄弱。凡掌理高等教育诸公，倘有意提创美育，最好于校中正课以内，增设美术一科，延请中外美术家担任教务，或因经济困难，不能开办，则

① 沙龙。——编者注

当于课外设立美术研究会，使学生中有志学习美术的，可以自由入会。譬如北京大学，从蔡校长任事以来，对于美术，非常提倡，近来课外设有图画研究会和音乐研究会等，成绩很好。将来的发展正未可限量，这都是蔡校长的功劳。

（四）对于社会上的私立美术学校，宜由公家酌量帮助。

我国国立美术学校的缺少，上面已经讲过了，不过一国美术的兴盛，也不能只靠几个国立美术学校就能成事。比方法国美术非常发达，他们一面原是靠着许多国立美术学校的力量，但是一面仍旧离不掉许多私立美术学校的帮助。现在我国正值美术饥荒的时候，倘有人肯出来组织私立美术学校，以提创美术为宗旨者，都是美术界的救星，我们不可不竭力去帮助他们。不过私立学校，大都经费困难，规模狭小，凡是地方上的财主和教育界的领袖，如认为提创美育确是我国当今的急务，那么对于各地的私立美术学校的经济方面，必须尽力去补助补助，使得他们格外热心提创美育。

（五）各地的美术家，宜结合团体，做强有力的美术运动。

凡是公共的事体，必须大家同心合力去做，庶几费力少而成功大。现今我国美术界，既是非常黑暗，那么美术界的同人，应当出来做一种强有力的美育运动，使得大家晓得美育的真正价值，运动的方法，固不必同趋一辙。但是最紧要的要结合团体，万不可互相猜忌，致减少运动的力量，兄弟以为要引起普通人的美育观念。第一要使得他们明白美育和人生的关系。第二要引起他们美术的趣味。对于第一条，可用三种方法来活动：（1）发行通俗美育报。（2）组织通俗美育演讲团。（3）设立美育研究会。对于第二条亦可用三种方法来活动：（1）时常举行美育展览会、音乐会、跳舞会等。（2）发行图画印刷品。（3）组织模范戏曲社。

（六）有志研究美育的学生，也当尽提倡美育的责任。

做学生的时候，本不宜多管闲事，不过各人就自己所研究的范围以内的事，尽可多方活动。近来全国学生界，为了山东问题，不惜牺牲学业，终日在社会上奔走呼号，以期唤醒国人的爱国心，如此热心热力，实可钦佩。兄弟以为这种运动只可行之于一时，不能永久地进行。凡要永久进行的事，必须照分工办法，各尽各的能力，各尽各的志愿。对于社会上做一种切实的贡献，于自己多一种实地练习，譬如有志研究美育的学生，当课余之暇，尽可在社会上实行美育上的活动，以尽提倡美育的责任。

总结

新文化运动和美育的关系并提倡美育的方法，上面已经约略地讲过了，不过这还是纸上空言，无济于事。在实际上，究竟应该怎样进行，那是要全靠鼓吹新文化的同人，合群策群力来提倡的。古人有句话："上有好者，下必有甚焉者矣。"所以凡要提倡美育，能够由各方面的领袖人物出来帮帮忙，那么这效力一定非常的大。譬如十几年前大家对于体育，很不注重，后来由一般教育界的领袖出来提倡，因此到了现在，无论什么学校里，对于体育，既已逐渐注重了，而社会上亦在风靡流行了。假使教育界的领袖诸公，从今以后，对于美育这件事，亦能如体育这样的提倡，那么我们中华民国过了十几年以后的美育，亦可大放光明了。

选自《美育》第3期，1920年6月。

导读

周玲荪（1893—1950），浙江海盐人，中国早期艺术教育家。1912年入浙江两级师范学校，与吴梦非、李鸿梁等同级，师从李叔同。1915年毕业后任商务印书馆南京分馆编辑，后任南京高等师范艺术系主任，曾在多地学校任音乐、美术教职。周玲荪对音乐、图画两科有着浓厚的兴趣，创作编写的多种图书成为各地中等学校的音乐、美术教材，著有《中等学校乐理唱歌合编》《师范学校风琴练习曲集》等作品。除了积极投身于艺术教育实践外，作为中华美育会的责任会员，周玲荪还在美育会创刊的学术刊物《美育》上发表了《教授音乐应该怎样？》（1920年第1期）、《新文化运动和美育》（1920年第3期）、《画家的修养》（1922年第7期）等文章，将音乐、美术教育理论与实践进行了紧密的结合，通过该杂志宣传自己的美育理论。

《美育》杂志的宣言是“鼓吹艺术教育，改造枯寂的学校和社会，使各人都能得到美的享乐之一种利器”[1]。作为中华美育会的重要成员，周玲荪的美育观点与《美育》诸人的主张存在某种契合。他将艺术作为美育的切入口，强调“民主”“自由”的

① 吴梦非：《本志宣言》，《美育》，1920年第1期。

美育观，提出了“教授图画本无确切规定之法”[1]等观点，注重西方美育与中国传统美育的结合，继承并发展了蔡元培“美育代宗教”等思想。周玲荪所处的时代背景决定了他的美育思想带有强烈的“美育救国”的功利性倾向，旨在通过美育提高国民的人格素养，改造社会。他的美育观点顺应了时代发展潮流，对当代美育建设也有一定的借鉴意义。

本篇文章《新文化运动和美育》作为周玲荪美育思想的重要代表，创作于五四新文化运动时期。这一时期民主与科学成为两面光辉的旗帜，全国掀起了各种新教育思潮，如平民教育思潮、职业教育思潮等，美育思想作为一种重要思潮也产生了重要影响。在文章开头，周玲荪就指出在提倡新文化运动时必须同时提倡美育，因为中国人最缺乏美术思想，导致各人会为一种浑浊之气所蒙蔽，自私自利的观点也愈加昌盛，从而对新文化运动产生障碍。可见这篇文章具有十分明确的现实指向性，具有浓厚的“美育救国”色彩。他引用蔡元培先生在《文化运动不要忘了美育》一文的观点，指出美育在新文化运动中相较于其他方面，并没有得到足够的重视。因此在文中，周玲荪重点论述了美育与家庭、社会、政治、教育、实业五个方面的密切联系，阐发了美育的功能。同时，他还提出了实施美育的一些具体方法，如“增设国立美术学校”“奖励国中美术家”等，并呼吁“有志研究美育的学生也应尽提倡美育的责任”，更好地推进美育的发展。文章合为时而著，歌诗合为事而作，周玲荪在此篇文章中以新文化运动为背景来阐释自己的美育思想，彰显了他的社会责任感。

---

① 周玲荪：《教授图画应注意之点》，《美育》，1920 年第 2 期。

一、美育与新文化运动

（一）美育与家庭

周玲荪用“枯燥无味”来概括中国家庭组织的特点，这首先体现在由于缺乏美的常识，“我国无论大小的家庭里，有一种很普通的习气，就是不讲清洁，不尚装饰”，处于此种家庭环境中，人们会产生一种烦闷心理，纵有高才奇气，也会逐渐消磨殆尽。除此之外，他认为家庭中缺乏正当的消遣与娱乐活动，也是造成中国家庭生活枯燥无味的重要原因。《变化中的中国人》一书就曾以外国人的视角讲述了清末民初时期我国的居住环境，不仅没有绿地、草坪、鲜花这类装饰，也缺少书籍、报纸和音乐和体育运动。“在中国内地一些有钱人家里，是可以看到一些修建得很精美的花园的……只不过，由于有钱人少得可怜，我估计在两千户人家里，最多能找到一个这样的花园。”[①] 可见环境单调与民众文化生活匮乏是我国近代普通民众家庭中存在的很常见的问题。

创造美的环境是美育实施的重要途径，它影响着人们的审美情感与审美素养。在贫乏枯燥的家庭环境中，人们看不到生活中各种美的事物，终日忙碌于生活的琐事，难以养成娱乐消遣的习惯，便容易产生烦闷无聊的情绪，也就难以形成愉悦的审美感受。周玲荪在注意到这一点之后，便试图以“美育”的方式来改善这种情况，认为家庭中也应该有正当的消遣与娱乐，美育应该渗透到家庭生活中去。近代康有为、蔡元培等人都曾对家庭环境教育表示重视，而周玲荪则从外在环境与内在熏陶两个角度阐发了美

---

① ［美］E.A. 罗斯：《变化中的中国人》，何蕊译，译林出版社，2016年版，第 43 页。

育对于家庭的重要影响。从外在环境来说，要培养美术常识，注重清洁装饰；从内在环境来说，要以“游戏、运动、音乐、图画等娱乐”来丰富精神生活，勿让喝酒赌博等不当消遣消磨掉我们的精神意志。

孟子曾言“居移气，养移体”，墨子也曾感叹“染于苍则苍，染于黄则黄”，这都体现了环境对人的影响。身处于优美的环境，且以正当的消遣娱乐充实自己的内心，那么在潜移默化之中，自身的气质、仪态、精神、修养也自然会发生积极转变。尤其是对于儿童来说，家庭教育环境更影响着他们的审美素养和修养品性，家庭环境与美实际上是息息相关的。在一个环境优美的家庭中，孩子更容易产生愉悦的心情，对美的事物产生兴趣；在一个充满书画或音乐等艺术氛围的家庭中，同样有助于提高孩子的审美感受能力与艺术敏感性。美育不仅包括学校美育，还包括家庭美育与社会美育两个方面。周玲荪注意到了家庭在美育中的作用，通过培养民众的审美愉悦感，提高中国人日渐消磨的精神志气，以改善中国传统家庭“枯燥无味”的弊病，适应了那个时代中国的文化土壤，具有一种前沿性。

（二）美育与社会

美育对于社会的作用历来为许多美育家所论及，蔡元培曾说过美育与社会的关系无论在何等时代都十分显著，并在《美育实施的方法》一文中列举了社会美育的载体；梁启超认为诗歌、小说可以左右舆论与政治，从而改造社会。周玲荪则是从社会事实出发分析了社会中存在的诸多问题，论述了美育与社会的关系。首先是“德谟克拉西”即民主精神的缺乏。他认为虽然我国已由封建专制制度改为共和政体，平等自由成为大家经常讨论的话题，但社会上仍然存在许多阶级，缺乏民主精神。其次，由于社会上各种不正当的消遣机关，导致“社会上游荡的人太多，因此国家的生产力大受影响”，而社会游荡分子正是由于不当消遣机关造成的。除此之外，周玲荪分析了社会中譬如无耻奸商和资本家之类人，他们拥有自私自利的观念，因此“合群互助的力量极薄弱”。而以上种种，在周玲荪看来很大程度上都与民众高尚思想的缺乏有关，他们没有受到积极、进步的美育思想的引导，因此难以形成远大的见识。

周玲荪的美育思想植根于中国的现实土壤，将美育与社会现状、历史命运联系起来，认为通过正确利用公园、戏园、游戏场、美术馆、音乐会等公共娱乐场所，能够达到激发国民高尚情感、促进社会发展的目的。艺术作为一种精神性的活动，没有高尚与低劣的区别，沉浸在音乐、美术等审美氛围中，能够帮助人们感受到人性中的美好，找到属于自己的精神家园。

社会美育相较于家庭美育和学校美育来说，面向的群体更加广泛，也是人们更为直接所接触到的环境。不同时代的美育受到不同历史条件的制约，对于当代学生来说，应该积极投身于社会审美艺术的实践，提高自己的审美创造能力。同时，通过公共娱乐场所来激发民众审美情感的方式在当代依然适用。社会中处处充满了美的因素，无论是自然景观还是人文景观都是发展美育的重要社会资源，如博物馆、美术馆等公共设施应该被合理地开发利用，以提升人们的审美趣味。

（三）美育与政治

在政治方面，周玲荪主要分析了当时政治界中混乱黑暗的局面，认为当时我国政治家中虽然有许多品质兼优的人，但脑筋腐败、思想浑浊的也有不少，他批评这些政治家中饱私囊、卖国卖民等不良行径，认为造成这种现象的原因在于利欲熏心，“不知道精神上高尚的娱乐，终日只以花天酒地为唯一的消遣”。当时中国处于政治混乱、内忧外患危难之际，周玲荪认为比起改定宪法和更换制度，利用美育“洗刷这班腐败的政治家的脑筋，使得他们思想清楚，精神焕发”，才有希望使政治获得进步。

无论是社会民主精神的缺乏，还是政治上的混乱腐败，周玲荪在进行分析时都是围绕着“自私自利”进行论述的，不止一次地提到了人们思想上的腐朽麻木，可见他认为美育是唤醒国民高尚思想的利器。经常接受美的艺术的引导，才能在物欲横流的社会中保持一颗赤子之心，超脱世俗的烦扰，培养民族感情。但是周玲荪却在一定程度上放大了美育的功能，他将民众的烦闷、麻木、自私自利以及社会与政治的腐败萧条，完全归咎于美与艺术的缺乏，将希望主要寄托于美育与艺术，忽视了物质等方面的因素。这种认为凭借美育就能够改造社会、化解冲突的观点具有一定的空想色彩。

（四）美育与教育

针对新文化运动时期社会普遍存在的以科学教育为主而忽视美育的情况，周玲荪以“机器”和“油”为喻论述了教育与美育的关系，认为教育中如果没有美育的调和是毫无生气的。过于重视科学忽视美育，会使人难以产生情趣，过于机械化。他并没有反对“学校课程应该切于学生实用”的观点，而是基于此观点论证了美育思想符合社会需要，具有实用价值，得出了中国社会需要美育的结论，肯定了美育在教育体系中的价值。因此他提出学校应该大力提创美术教育，重视发展美术课程，来拯救社会的弊病。

周玲荪的这种倡导对于新美育课程改革是具有积极推动作用的。虽然美育不能直接创造物质财富，但是有助于提高学生的综合素质与创造力，从而间接地促进社会发展。我国著名教育家陶行知就曾说过：“学校里有音乐，便是给学生以正当的娱乐，使学生不致在休息时间做出恶事”。[1]在周玲荪的《教授图画应注意之点》一文中，他提到了在教授图画中应该注意的五点：教师不能强使学生画学己之画派；教师不能强使学生画学己之画法；教师不宜专献自己的本领，不顾学生之程度；教师不必定要为学生改画；教师不限定学生之绘画时间。[2]从周玲荪的这些建议可以看出，他所倡导的是一种顺应学生天性、给予学生一定自由的教学方式,具有一种自由与民主的精神。这种精神顺应了时代潮流，更有助于通过审美熏陶来改造中国社会的种种弊病。其民主的教育观即使是在当代社会也极具有进步性。

（五）美育和实业的关系

在谈到美育与实业的关系问题时，周玲荪对外国货物比中国货物畅销的原因进行了分析，认为我国实业不发达除了缺少资本、机器、人才外，还有一个重要的原因就在于不注重美育。由于缺乏美育方面的训练，我国实业家大都“见识浅陋，器量狭小，偶一得志，便夜郎自大，不求进步”，容易为外物所引诱。同时，他分析到我国货物“粗劣笨拙”“不讲装饰”，不如外国货物能够迎合购买人的心理，这也是我国实业受外国压制的原因。因此要想振兴实业应该进行美术知识与美育的训练。

美育具有陶冶心灵的作用，美育能够帮助人们神清气爽，从而奋发猛进，认真从事事业。蔡元培在 1919 年发表的《文化运动不要忘了美育》中曾提出“工艺美术学校”的设想，将美育指向日常生活。而周玲荪在此文中则论述了美育思想与产品外观相结合，通过实例分析论证了美术教育在工艺中的必要性，期望达

① 陶行知：《教育者之机会与责任》，见胡晓风等主编《陶行知教育文集》，四川教育出版社，2007 年版，第 69 页。

② 周玲荪：《教授图画应注意之点》，《美育》，1920 年第 2 期。

到改良国货、促进工商业繁荣的目的，这一观点可以看作周玲荪美育思想与当时实业教育思潮的交织。虽然他的美育思想中带有一定的指向性与实用性特征，却是当时背景下的必然倾向。当下美学已经渗入生活的各个方面，商品中蕴含着越来越多的审美因素，包装的美观程度已经成为影响销售的重要因素，可见周玲荪的这一观点具有前瞻性。

二、“参考东西各国的方法”以实施美育

在近代美育发展历程中，关于美育具体应该如何实施的问题，美育家们纷纷从不同角度提出了自己的创见。如梁启超倡导“诗界革命”“小说界革命”，认为小说与道德、社会政治有密切联系；康有为与陈独秀分别从书法与游戏的角度提出了实施美育的方法。中华美育会的成员则将艺术教育作为美育实施的途径，正如《本志宣言》所述：“我们美育界的同志，为了这个缘故，所以想趁着新潮流，尽力来发展我们的事业，你道我们的事业是什么呢？就是‘艺术教育的运动’，这个运动的基础就在‘学校教育’和‘社会教育’的里面。”[①] 此处新潮流指的便是新文化运动的潮流，由此可见，中华美育会旨在通过艺术教育发展美育，以摆脱传统教育中以智育为主导的局面，进而提升国民道德水平，最终达到改造社会与美育救国的目的。而周玲荪作为中华美育会的重要成员，无疑也深刻践行着该美育原则。在本篇文章中，周玲荪将重点置于美术方面，对美育实施的范围与方法进行了详细论述，并提出了一些实施美育的方法举措，如“增设国立美术学校”“设法奖励国中美术家”“全国高等专门学校内，宜增设美术科或于课外组织美术研究会”“对于社会上的私立美术学校，宜由公家

① 吴梦非：《本志宣言》，《美育》，1920 年第 1 期。

酌量帮助”等等。

周玲荪对于美育实施的建议，主要是通过“参考东西各国之法”提出的，他不仅将目光放置于中西艺术奖励制度的差异方面，也注意到了中西美术学校建设的差距。在将我国的美术发展状况与欧、美、日等进行了比较之后，周玲荪发现我国美术在制度与学校方面都远远落后于这些国家，他认为根本原因在于我国对美育重视程度不够。

在制度方面，周玲荪引用了英、法、日三国的例子，指出他们通过举办“沙龙”或“展览会”等形式陈列美术家的作品，并以各种方式奖励优秀作品，正是这些精神与物质上的奖励激发了艺术家的创作活力与热情。同时，政府将优秀作品收归国有并陈列于美术馆的举措也为民众欣赏优秀艺术作品提供了来源，从而形成了创作与欣赏的积极循环，长久之后国家的美术事业自然出现盛况。而我国并非没有优秀的美术人才，只是因国家没有形成恰当的奖励政策才碌碌无为，“等到后来，竟然老死乡里，和腐草同归”，这不禁引起了周玲荪的无限慨叹。因此，他认为我们应当借鉴效仿英、法、日三国的奖励政策，“每年由政府开全国美术展览会一次不可”。

在学校实践方面，周玲荪不仅提出了“增设国立美术学校”“酌量帮助私立美术学校”的主张，对高等专门学校也提出了“增设美术科”或“课外组织美术研讨会”的建议。除此之外，他还大力倡导各地美术家与有志研究美育的学生团结合作，承担起提倡美育的责任，各司其职，发挥出领袖人物的作用，来推动美育运动的强有力发展，通过时常组织相关美育活动，来增加民众的艺术趣味，提高普通民众的审美素养。针对我国美育发展缓慢的情况，周玲荪从多角度全面介绍了美育实施的方法，不仅强调了国立、私立美术学校以及高等教育美术课程的重要性，亦认识到了精神与物质并举的奖励制度的作用，还呼吁发挥美术团体与美育学生的力量，形成了一张覆盖全面、纵横交织的网络。在接受西方先进文化的过程中，周玲荪也没有忘记与中国传统美育思想环境相结合，用事例与逻辑来分析问题的根源所在。

除了美术之外，音乐也是周玲荪美育理论不可或缺的关注对象，在《教授音乐应该怎样？》一文中，他从教师聘用、教材选择、教学方法的运用方面提出了建议。相对于许多美育家主要集中在理论方面，周玲荪更注重理论与实践的结合，他不仅从宏观方面论述如何实施美育，在微观方面也为我们介绍了许多切实的方法，这与他多年的艺术教学经验是分不开的。作为我国近代教育史上第一个美育学术团体——中华美育会的一员，周玲荪和其他成员一样致力于美育改革，推动了中国美育思想与实践的发展。

三、小结

总体看来，周玲荪的这篇文章具有强烈的五四时代色彩和爱国主义精神，是在中国内忧外患的社会背景下写成的，具有浓厚的“美育救国”意识。他延续了自清末以来美育思想中爱国的主旋律，将新文化运动与美育思想相结合，使他的美育思想在当时更具现实性与生命力。基于一种爱国主义精神，周玲荪的这篇文章尤其重视美育的实用价值，这种实用价值不仅体现了周玲荪期望通过美育改善国民精神的混沌与麻木，也体现了他渴望以美育来推动社会物质发展的决心。从前文中我们可以看出周玲荪不仅以大量的社会现状为依托，对中国社会进行了针砭时弊的分析，说明了美育对人思想的改善作用，呼吁在新文化运动的同时也要重视美育，试图以美育为途径来提升国民素养，改造社会。同时，也将美育与工商业发展相结合，意在通过宣传美术知识生产更具美感的产品，扩大国内产品销路，从而促进社会经济发展。

基于以上特点，周玲荪十分注重通过艺术教育的方式进行美育实践，通过提出许多具体的美育举措设计了改造社会的蓝图。由此观之，周玲荪美育思想的最终旨归不在于个人情感的满足，而在于整体国民精神的培育；不在于艺术与人生的关系，而更侧重美育的社会功用，具有道德教化与实用性特征。虽然周玲荪的美育思想具有一定的政治功利性，但却是身处于当时的时代背景之下的必然倾向，顺应了当时的社会背景与历史趋势。

面对近代社会的混乱与民众思想上的窘迫麻木，周玲荪将部分原因归咎为缺乏恰当的娱乐方式的引导，社会上不正当的消遣机构太多。如今文明社会中，祖国已经繁盛强大，越来越多的游戏厅等娱乐机构如雨后春笋般涌现出来，如何对其进行管理，更好地引导青少年接受有益的艺术熏陶，也是美育实施过程中应该思考的问题。

艺术不是孤立的，无法脱离人生与社会孤立存在。周玲荪对家庭美育、社会美育与学校美育的关注，与我国当前倡导的全面发展的素质教育有内在的承续。全面发展除了德智体美劳五个方面，还包括学校、社会与家庭教育的统一。当今社会，人们愈来愈意识到家庭教育的重要性，但往往集中于智育、德育方面，家庭美育的发展仍然任重而道远。美育在许多中小学、高校中得到了进一步落实，但是相对于智育与德育来说依然发展缓慢。周玲荪的这篇文章则可以为我们如何更好地实施美育提供一些借鉴和启示。

丁丹丹撰写

7 艺术教育学的思潮及批判

天　民

第一，艺术教育学的由来及要点

（一）艺术教育学的由来　艺术教育（一名美育）不论东洋西洋，都是从古倡导的。古时希腊，以“善即美”底意味，大行美的教育。如音乐体操诗文等学科，都是资助心身上美的发展的。后来到了中世，文化上变为黑暗时代，美育也从此大衰；然到了人文主义时代，依旧复活转来，到了新人文主义时代，更发生美育万能底思想。所以从这思想上底传统说来，现在所谓艺术教育思潮及美的教育学，也不能定说是今日的产物啊！

然近时主张艺术教育乃至美的教育学底人，他们思想当中，亦各有新的意义及问题存在里面。试一看威巴（Weber）氏美的教育学说底着眼点，就可知道他很有新底地方。所以艺术教育学底思潮，要算是现代教育思潮中主要的一个；他大有议论的价值，是不用说的。他们当中，像所谓艺术派，虽很有学者说他没有算得现代教育思潮底价值，但他既有独特底内容，出现于这个时代，我们硬用主观的排斥，不承认他是现代底教育思潮，那是很不妥当。

那么，晚近的艺术教育思想，是因什么理由，会在欧美的天地成功高潮呢？这当中却有种种原因。如今先把他主要的说说，就是：（一）新人文主义的思想底影响，（二）对于现代自然主义的思想及唯物的生活底反动，(三)晚近艺术思潮及生活底普及，(四)教育思想自身底进展。

第一，新人文主义（浪漫主义）的思想底影响，就是于晚近的艺术及艺术教育上，有不断的脉络传布下来。他的所以，是因新人文主义，从十八世纪末叶到十九世纪前二三十年底时候，竭力反对前代理性本位底思想，盛倡主情主义，准对理性主义，启蒙主义，机械的人生观，实利主义等思想及生活，而于主情主义有机的人生观下面，鼓吹审美主义的思想及生活，不是因真故而善且美，是因美故而善且真。至于美的来由，是因于理与情直接自由交涉的；所以我们真实底生活，不是像启蒙主义等，依着开发理性而得，实可依着情感作用而得。因此而教育亦不可取琢磨理性底理知主义，应该以美为目的，陶冶他的情感，注重文学美术及历史等科。新人文主义的思想，大要如此。这样的美术万能、美育万能底思想，到后来自然主义发生底时代，亦不销灭，直至今日，依然的持续。又此思想，自从新理想主义发生以来，虽然变了他的旧形，但对于晚近艺术及艺术教育思潮的勃兴，是有极大底影响的。

第二，对于现代自然主义思想及生活底反动，就是不满足那自然主义的思想及生活，要想革新他的弊害，因此新人文主义底思想，就在那新理想主义底旗帜下面，结合别种的哲学思想而复兴起来。换句话说，一时被自然科学所压倒的艺术思想，却乘那自然主义底缺陷而再兴了。自然主义，本是从实证实验坩埚当中生出来底科学的哲学思想，以一切归于原因结果底必然关系。他的结果，就使人文底根柢上，大大地动摇起来，道德上，艺术上，宗教上，都发现恶魔底影子。要想把他导入正道，合于人本的文化中心底要求，于是乎自然而然的促成艺术思想底复兴。

从实际生活看来，十八世纪底启蒙主义，十九世纪底自然主义时代，他的根本，都属于唯物的世界观人生观，所以凡是于实用上没有效果底事情，都断定他是无价值；就像那艺术一项，也以为不过是种游戏罢了。若是有以艺术为必要的，必定因为他不是艺术品的原故，或者是于唯物的生活上有什么关系的。

但这样的生活观念，毕竟是浅薄得很。他的证据，就是理性主义，自然主义底生活，而很平板、单一、枯燥、无味的。只要看在理性主义时代，惹起浪漫主义，在自然主义时代惹起今日新浪漫主义，也就可以明白了。

第三，晚近艺术思想及生活的普及，这是因为近代文明进步、交通机关发达、教育普及、刊印物非常增多底结果。所以在浪漫派时代，未脱贵重品、奢侈品境域底艺术，亦渐渐侵入一般民众的思想及生活当中；后来侵入的程度益深，就发生了满足"艺术欲"底要求；到了如今，竟把艺术看做生活上不能少去的东西。艺术生活，既是必要，所以教育当中，亦是一定要增加进去的了。

第四，教育思想的进展，就是不以那知识主义底教育为满足，更要求情意方面底美的教育。所以于知的教育以外，创作的发表的教育，也不可以不努力的。何以呢？因为教育。不是单以美的陶冶，为其一面的要素，就是教育自身也是一种艺术的原故。这样的教育思想既然发生，于是就一面复现艺术的教育，更于他面倡导美的教育了。

以上四项，就是晚近艺术教育思潮起原中底主因。

（二）艺术教育学底要点　从真实意味说来，艺术教育学的名称，实在不很妥当。不过威巴氏，他就是倡导所谓美的教育学的，所以本篇也就依附他，用艺术教育学底名称。这名称当中，本来是包含艺术教育论和美的教育学的。

艺术教育学底根本思想及要点，是怎样的呢？这却不能一概而论。何以呢？就是前面已经说过，他当中是亦包有美的教育学的；又艺术教育论底当中，也有什么极端派，稳健派，正不必定是一样。但从一方面说来，此等相互之间，亦自有同一思想的根干。本篇所要论述的，就是他们公共的一个思想，至于各个特异的地方，且到改日再说。

第一，确认艺术是有价值。所以颇有要把他做教育内容底考想，若哥的（Goethe）①，希尔列尔（Schiller）②时代底美育万能思想，尚作别论，像英国底路斯金（John Ruskin）③，他亦以为美术是能发生精神的力量和欢悦的心情，裨助身体的康健；且认技术的恶劣，是与道德有很深的关系；尝说道："培养趣味的事情，就是所以造成品性。"其他如近年德国德勒斯达（Dresden）④市开的"全国美术教育会议"，亦确认艺术价值，对于教育方法，大有论议。从这许多地方看来，就可以晓得晚近艺术与教育是极其接近的了。

此外像人格的教育学者林台（Ernst Linde）氏，亦极主张美的创作的方面。至于把艺术与真善美并称，认为人生一大要素，这是自古已然的。到了近时，在实际生活上面，像房屋和室内装饰，且不必说；推而至于衣服器具及食品底烹调上，已没有不混入艺术底要素了。一切生活思想，都和艺术底要素，全然不能分离；所以现在把艺术加入教育当中，也是极其当然底事情。

第二，艺术教育底内容，包含趣味与创作两方面。凡倡导美的陶冶底人，都是这样说法。像创作方面，不单倡导美育底人，连那些主张儿童本位主义个人主义底人，亦都同声称说的。

---

① 歌德。——编者注

② 席勒。——编者注

③ 约翰·罗斯金。——编者注

④ 现译德累斯顿、德勒斯登等，位于德国的东部，现是德国萨克森州的州府。——编者注

趣味心底养成，是在培养对于美感与识别力的。像那流连天地自然底美景，目见逼真的绘画雕刻等，就着意赏玩，分析他的原因而行美的判断就是。创作力底养成，和前者正相反对，在使内部艺术的发表力表现于外部。这艺术心，在一方面，为玩赏力识别力而表现，又在别一方面，发现为创作的冲动；所以合这两面，就成功美的陶冶底对象了。

第三，艺术教育底方便，在于尊重国民文学、历史、图画、唱歌、手工、体操等等底教材。其中，如图画手工，关于实用艺术纯粹艺术底两方面甚大，所以近来他的价值极高。那种作业学校底名称，也就是因为注重儿童创作作业而造出来底新语啊！

他的理由，是因为近时国家主义勃兴；所谓国民美术，也就成功了一个问题。所以在一方面，使玩赏国民底文学艺术；在他方面，与玩赏相对，使他自己创作发表，玩赏以国民文学为主，（绘画雕刻建筑等，亦所必要）。发表一事，是一定要赖藉手工的。

第四，把教育的活动看做是一种底艺术。他的结果，就有倡导教师态度上及教授方法上，应该加入美术家底要素。近时所谓"教育是一种艺术""教师一定要艺术家"底流行语，都是从这美的教育学底思想发生出来的。因为教育是镂刻理想于学生脑髓当中底事情，在这一点，和艺术家表现自己理想于立体、平面、音律、文学等等的当中，却是非常相似，所以在某意味上，确是一种艺术底活动。又教师底活动，也有当然要为艺术家底地方。然教育活动，是否与艺术全然相同，这却一时不能武断他。

以上四者，都是可以看做是艺术教育学底要点的。

第二，艺术教育学底种类

现在用艺术教育学底名称著书的，其中亦有种种的种类。然若依他本质分别起来，可大别为二：其一是艺术的陶冶论，其他就是艺术的教育学论。艺术的陶冶论，是主张教育当然要以美为目的；所以美的陶冶，断断不可忽略，但亦不说教育学是定要依美的原理而组立的。然艺术的教育学（美的教育学）论者，又更进一步，从实际的立场而进入学问的领域，把教育活动看做是一种艺术。所以主张教育定要依美的原理而组立。换句话说，就是不可不为美术的教育学罢了。所以前者可称为美的实际教育论，后者可称为美的纯理教育论。

艺术教育论者当中，有极端及稳健两派。所以本节分为三项论述：（一）极端派底艺术教育论，（二）稳健派底艺术教育论，（三）美的教育学论。

（一）极端派底艺术教育论　历来底教育，都偏于知的陶冶；唯专在磨练理知上面着力，所以艺术心极其疏略。因此而鉴赏力和制作力，都是全然没有的。又因此而日常生活上底嗜好非常粗野，毫没有什么风趣，专门埋头在实利当中。他的结果，就发起唯物的生活上种种弊害，或者诱发神经衰弱以及其他种种的文明病。这些都是理知教育底弊病。然要治好这文明病，用什么方法好呢？这是除掉实行艺术教育以外，是没有别种适当方法的。就是要养成鉴赏美的能力，融和生活的压迫，高尚人的品性，这艺术教育，要算是第一个方策了。

又欲使国民工艺品日进于高尚，在养成鉴赏力以外，制作力亦是不可不培养的。要之，从前盛行知的陶冶，现在是一定要以美的陶冶去换掉他。这种思想，在艺术家及文明批评家当中，屡屡有之。但在与教育有关系底人当中，亦不是绝无这样思想。就像革里里西、哥志两氏底意见，不是很和这种思想相近的吗？

革里里西说道：“世人往往把艺术看做是不过艺术家及一部分爱好玩赏者是必要的，这种思想，实在是大谬不然。何以呢？因为艺术是能令一切人得到种种愉快及幸福，无论贫呀富呀，艺术都能使他得风雅底情致，生活上亦不致枯燥无味，通各种阶级底人，都是必要的。所以把艺术教育做一般教化底基础，要算是最适当的了。”

哥志氏亦说道：“我们的生活，有两个对立底要素。一个就是像那见物、表物、制物等实际的具体的直接的动作，再一个就是像那知识思想等观念的动作。前者是直观的思考，后者是抽象的概念的思考，这两者相对就成生活底内容。然历来只重视第二个方面，于第一个方面，都不注意他。代表第二方面底教科，是言语，代表第一的，就是图画。所以将来要革新从前底教育，是一定要把图画作学校教育底主位的。”

这两人底说话，都是反对从前尚知主义底陶冶，陷于极端的艺术主义的。

（二）稳健派底艺术教育论　这一派的主张，和上面所述那极端派是两样的。他于艺术教育底价值，固十分确认，然亦兼认知识陶冶及道德陶冶。他不像希尔列尔把艺术教育看做是教育底包括的概念，是无论的了。亦并不像革里里西、哥志等要以艺术教育作为一般陶冶的基础及中心，他不过看做是教育当中的一个内容罢了。所以这一派叫作稳健派。

属于这派有名底人，就是利却华克（Alfred Lichtwark）[①]、朗格（Konrad Lange）[②]两氏。利却华克是汉堡市底故美术馆长，算是德国最近艺术教育上数一数二底人物。利氏常常说道：“我们向来只是埋头在知的生活当中，今后宜于发挥道德的能力以外，

---

① 也译为阿尔弗雷德·立齐沃克、利希瓦克等，汉堡市立博物馆第一任馆长，德国“艺术教育运动”倡导者之一。——编者注

② 康拉德·朗格（1855—约1921），德国艺术史家、美学家，提出幻觉说。代表作品有《艺术的本质》等。——编者注

更兼发达艺术的能力；总要于正当意义求艺术教育底基础，弥补从前教育上底缺点才好。”又朗格氏亦尝有与此相类底说话，如今把他的大意，在下面略述一述。

我们底目的，要从不是养成专门艺术家，又不害及教育全目的底界线里面，助长少年人艺术的萌芽；又我们并不要为艺术添设特别的新学科（像美学、美术史等），只要使儿童玩赏美术感得美术的愉快就好了。所以我们并不主张定要在此艺术的新理想下面，变更那伦理的宗教的教育。所谓生活，在美术以外，尚含有许多别的要素；若是用纯粹的艺术教化，去压迫别种教化，实在是极大的错误啊。

以上所述，是艺术教育问题上极端、稳健两派见解不同底地方。见解既然不同，用的方法，自然也大相差异。但从下面说的各事看去，两派都很注重，这又是他们相同底地方了。

第一，“造形艺术”注重图画手工底教育；努力于改良他底方法，或养成优良教员。至于教授时，当适宜利用绘画雕刻等，又搜集乡土艺术品，使儿童为直接底观察。

第二，“文学艺术”在国语教授，不轻视诗歌、美文、朗读、演述、讨论等，要使儿童从玩味国民文学上，玩赏他言词底优美；至于教授时，绝不没却他的真义，务使发摅他的价值；在缀法等，使尽其发表的真意义。此外又当注意选定课外读物，务使不与恶俗底书物接触。

第三，“音乐体育艺术”要使充分发挥音乐体操游戏的价值，改良他的方法；所以须努力养成教授这科底优良教师。

附记：希尔列尔底艺术教育思想

新人文派底教育思想，希尔列尔就是代表；与希腊思想相同，以为“美即是善”，是美育同时又兼德育的。而且美育不单为德育底根本，又是一切科学底根本。何以呢？因为此所谓美，不是本于架空底想象，实是真理所表现底原故。又真理底直观，就是美的受用，所以美的受用，就是接触于真理了。科学是本于理会，美术是依于直观，又科学是抽象的，美术是具体的，两者虽然有这样差别，但不过所取的路径不同，归到究竟，实在是一而二，二而一的。

美术与道德，更有密接底关系。美术是什么？就是把共通的原理（以太）表现于个体底当中。道德是什么？就是使个体屈从于共通的原理。所以美术与道德，在使个体屈从全体这一点上头，是彼此相同的。不过于道德界，他的屈从，是义务的，压制的；而在美术界，他的关系，是好意的，自发的。道德底世界，极其束缚，而美术底世界，却很自由。然他的内容与本质，全然同一。所不同的，就是要达到目的所用的手段了。所以美育不单不和德育相矛盾，而且全然包括了他，使我们可以自由的进入他底境域。这样说来，美育的地位，可以说是比德育还要高些。这就是希尔列尔以美育为教育的理想了。

以上是德国美术教育会议（第一次在一九〇一年，会于德勒斯达 Dresden；第二次一九〇三年，会于华玛尔 Weimar；第三次一九〇五年，会于汉堡 Hamburg；第四次一九一二年，再会于德勒斯达）所发表的思潮底大体。然德国艺术教育底运动，受一八五一年英国伦敦所开万国大博览会底刺激，很是不浅。因为当时德国工艺品，全是"应用美术"，恶劣达于极点，远非英国品底敌手。那时德国某调查员，曾发电与俾斯麦，说："德国工艺品当中可以看见的，只有趣味幼稚、品质恶劣罢了。"这句话，真真可以说得是实情。又英国底美术教育，大半发源于约翰路斯金底美术鼓吹，亦是大家公认的。

（三）美的教育学论　综括这个思想而发表的，就是爱伦斯脱威巴。看他著的《教育学基础的美学》，（Ärsthetick als-pädagogische Grundwissenchaft）（一九〇七年出版）就晓得了。

确认美学是全体教育学上一个原理，威巴以前，已有海尔巴脱，拿德尔泊（Paul Natorp）[①]，拉伊（W.A. Lay）诸氏。所以在这一点，威巴氏并没有什么功绩。但海尔巴脱一干人，只倡导美学是必要，却未从事于实行，而威巴氏，是确用福尔克脱（Volkelt）的美学作基础而着手试行的。这一点要算是威巴底功劳了。

却说威巴氏底美的教育学，实把教育看做是一种艺术。他的理由，以为“所谓教育，是要引导受教育的人到于自己活动底地位；这自己活动，是使我们人的本质自由发展的。那么要发展这主观的个人的自己活动，专靠那指示一般原理底教育学，实在是不够。何故呢，因为这自己活动，亦可说是一种艺术的活动；他的性质，当然要依赖美学底指示的”。这一番见解，就是威巴氏美的教育学成立的论据。

威巴氏对于教育这样的见解，是明明从卢梭一派个人的教育而来。若要问这证据，但看他常说：“教育的根本思想，可分而为二：其一，是以人类本质的自由发展为主，又其一，是使自已从属他人；前者代表人，是法国卢梭，后者代表人，是德国史却拉玛海（Schleiermacher）。”也就可以晓得了。

威巴分教育学为三种，他的见解大要如下：

第一，是为教育上一般原理底教育学，第二，是于教育实际上以理论为基础底教育学，第三，是指导教育动作上实际练习底教育学。第一种和海尔巴脱等所考想的教育学相似，就是建立于伦理学、心理学、文明史、卫生学等上面所谓哲学的教育学。第二种是说通于教育实际上一般理法的，本来是科学的，廓美尼士，

① 纳托普。——编者注

裴斯太洛齐等所苦心讨论的就是。第三种不能说是纯正科学，只可算是实际教育底法术，是可视为直觉的艺术的领域。美的教育学底研究对象，就是以此为主。但威巴氏于这第三意义以外，于第一第二两种当中，亦有时是认美学为必要的。

威巴本于以上的论据，更要借福尔克脱底美学上四个根本规范，来建设他美的教育学。如今试把福尔克脱底美学规范说他一说。

福尔克脱底美学根本规范有四。用客观的记号去表现，就是:（一）形式与内容底一致，（二）于人生有价值底内容，（三）为有机的统一体底美的对象，（四）为假象界底美。若表以主观的记号，就是:（一）充满感情底直观，（二）感情表象底扩大，（三）关系活动底昂进，（四）实感底沉降。

第一，所谓形式内容底一致，是说形式与所表现底内容，若不一致，就不能发生美感。譬如描绘天女，若用粗线，像画乡村女子一样，就不能使观者感得天女底美好。因为所画的内容与他表现的形式不相一致的原故。第二，所谓于人生有价值底内容，是说凡是美必定要有某种意味，提供价值于人生的，所以没有什么价值及流播害毒的，都不是真美。但这里所说的价值，是美的意味底价值，不必以实利实益为目的及只有道德上意味的。第三，所谓有机的统一，是说各部分要处处相称，于全体上要互相补助。譬如雕刻一像，假使口过大或鼻过低，就于全体不称，观者就觉得很不好看；这就是因为有机的统一被他破坏底原故。第四，所谓假象界，是说我们玩赏的美，在玩赏底刹那间，是假象的。假象与“实象”相对。实象是有实感底实有的表象，换句话说，就是关心于理性及意志上的表象。然美的假象，是无关心的表象，他不过但感得是美罢了，他是极其纯粹底感情。像那一切组织如何、效用如何底理性及意志之动作，全然没有。譬如看画的牵牛花，玩赏他美的时候，那些“这花有生殖器吗”“于人生有什么效用吗”等意识动作，都不得发生。因为这美是假象底原故。

再看主观的记号，是怎样的意思呢？就是说发起美感底时候，他心理的主观的状态，若不合上面说的四规范，就不能算做是美。

第一，所谓充满感情的直观，是说在于美的观赏，必要有活泼的感情，不可以冷淡的心情相对。这话是很不错的，因为若是不以充满感情底眼光去看他，那美的受用，就不能得着了。第二，所谓感情表象底扩大，是说要次第扩大观念，而感得其美。因为若不扩大观念而与美相接触，那么，于人生有价值的内容，亦就至极偏狭；他的结局，美感就要薄弱了。第三，所谓关系活动底昂进，就说不可执着美的表象底各部，要把有机的全体看做是统一的；使各部分互相关系，而扩大他的联想。因为美的受用，是要先发展联想、才能得着的。就像我们看一幅画景，总要扩大他的景色到画面以外，发展自己的联想，联想越广阔，美的受用就越深。这实在不外于所谓关系活动底昂进了。第四，所谓实感底沉降，是说要沉降那伴于实意识底实象的感情；必须专以假象的感情表象，充满他的意识。因为实感若是昂进，那美感就要消失了。

又威巴氏要把这四大规范应用到教育上面，他应用方法是怎样的呢？如今先就客观的记号，说他应用法如次；

第一，要形式与内容一致，所以美的考察，要把形式与内容平等的考虑。然科学是不考察主观的状态，只为客观的考察。这样考察，实在是偏而不全。所以立于科学的见地，以为教授底任务，只在授予知识，不能说不是大错。此后教育教授，不可以授予知识为主，总要以生活和心情为目的。换句话说，就是应该要传授经验的，古来最重直观，就是为此。依于直观而施行教授，养成生徒的创作性，最为紧要。所以若用人事界底教材，必不可不以生活及职业为直观底方便而利用他的。

然而在教育上，有如地理历史等，则于时间及空间底关系，是与生活相隔绝的。教授这种学科的时候，若不以之作为现在的实有，到底不能使儿童得着教授的力量；所以依从第一规范，是必要的。然所谓作为现在的实有，是怎样的呢？就是说教授的事项，必须与儿童心情全然一致；与所谓画家画物要栩栩欲活，诗人写景要绘影绘声，是一样的。再详细些说，教师教授历史或地理底事情，须要把逼真的态度，提示于儿童底眼前。

第二，说到于人生有价值底内容，则在人事的教材当中，历史是最有价值，历史当中，民族的历史，价值内容尤极丰富。这样说来，我们的兴味，当然以人类心中底事情，最为浓厚。所以虽教人类以外底事情，亦是定要从人事或与人有关系底事件发端。

第三，是要有机的统一，一般都是个体比团体为先。就人事的教材说来，列传的历史，必在文化史底前面。所以像耶教的圣书，是依于所谓基督的中心人物，保持他的统一；各个时代，依其时代的中心人物（就是英雄）而统一，是很要紧的。因为历史上底英雄豪杰，是最能发起儿童兴味底原故。又于人事以外，用那所谓生活团，为博物教授底中心，是与这规范极其合辙。总之，一切都为有机的统一体，而后适合于艺术法则底真教育，方才能够成立。

第四，所谓假象界，就是表现底世界；教育教授底事项中，往往有现时所不能目击的，要叫儿童理会他，是除掉叫他理会这表现的假象，是没有别的法的。

以下更就主观的记号，述他应用规范的方法。

第一，是充满感情底直观。要叫儿童为这样的直观，教师自已对于教授事项，决不可不先充满感情。这是非常紧要的事。就是在人事以外底教材，把感情移到直观底当中，亦是必要。如地理教授，若能以自己旅行底主观感情，贯入教材当中，是再好没有的了。

第二，所谓感情表象底扩大，譬如为宗教的生活，就扩大到为感情表象底神上面。大凡人事以外底事情，若不是有感情表象底扩大，要想叙述他的生活状态，使儿童理会，这是很困难的。

第三，所谓关系活动的昂进，不单是论理的关系，是要依教师人格，于主观的附以关系，希望他统一的昂进。

第四，所谓实感底沉降，在于实物底直观教授，固然是没有的，然在以诗、画、音乐等提示底时候，却是必要。这时教师当先自己沉降于假象界，导引儿童亦沉降于假象界，儿童发达的程度越低，这事越是必要。

威巴氏应用美的规范于教育教授，他的大体就是如此。

威巴又于别的教育问题，亦行美学的考察。就像教员养成，教员的补习教育，艺术家与作品的问题，又自由和强迫的问题，个人教育和团体教育的问题，学校与生活的问题，精神与身体的问题，他都是本于美学见解去讨论他。

如今试从他作的《教员论》当中底思想，大概摘出来说他一说。他以为教师是一种艺术家，所以做教师的，一定要有像艺术家那种艺术的制作力才好。全体艺术，都是这艺术家的制作力表现而成的。从这一点说来，要想教育活动，能够十分完全，非教育家具有艺术家的性格不可。做教师的：第一要辩才无碍，又要擅长图画和细工，才能算有良教师的资格。然现在底教师当中，雄辩家是意外的少，擅长图画和细工的，亦非常难得；这真是一件大缺憾底事情。今日底教师，只晓得注重科学底活动，这科学活动，固然亦是必要；而艺术活动，实是更加重要。

话虽这样说，但教师终不能说是艺术家。何故呢？因为真的教师，既不应该是所谓艺术家，又不应该是所谓学者，他的性质，是超出这两种人以上的。

但一个教育活动，就是一个艺术的事业；所以教育活动，一定要根据美学的原理，是不待言。因为教授一个新事项，就是教师和儿童一个的经济及生活，不是单单传授死知识的。所以艺术家的教师，不可但努力构成他心理的观念，更要在其心情（就是生活的根本）上面，与以重要的影响。教师既不可作出世人底态度，亦不可作俗人底举止，要做一个高尚的世间人；以敏锐底眼光洞察时势的趋向，以洞达底识见，顾虑国家的要求；有能够自由营教育活动底能力，才可以算是真正的教师哩。

（四）此外的艺术教育论　于上面所述诸氏以外，倡导艺术教育的尚有撒伊弗脱（Seyfert）、沙尔列曼（Heinrich Scharrelmann）[①]、林台等诸人。如今试把撒伊弗脱底教育论简单介绍如下。

撒伊弗脱氏以为教授是人格与人格的交涉；所以这当中，都有“艺术的分子”底动作，那么教授是属于何等的艺术呢？自然是属于辩舌术和造形艺术的为多。从这一点说来，教师是可比于诗人及音乐家的了。

艺术家的教师，他的任务是什么呢？第一，就是作成教案的一件事情。其间形式的要素和实质的要素，应该怎样调和？就是这时候的问题了。第二，要把教材为心理的编制。就是他的顺序，非为直观的、思考的、感情的、意志的不可。

又欲艺术的教育活动，十分完全，那表出的形式，一定要为文法的理论的；此外像语调和节奏，亦要注意，务以和协为要。

要之，撒伊弗脱与威巴的见解全是一样，也把教育看做是一

① 海因里希·谢里曼。——编者注

种艺术，把教师看做是一个艺术家，是很明白的。凡是儿童中心主义者及美的教育论者，都看儿童是营艺术生活底人，所以都说教育教授，是当然要为艺术的了。

依威巴的见解,儿童之为艺术的,和大人的性质,是全然不同。因为大人底性质，多含科学的分子，受认识及悟性的支配的为多；儿童多含艺术的分子，最喜模仿他人，或从事于想象，盛行感觉的生活、感情的生括、自由创作的生活。但威巴并不是说儿童和艺术家是全然相同，这是不可误会的。

第三，艺术教育学说底批判

上面所述诸氏，是盛倡艺术的教育及美的教育学的；然还有一方面的人，对于这些极端主张艺术的议论，颇有批评。像那论理主义者撒尔华克（Von Sallürk）就是。现在欲述余的批评，请先把反对人的批评叙述一过。

（一）撒尔华克氏的批判　撒尔华克，对于晚近的艺术主义，亦是反对人当中的一个。他有一篇论文，叫什么《教育即是艺术吗？》就是发表他的见解的。

我们看看撒尔华克这篇论文的大旨，晓得他对于正当的艺术教育底主张及效果，是承认的。他说："在教授知识以外，更要陶冶美的感情，确是正当的要求。"又说："从美的见地使儿童从事于技艺，这是近代的功绩。"但于学校自始即养成生徒成功美术的，是非常的反对。他以为从那没有知识及经验基础的人而形成的艺术，是可比于错误的形象及梦幻，不能说是真的艺术。因为真的艺术，是预定科学的及道德的陶冶，方才能够成功；美的陶冶，也是预定知识及道德的意识之善的练习。

撒氏又说道："他们说要使生徒受美的陶冶，教师不可不为艺术家；这种理由，实在是不能成立。"撒氏的这句话，就是反驳威巴等"儿童性质是艺术的，要使儿童完全艺术的动作，教师自己先要成功艺术家的人格"底主张的。撒氏以为"儿童底美的感情，与教师个性无限制的发动如何有关系吗？是一件可疑的事情。加之，使教师的个性为无限制的发动，是与社会的道德不相一致。又艺术论者，有的说用严整法则，且以一般形式而求知识的教授，有破坏真生活的危险，这句话，亦是但知其一不知其二"。

撒氏又说把教育看做艺术，实属非是。依撒氏的见解，"教育活动与艺术活动，是各别的"。他的理由：是因为艺术活动，纯属主观的，教育活动，却不是如此。就像艺术家欲表现理想，可以拣自己合用的采取自然物及人事的材料；而教育教授，是为教育的目的、材料、客体的性质所限制的。因为教育的目的，是为社会所限制，材料（文化）亦有固有的法则。再受教育的人，各有个性，更不能单凭教师个人的见解任意去取舍。所以从这些理由看来，教育活动与艺术活动，是决不可同等看待。

撒尔华克，又就威巴应用美学规范的事，批评如下：

"主张教育与艺术底关系的理由，是专凭类推法而起，全然不能证明的。威巴根据于福尔克脱的美学，应用四种规范于教育上面，但此等规范当中，具有一般的性质、各种计划皆当依从他的，不过一部分罢了。不但如此：关于实界的表明，教师全然为客观的，就像自然科学，非可单为艺术的表现。何故呢？因为艺术家所重的想象，于此全归无用。艺术教育主义者，对于凡不能由感觉而得的，都委之于想象；然而在假面背后探求本体、在虚伪背后探求真理的科学，我们可以轻视的吗？威巴说：'教授不能使为实际经验的事项，要用艺术家的态度；只有传授知识时，可用科学的态度。'这是显然与所谓经验的意义违悖了。何故呢？欲发生真确信力的学习、真能活跃于内部的，唯有依于知的科学的作业。因为这样的作业，就是人的真生活，真经验。至若依于美的艺术的错误、为假象而表现的，却是缺乏真的生活力的呢！”

次又对于所谓艺术家的教师，批评如下：

“世人所以推奖教师用美术家的态度，想是把那谈吐温和、动作勤恳，看做是教师必要的资格，而嫌恶学者派冷淡无情的缘故。然这种观察，实在是皮相的。何故呢？因为艺术家在思想涌发时，通例都起高热的想象、为自由作造的状态；等到要实行表现的时候，却归于极沉着冷静的态度。他们极力主张教师要为美术家的态度，实在是没有见到这一点。”

“又演艺者与教育者的技术，亦是不同的。舞台上的艺员，或怒或泣，每每为极端的表情。于是艺术主义者，就说教师对于生徒，也应该要用这样的热情去感动他。然这亦是知其一不知其二的说话。我尝听见舞台上的艺员对我说：演艺者在舞台上，若是真真受了感动，就要心情撩乱，发声不正，他的结果，举止态度，都不能自然，那艺技就演不成功了。这句话，就是舞台艺员演两副生活的证据。然做教师的，岂是可以营两副生活的吗？”

以上是撒尔华克对于艺术主义的批评。其中虽有误解艺术主义及过分苛酷的地方，但大致要算是切当的批评了。以下更把我的批评，述他一述：

（二）对于艺术教育论的批评　艺术教育论当中，有稳健与极端两派，所以不能一概而论。如今便宜上，把他总括起来，分做长处短处两方面，去批评他；他的长处，可以说是正论，就是稳健派，短处可以说是僻论，就是极端派。现在先就他有价值的地方，论述如下：

第一，是看艺术为人生的一个要素，主张要加入教育当中。这是因为我们的生活，不单是肉体的，又不单是求知识的，也不单是道德的；在此以外，还有美的艺术的要素存在哩。就像那终日做工的人，他们亦或于月亮下头，拉拉胡琴，或于瓜棚底下，下一盘棋，或者一个月里头，也要到剧场或影戏园取乐一次。这样文化程度不高的人，尚且如此；何况那文明阶级的人呢！在那生活程度极低的野蛮人当中，全然不要求美的艺术的生活底种族，也许是有；但我看那些原始氏族中，亦自有他相当底艺术的要素。就像他们也晓得遮掩腰部不雅观的部分，或者文身为美，或者头上戴些装饰品，或者带耳圈手镯，这都是他们生活上含有美的要素底凭据。到了近时，人的实际生活上，更无一不与艺术相俱，艺术品已经从奢侈品渐次入于普通品及必要品的领域了。从这许多地方看来，以艺术为教育上一个内容，亦是当然的事情。所以艺术的教育论者，他主张的根本是确有不能不肯定的本质。但那些把教育全体看做美育及把美育看做是教育中心的思想，我却不能赞成。

第二，主张注重技能的教科，在教授训练上都要各各注意；我想亦是正当的主张。因为既然教育本质上有艺术的一要素，那么要想发达他，当然是要讲求相当的方法。在艺术教育上，极力抬高图画、手工、唱歌、诗文、博物中提供自然美的及校外教授等教科教材底价值，亦是极其当然的事情。但有的说，须以艺术的教科为各教科中的主位或基础，这却不能说他是正论。

第三，主张教师人格中艺术家的要素，要比从前格外注重，这种思想，我以为亦是正当的。因为人生以美的要素为必要，教育当中采入这个要素，既属正当，则于艺术的教科教授上，要想艺术的造诣加深，教育的式样态度，自然应当为艺术的，尚有何疑。然若因此就说教育活动的全部，都应当要为艺术的，这却不能如此武断。譬之教授韵文时，可以用教授算学时的态度式样吗？又于教授唱歌时，可以用教授理化学时的态度式样吗？这样理想的教授法，恐怕是不论何人，都不能许他。再一方面，就是教授算学及理化学不可不为艺术的结论，自然是不能成立的了。

这三种，都是艺术的教育论中的正论。然论者当中，颇有越此正当的领域，怀不适当的思想，放不合正轨的议论的。今为指摘如下：

第一，就是于根本上过分相信艺术的价值底思想。这样极端的思想，就像那新人文主义者，倡哲学的唯美主义，以为科学的对象没有真价值，而以艺术的生活为生活的真义；又以知识及道德没有统治艺术的力量，而以艺术为知识道德的基础；这样的思想，若作为这样主张者的哲学，或无不可；但若参照人生的事实，证以古来大思想家的见解，则以美及艺术为人生的真髓或基础，是到底不能。

艺术是与科学道德并称的；从这个见地说来，是看做各别的生活，实是极确当的了。真，善，美，这三样是有各异的价值；所以要在这三样当中，任凭拿哪一个去包括别个，都是不妥。那么要以艺术为人生的真髓或基础，他的不妥当，也是何待再说。

第二，把艺术教育看做全教育的基础或中心，亦是不正当的思想。何故呢？既然不能说人生上的三要素当中“美”比“真”“善”还要重要，又不能说艺术比科学道德还要要紧，那么要把艺术教育看做比科学的陶冶、道德的陶冶还要重要，自然是不能够的。这是在科学、艺术、道德的性质上，可以断然说定。

无论从绝对的见地看来，真善美三者当中，是没有高下等级。就在科学道德艺术的中间，他的价值，亦没有什么差异。然若从相对的立场看他，他的当中，是明明有上下优劣的等差。他的比较，如今可以设个浅近的譬喻说明他：比方我们绝对的论身体上部分的手和足，实际上是没有甲乙的差别。因为若是缺少不论哪一件，全体的本质，就不能完全实现了。然若相对的看来，手的地位，可以说还比足重要。这是因为在生活的实现上，手的关系，比足为直接而且有重大用处的缘故。

本于这个见解，看真善比美为高，看科学道德比艺术为重，亦是当然的事。所以过分重视艺术教育，究不能说是正当。

第三，偏重技能科的不正当，亦是当然的结论。在绝对的意味，知识的教科与技能的教科，其间本无差等。所以从这一点说来，算术上得十分的，和唱歌上得十分的，彼此之间不能分什么甲乙。然这是本于平等见地、形式见地底议论。换句话说，就是从相对的实质的见地看来，其间实不无差等。若果承认他是有差等，承认美是不及真善重要，那么艺术教育的教科教材，亦就不能不承认他的价值，是较轻于科学及道德教育的教科教材的了。这样说来，论者以技能科为中心的学科，以陶冶为教育的主眼，他的不正当，还待说吗？

（三）对于美的教育学的批评　如今更对于威巴所倡美的教育学及以教育为艺术的思想，依余的见解，批评一批评。

第一，他的根本思想，是以教育为艺术的；实则他在这个问题上的研究，还有不充分的地方。依威巴所说："教育活动，是术，是技术，所以应当看做是艺术活动的一种。艺术既以美学上的规范为必要，故教育亦是应当要依从他。"

我想这段议论，亦是确有可玩味的地方。就像教育的实际，亦确乎是术。所以从古就称为教育术或教授术。然这"术"的一语，有极广阔的意味；所谓术，不必就是美术（艺术）。但不论是怎样的术，既然称他为术，他形式的性质，或者是相同的，亦未可知。虽然，他的内容既异，那表现的形象，就亦随之而异，且其意味亦大大的不同，因此就不能称做艺术，这亦确是有的。美学上不是说吗？"所谓美，不是单单形式上的，就是他的内容，也是要合一定底规范的。"我们看了这几句话，也就可以明白了。然设有某种活动，于广阔的意味，虽可名为术，名为技术；但若是反背于内容上底规范，就不能认他是美。纵或可称为美，亦是只有形式上一面的美，不能算是完全的美。这样不完全的美乃至不美（丑），就不能说是艺术。若于此应用美学上的规范，就是无意义的了。譬如现在有一只歌曲，虽然没有歌词，他的音调却甚好，足以发起我们的快感；这歌曲就是有纯粹形式的美了。然若更入以有价值的歌词，那就增加美的要素，成了完全的美。这是因为形式内容两面都合于规范的缘故。所以能够完全叫他是艺术。

然若这时将没有价值的事项，作了他的内容，那就怎样呢？或者甚至将丑恶不堪令人作恶的事实，作他内容，更怎么样呢？这时他的美，成立不成立呢？若是美不成立，那就不能看做是美术及艺术的活动。这样说来，是艺术或非艺术，关于内容的性质如何，是很大的。果然如此，那所谓术的当中，是有艺术的和非艺术的，不待说了。

却说所谓教育术，是怎样的呢？不能不说他是术，前面已经说过。所以在这一点上，教育术与艺术，他形式的性质，或不能说他不是一样。然在内容上，究是怎样的呢？这是现在极要考究的问题。以我们所见，教育这样事情，从形式说，是要使生徒心身的活力强大起来；从实质说，是培植文化，是为生徒造作能够发展理想的文化底根柢的。而且文化当中，是包含人生上有价值的各方面底事情；是拿科学道德艺术为要素的。故其所关，不单有像艺术的美，还有真和善在他里面。又艺术以“无关心”为本质；而艺术教育以外（就是教育的大部分），却都是以关心的为目的。这因为一方面是以艺术的动机为源泉，一方面是以教育的动机为源泉的缘故。

又比较艺术活动与教育活动看来，就是如撒尔华克所说：艺术活动，可以自由表现自己的思想（不过多少受些限制，就像绘画定要用纸张绘具，雕刻定要用木、石、凿等）。然教育是以人为对手，故要受他个性的限制；又教材有固有的法则，教育上有一定的目的，都是要被他限制的。所以教育和艺术，不能全然一样看待。他于一部分上，虽互有关系，然在大部分，却有各别的性质。

第二，是混同教育规范与艺术规范的事情。这就是从混同教育活动与艺术活动的性质而来的。艺术主义者，不说“教育当中也有艺术的要素”，而却以为“教育是一种艺术”。如此，则艺术与教育的关系，不是部分与全体之比，几乎成功同性质的了。然这样主张，实是大误。就是前面已经说过，教育既非艺术，是当然他的规范，也不能不各各别异。我们都知道，教育是以真善美为要素，而别立教育规范，作为准则的。然艺术是真呢？是善呢？这是不待问就已知道的了。

余的考想：若是以教育活动中亦含艺术要素的见解为正当，则此际必要底美的规范，不是以其为美的艺术的规范，故当重视，宁以其合于教育全体底统一的原理，故当认为有价值的啊！

要之，威巴氏要于教育全体适用美学上的规范，实在不能承认他是有彻底的研究。

第三，他们主张教师要为艺术家的，亦不免失之过度。依艺术主义的主张，教育是艺术，故不可不用艺术上的规范；且教师亦相当于艺术家，故以艺术家的人格为必要；然他的根本观念，既已破坏，则此第三层的主张，也当然归于破坏。教育当中，本亦含艺术的要素；所以教师的活动，不能说是于艺术家的要素是不必要；但若说教师活动的全部（就是不论何时不论何教科），都要为艺术家的，这却不可以。在最根本（即第一义）的意义，凡是教授，非为教育的不可。因为教育活动，既以教育学的原理为根柢，就当然是要如此。但于第二义，则在艺术教材的教授，非教师自己先生活于假象的当中，必不能使生徒十分得著美的受用；所以采用艺术家的态度，亦是必要。然则在别种科学的教授，应当要依从论理的指定，不是极明白的事情吗？所以教师活动全然为艺术家的人格底主张，实在是不正当的（就是威巴氏，亦并不主张教师要全然为艺术家的）。

如今更把艺术家的教师底弊害，略为说说。譬如教师习为巧辩，手足又兼为种种的摹拟，那时学徒的兴味，固然可以增加，教授的体裁，亦不能说是不好。但是全然行这样的教授，学生脑里的印象，一定是极其浅薄。我这话是常听教师说过，并且自己亦曾经验过。然这当中的理由，是怎样的呢？就是因为教师的活动，多带艺术的分子，把假象的世界开展于学生的面前，学生的关心就要薄弱的缘故。这是因为他的认识及意识的能力，都为假象排除掉了。

这样说来，威巴氏美的教育学，他着眼的地方，诚然是很新颖。但他的思想考察，不免有些近于皮相，而且他根本的观念，亦不十分精当；所以一切的论究，都不十分彻底。然这样的事情，向来却没有人实行过；他能够立起系统来去试行，他的劳绩，亦确是不能埋没的。

选自《教育杂志》第13卷第1号、第2号，1921年1月、2月。

导读

天民，疑为朱元善。有文章曾指出，“天民”是《教育杂志》杂志社公用的笔名。“天民”虽然不一定就是朱元善本人，但这个笔名是由朱元善创造的，且朱元善曾以此为笔名发表过多篇文章，因此与他关系甚密。[①] 朱元善曾任《教育杂志》《学生杂志》《少年杂志》的主编，是我国民国时期的著名教育理论家。他对教育学科的多个领域进行了探讨和研究，为当时的教育发展提供了许多新的观点，并影响至今。他一生著作颇丰，发表了诸多有关教育理论和教学方法的作品，代表性的文章如《论复式教育》（1914）、《今后之教育方针》（1916）、《创设专科师范学校》（1917）、《艺术教育学的思潮及批判》（1921）等，著作有《艺术教育之原理》（1916）、《学校之社会训练》（1917）等。天民的美育思想在其作品中有所体现，虽未形成较为完备的体系，但在建构过程中，注重沟通中西方的美育观念和美育原理，引进了许多欧美教育的新思潮，并提出了较为新颖的观点。尽管天民发表的文章，有相当一部分是从外文翻译、拼凑重新编写而来，但不能因此而否定他在美育方面的贡献。

天民积极宣传欧美的教育学说和教育改革情况。他认为，除

① 王有亮：《朱元善与〈教育杂志〉》，《教育史研究》，2013 年第 1 期。

基础教育之外，还应重视艺术教育、职业教育等。本篇《艺术教育学的思潮及批判》，结合了威巴、革里里西、福尔克脱等人的美育思想，是天民艺术教育观点的具体体现。全文共分为三部分：（一）艺术教育学的由来及要点，（二）艺术教育学的种类，（三）艺术教育学说的批判。总体来说，天民对当时的艺术教育学思潮进行了肯定，但同时也指出了其在某些方面的不足，对艺术教育学思潮的认识较为全面。

一、艺术教育学的由来及要点

天民认为，艺术教育是从古时就开始倡导的。古希腊时期，遵循“以善为美”的主张，大行美的教育；到了中世纪，文化上变为黑暗时代，对文化的压抑导致了美育的衰落；而后到了人文主义时代、新人文主义时代，美育思想重新发扬，甚至有了“美育万能”的思想。古时的思想传统对近来的美育思想影响颇多，天民也因此发出了“现在所谓艺术教育思潮及美的教育学，也不能定说是今日的产物啊”的感叹。古时的思想传统固然是一方面，在当时的社会环境下，到底是什么致使艺术教育思想再次流行呢？天民认为主要原因有四个，分别是：（一）新人文主义（即浪漫主义）思想的影响，（二）对现代自然主义思想及唯物的生活的反动，（三）晚近艺术思潮及生活的普及，（四）教育思想自身的进展。第一，新人文主义（即浪漫主义）竭力反对理性本位的思想，倡导主情主义，鼓吹审美主义的理想和生活，认为真实的生活实际上是依情感作用而得的。因此教育应以美为目的，陶冶情感，注重文学、美术、历史等科目。第二，对现代自然主义思想及唯物的生活的反动，即对自然主义思想及其生活的不满。认为自然主义将一切归于原因结果的必然关系，大大地动摇了人文根柢，只注重客观却无法反映主观的想法。第三，艺术思潮及生活的普及。近代随着文明进步、教育普及、刊印物增多等，艺术逐渐侵入一般民众的生活，逐渐要满足“艺术欲”，“到了如今，竟把艺术看做生活上不能少去的东西。艺术生活，既是必要，所以教育当中，亦是一定要增加进去的了”。第四，教育思想的进展，即在知的教育之外，更要求情意方面的美的教育。对教育来说，知识是其重要的一方面，美的陶冶更是其不可或缺的一部分。从这几点来看，无论是受外部环境的影响，还是教育思想自身的变化，“艺术”和“美”已然成为实际生活中不可或缺的一部分，更在教育方面要求在知识教育之外，必须满足“情意方面的美”。由此看来，艺术教育受到重视并逐步形成思潮，是情理之中的事。

“艺术教育学”实际包含艺术教育论和美的教育学二者。天民在文中主要根据威巴的思想暂且用“艺术教育学”的名称展开其论述。天民认为，艺术教育学的要点主要有四个。第一，确认艺术是有价值。认为近来艺术和教育已经极其接近了，主张把艺术加入教育当中。英国的罗斯金就曾说：“培养趣味的事情，就是所以造成品性。”第二，艺术教育的内容应包含趣味和创作两方面。只有将由外及内产生的“美感”和由内及外产生的“创作冲动”结合起来，才算真正意义上的“美的陶冶”。第三，艺术教育的方便，在于尊重国民文学、历史、图画等的教材。随着近来国民美术的大势所趋，在玩赏国民的文学艺术之外，更要会创作。第四，应把教育活动看做是一种艺术。倡导“教育是一种艺术”“教师一定要艺术家”，教师的态度、教授方法上都应加入美术家的要素。在这点上天民表达了其怀疑态度，认为教育活动和艺术活动虽有相同的地方，却也有所区别，“教育活动，是否与艺术全然相同，这却一时不能武断”。以上四者，是天民总结的艺术教育学要点。

二、艺术教育学的种类

一直以来，艺术教育的地位一直是人们讨论的重点，针对艺术教育地位问题展开的讨论，也就使艺术教育学出现了不同的种类和派别。天民在此篇中，依据不同的主张将艺术教育学分为三类叙述，分别为：（一）极端派的艺术教育论，（二）稳健派的艺术教育论，（三）美的教育学论。

极端派的艺术教育论的代表人物有革里里西、哥志等人。之所以称之为极端派，是因为他们主张实行艺术教育，反对尚知主义。他们认为，普通的理知教育专注于“知的陶冶”，对实利的追逐导致日常生活毫无风趣。只有实行艺术教育才能提高鉴赏美的能力，从而摆脱理知教育的弊害。如革里里西认为“艺术是能令一切人得到种种愉快及幸福，无论贫呀富呀，艺术都能使他得风雅底情致，生活上亦不致枯燥无味，通各种阶级底人，都是必要的”，主张“把艺术教育做一般教化底基础”。哥志则将生活分为直观和抽象两个对立面，通常来讲，人们较为重视知识、思想等抽象的概念的思考，而现于眼前的直观思考则容易被忽视。在教育教学中主要体现为重视言语等科目，却忽略图画等科。他主张把图画作为学校教育的主位，这才能够使教育革新。由此来看，极端派是把艺术教育置于其他教育之上的。

稳健派的艺术教育论的代表人物有利却华克、朗格等人。相对于极端派，稳健派思想更为中道，在对待艺术教育与知识、道德等教育上，态度更为缓和。稳健派承认艺术教育的价值，同时认为教育应兼及知识和道德方面的陶冶，几者相辅相成、缺一不可。利却华克曾说道：“我们向来只是埋头在知的生活中，今后宜于发挥道德的能力以外，更兼发达艺术的能力。”朗格亦有相似的思想，他曾说：“所谓生活，在美术以外，尚含有许多别的要素；若是用纯粹的艺术教化，去压迫别种教化，实在是极大的错误啊。”由此可以看出，稳健派的思想是兼及美的教育和其他教育的，主张相对来说没有那么激进，值得我们思考和借鉴。

极端派与稳健派虽然有不同的见解，但并不意味着二者没有相同的地方，他们的相同点主要体现在三个方面：第一，他们都注重图画手工等造型艺术的教育，改良教授方法，养成优良教师，强调应该培养儿童的动手能力和直接观察的能力；第二，在文学艺术尤其是国语教授上，主张重视诗歌、美文、朗读等，使学生感受言辞的优美；第三，都主张要充分发挥音乐、体操、游戏的价值，同时改良方法，培养优秀教师。这是两派在艺术教育见解方面的相同之处。

美的教育学论的代表人物是爱伦斯托·威巴。他主张把“教育看做是一种艺术”，还曾出版《教育学基础的美学》。威巴分教育学为三种：一般原理上的教育学、教育实际与理论相结合的教育学和指导实际教学的教育学。依于此分类，威巴结合福尔克脱的美学理论来建设其美的教育学观点，并应用到教育上。福尔克脱的美学理论是依据不同的方面设立的，在客观和主观的表现形式上分别有不同的体现，威巴是如何将其应用在教育上的呢？

在客观方面，第一，要求形式与内容的一致。即美的考察应当将客观的知识和主观的经验结合起来，“依于直观而施行教授”，才能获得良好的教育效果。第二，要教授于人生有价值的内容。体现在教育实际中，则将历史在教材中体现出来。第三，要实现有机的统一，即要注重个人与团体的统一，在教材中用“时代的中心人物”引起学生兴味，从而实现美的教育。第四，为假象界的美，即在教育教学中为学生创设较为纯粹的情感环境，使其能够沉醉其中，从而获得较好的美的体验。在主观方面，第一，充满感情的直观，要求在教授学生之前，教师自身要对课程内容投入充分的感情，从而更好地感化学生。第二，扩大感情表象，这意味着要学会扩大观念以更好地接触美。以宗教为例，“宗教”总体来讲是个较为笼统的概念，但若先提及“神”，再向宗教过渡，那学生的体验就会好很多。第三，关系活动的昂进，即美的各部分之间要相互关联，从而达到统一。第四，实感的沉降，即在实物之外要学会沉降于假象界，从而更好地引导学生学会想象。

总的来说，威巴对美的规范于教育教授的应用，主要体现在以上两方面，即以客观、主观为衡量标准，并对其进行了诠释。除此之外，他在别的问题上亦有讨论，如教员养成、艺术家与作品的问题等等。但他主要的观点，还是在于主张“教师是一种艺术家”，不能说此观点完全错误，但其偏颇的地方在于，真正的教师应是超出艺术家和学者之上的。对这一观点的批评我们将在下面详细论述。

除以上三点之外，亦有其他的艺术教育论存在，单以撒伊弗脱的教育论为例。撒伊弗脱认为“教授是人格与人格的交涉”，若给教授界定一个范围的话，它多属于辩舌术和造型艺术，因此，“教师是可比于诗人及音乐家的了”。总的来说，撒伊弗脱的观点与威巴所述“教育是一种艺术”“教师是一个艺术家”是相通的，我们就不一一赘述了。不过依威巴看来，儿童和大人对所谓“为艺术”的性质是不同的。大人大多受认识和悟性支配，多含科学的分子；儿童习惯于模仿他人，从事于想象，多含艺术的分子。但并不是说儿童和艺术家是完全一样的，这一点是不能混淆的。

三、艺术教育学的批判

在对艺术教育学的推崇之外，亦有对其批评的存在。本篇共叙述了三种，第一是撒尔华克对威巴的批判，第二是天民对艺术教育论的批评，第三是天民对美的教育学的批评。

撒尔华克曾发表《教育即是艺术吗？》一文来表达他对艺术教育的看法。撒氏对于正当的艺术教育的主张及效果是承认的，从他所说“在教授知识以外，更要陶冶美的感情，确是正当的要求”中可以得到体现，但他认为，真正的艺术是需要道德和知识参与的，单凭艺术教育本身是无法做到的。其次，他对于“教师应为艺术家”这一观点也持保守态度。针对威巴应用美学规范和所谓“艺术家的教师”，撒氏批评指出，无论是美术家还是演艺者，其专长与教育者的技术都是不同的。以演艺者为例，舞台艺员在舞台上通常是两副面孔，演艺者若在舞台上完全投入进去则可能发音不正、举止态度都不能自然。但作为教师，能营两副生活吗？答案肯定是否定的。再次，在教育活动与艺术活动的关系上，他认为“教育活动与艺术活动，是各别的”。艺术活动是纯主观的，只与个人相关，而教育活动却受社会、文化、人等条件的限制，因此二者是绝不相同的。撒尔华克对艺术主义的批评，其中固然有过于严格的地方，但大部分批评还是恰当的。

天民指出，艺术教育论固然有价值，但仍存在较为偏颇的地方。首先，在根本上过于相信艺术的价值。这种极端思想将艺术生活作为生活的真义，把艺术作为知识道德教育的基础，这就打破了真善美三者之间的平衡状态，无法适用于现实的人生生活。其次，把艺术教育看作全教育的基础或中心。过分重视艺术教育，使其脱离了正常的状态，若一定要分主次的话，科学道德是置于艺术之上的，这就像手与足的关系，在大多数情况下，手的作用是高于足的，在日常生活中，科学道德的应用程度比艺术更高，相对来说也就更为重要。再次，过于偏重技能科。从根本来看，知识的教科与技能的教科是没有差等的。若承认其有差等，即承认了美不如真善重要，那主张艺术教育的意义又在何处呢？

天民批评威巴倡导的“美的教育学”及“以教育为艺术”观点，

认为威巴所谓“以教育为艺术”有研究不充分的地方存在，将教育活动与艺术活动完全等同是值得商榷的。依威巴所说：“教育活动，是术，是技术，所以应当看做是艺术活动的一种。”教育实际的确可称之为“术”，但这不一定单指艺术，其意义是极为广阔的。只有在形式和内容两方面都合乎规范的情况下，才能够完全称之为“艺术”。在教育方面，如果将没有价值的事项作为教育内容，那是否还存在美？是否还能称之为艺术呢？因此，教育和艺术在根本上，并不全然一样。二者虽然互有关系，但又有各自不同的性质存在，因而也就不能完全等同。在这一点上，天民与撒尔华克的观点较为一致。其次，对教育活动和艺术活动的混同，也导致了对教育规范和艺术规范的混同。上面已经提到，二者既然不同，那与二者相关的规范自然也相异。再次，诸多艺术主义者主张“教师应为艺术家”，亦是值得商榷的。教育当中含有艺术的要素，这是自然的，但若说“教师应全然为艺术家”，则失之偏颇。况且，若教师如艺术家一样习为巧辩、注重摹拟，固然可以增加学生的兴味，但长此以往，教授的知识过于浅薄，学生的认识能力渐渐薄弱亦不是一件好事。

四、小结

综上所述，天民对艺术教育学，尤其是威巴的艺术教育学主张，进行了较为全面的评述。指出威巴的“以艺术为教育”主张诚然新颖且有其价值，但其思想整体上过于皮相，因此对其主张的研究也就不全面。天民从整体上对当时艺术教育学的发展现状及相关主张做了相对全面的论述，尽管在某些方面眼光较为严苛，但指出了当时美育思想所存在的问题，并给出了较为明确的指引。同时，他对职业教育、复式教育等方面的先进思想和主张，对教育教学产生了重要的影响，有些制度经过发展与改革甚至影响至今，为当下较为完善的教育教学体系打下了基础。

当代社会,尤其是对中国社会来说,对于知识的渴望更加强烈，应试教育已经成为当下极为普遍的现象。在应试教育之外，我们应加强对学生美育方面的培养和提升，“唯成绩论”的思想亟待改观，德育、智育、体育三方面都应受到重视。培养“德智体美”全面发展的学生应当成为当下教育的要点。应该注重美育，提高个人的精神思想层次，在如今的社会中站稳脚跟，推动社会向更好的方向发展。

王妃萍撰写

8 美育之原理

李石岑

美育运动，在最近二十年间，随人类本然性之自觉而日益扩大；此诚吾人精神向上之表征，抑亦教育价值增进之显例也。夫教育上德智体三育之说，由来已久；经最近两世纪之试验，知未足予吾人以最后之满足，于是有美育之提倡。美育研究之范围，由学校美育进而至于家庭美育、社会美育，更进而至于人类美育、宇宙美育。美育之力，遂隐隐代德智体三育而有之；岂惟德智体三育，并隐隐代宗教以及其他精神界之最高暗示力而有之。此可以觇美育之功用矣。

德智体三育，何以未足予吾人以最后之满足？欲答是问，宜先问德智体三育与人生之关系若何？盖教育之第一义，即在诱导人生使之向于精神发展之途以进；而德智体三育所以完此职责者，能达至若何程度，此不能不问也。夫教育之原始的形式，本即为德育与体育；学剑学礼，同时并进，而祖先之风习、情操、法律、道德赖以维持。其后特重遗诫家训，而德育遂视为教育之主题，悬为最高目的。教科中有所谓训育者，几视与德育同义。德育之尊重，可以概见。自社会之分化发达，知识的教化之范围日广，而德育之势始稍杀。盖知识的教化，所以启示人生者，远驾于德育之上，则德育不足以敌智育也明甚。唯智育以授与知识与技能为主旨，其有裨于人生之实用也固甚大，然究足以导吾人于生命向上之途与否，仍属疑问。至于体育，虽为人生所必需；若仅以强健体格为唯一之天职，此外并不附以精神上之意义，则此昂昂七尺躯，只成为宇宙之赘疣，而何生命向上之足云？故十八世纪中，于德育过甚之弊，而不脱传袭的思想；十九世纪，中于智育过甚之弊，而招弗罗伯尔一类之自然主义的悲哀；二十世纪初头，中于体育过甚之弊，而有前此之军国主义的欧洲大战。最近教育界觉悟之结果，知德智体三育偏重固不足以予人生之满足，即并重亦难语于精神之发扬，而不得不着眼于人类之本然性。至所以启示人类之本然性而导之表现者，则美育也。

德智体三育，如用之不当，则或足阻人类之本然性使不得展舒；甚或锢蔽之，斫丧之。故古典教育，注人教育，军国民教育生焉。德智体三育所以陷于斯弊者，亦非无故。德育与美育，适立于相反之地位。德育为现实的，规范的；美育为直觉的，浪漫的。德育重外的经验，美育重内的经验。德育重群体之认识，美育重个体之认识。德育具凝滞阻碍的倾向，美育具活泼渗透的倾向。又智育与美育，亦立于相反之地位。智育重客观的，美育重主观的。智育重普遍的；美育重个性的。智育重抽象的，美育重具体的。智育重思考的，美育重内观的。德智二育，虽各有其领域，而于人类本然性之发展，自远不如美育所与机会之多。至于体育，则本属美育之范围，更无所谓领域。体育原期身体之美的发达，所谓人体美之陶冶，亦即希腊教育之中心思想。人但骛于体育在增高体位，遂忘其本义，而去精神向上之途乃愈远。故德智体三育，对于人类本然性之发展，皆不能无缺憾；换言之，对于人生，皆不能予以最后之满足。此美育之提倡，所以非得已也。①

① 本志宣言，所以美体二育并称者，以国人对于体育，太不注重，故特表而出之。实则体育亦伏于美育之中也。

今请阐明美育之本义。美育之解释不一，然不离乎审美心之养成。进一步言之，即为美的情操之陶冶。情操有知的情操、意的情操、美的情操三者之别；然美育实摄是三者而陶冶之。如判断、想象，为知的情操之陶冶；创作、鉴赏，为意的情操之陶冶。至美的情操之陶冶，乃美育必守之领域，此义不待词费而自明。惟愚以为美育不当从狭义之解释，仅以教育方法之一手段目之；当进一步，从广义之解释，以立美育之标准。美之种类不一，要皆足以操美育之能事。就美之对象以区别之，则有自然美、人类美、艺术美；而三者复可细分，如下表所示：

- 自然美
  - 形式的要素
    - 空间的
      - 光线（明暗）
      - 色彩（象征　调和　对比）
      - 形（象征　反复　对象　比例）
    - 时间的
      - 音响（音色　音之调和）
      - 运动（律动）
  - 实质的要素—自然界
    - 自然物
      - 动物
      - 植物
      - 矿物
    - 自然现象

- 人类美
  - 自然美（形态美）
    - 人类美
    - 男女之美（性美）
    - 民族美
  - 精神美
    - 个人美
    - 文化美—文明史

- 艺术美—人工美—美术
  - 建筑
  - 雕刻
  - 绘画
    - （建筑、雕刻、绘画）……造形美术
  - 音乐……音声美术
  - 文学（演剧）……词藻美术（动作美术）

据上表以观，知美之范围极广；即可知美育之意义，未可着眼于一部而遗其全体。吾人生活于此自然美、人类美、艺术美之中，岂能一刹那间不受美之刺激而生变化？如因美之刺激而生变化，是即美感足以潜移吾人之精神活动；换言之，即足以发展吾人之精神生活；更换言之，即为吾人人类本然性之要求。盖人类本然性，乃时时欲为不绝的向上发展，但非有以刺激之，或刺激之而非由于美的刺激，则不容易使之发动。此正如哲姆士（W.James）所主张之情意论派的哲学。谓如攀花：吾人最初感及最美之花，徐而由情及意，至于攀折。攀折之第一因为美，第二因乃为美之花。故吾人心的过程，全由于一种选择的作用，单选择适于自我者而认识之。故最初发于情，由情而及于意，由意乃有所谓知。哲姆士诏示吾人之心理学的程序，实不外乎是。人类本然性者，乃贮有精神生活之最大量者也，可发展至于无限。经一度之美的刺激，则精神生活扩张一次，即人类本然性多得一次发展之机会。此正美育之真精神也。然则美育实为德智体三育之先导；而美育之不能仅出于狭义的解释，亦自不难推见矣。

关于美育之解释，请更介绍二义。一为新人文主义之美育；席勒（Schiller）之美育论，其代表也。一为最近美育运动论者之美育，蓝楷（Lange）之美育思想，即属于此派者也。请以次论之。席勒所代表之新人文派之思想，与希腊思想同；即以"美即善"为其思想之中心。故谓美育即德育；教育全体之理想，舍美育举无可言。美育不特为德育之根本，同时为一切科学之根本。盖美非一种架空之想象，实乃真理之显现。真理之直观，由于美的享乐；美的享乐，即达真理之路。夫科学基于理解，美术由于直观，科学为抽象的，美术为具体的，固不得谓无差别。然此不过达真理之径路不同，要其归趋，实未有异。若美术与道德之关系之密，则更有什百于是者。美术者乃表现共通的原理于个体之中者也；道德者乃强制个体使屈服于共同的原理之中者也。方法虽异，而于强个体以从全体则一。不过道德为义务的，为压抑的；而美术则为好意的，为自发的耳。故美育不特与德育不相矛盾，且进而包容之，相提相携，引而致之真理之域。此席勒美育论之大意也。而美育运动论者之论调,则大反是。自美术之品位与内容变化之后，“美只为美”之思想，遂充满于人人脑中。于是美术不独与科学不生交涉，且与道德全为绝缘。更有时不道德者与非科学者，反益足以发挥美之神圣。此派之美育说，不以美育为教育全体之理想,而仅以之为教育理想之一,不过居教育理想之最重要部分而已。此派之精神，全着重于美的享乐。故其美育方法，专以发达被教育者对于天然及美术品之感觉为主旨。意谓人性固为意志之发现，人生之活动，固不可轻视知的作用；但如缺乏美术或其他之情的生活，则人生岂惟陷于枯寂无聊，抑且由美的情趣之减少，无形中足以破人生圆满之发展。吾人不徒努力正大之人生，抑且希求兴趣之人生。蓝楷之美育思想，即带有此派彩色。故谓教育之目的，不在养成美术家，不必别施以美术史或美学等之教授；儿童亦不必令其于技术等有所论议，仅使之浏览美术而悦之而欣慕之斯可耳。故美育壹以自然为归。此蓝楷美育说之大意也。总览二派之思想，一为“美即善”，一为“美即美”。换言之，一谓美育即德智体三育，一谓美育与德智体三育绝缘。愚以为两说虽似根本不相容，实有可以疏通之处。盖后者实摄于前者之中。夫谓美育即德智体三育者，以美育即含有德智体三育之作用；换言之，即美育占有德智体三育之领域；然不得谓美育因占有德智体三育之领域，即失却固有之领域也。美育自身，固自有其领域。其领域即为与德智体三育绝缘之美育。诚以美育之精神广大，非可以一义限之也。今更举图以明之。

甲图

乙图

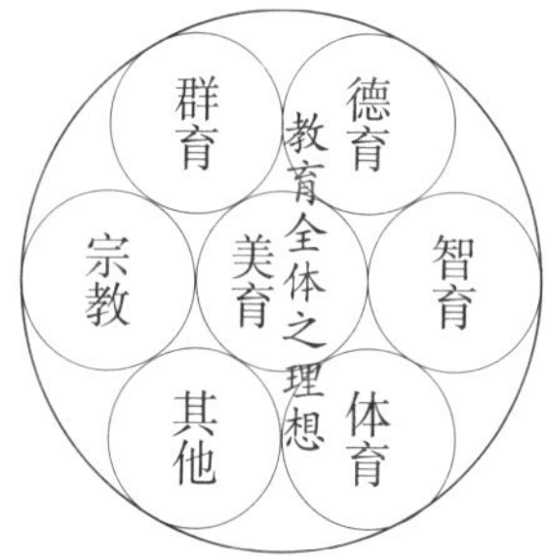

甲图乃示前派之思想，乙图乃示后派之思想。前者示美育伏有德智诸育之作用，后者示美育与德智诸育全为绝缘。愚以为乙图所示美育之领域，即伏于甲图所示未显德智诸育之作用之范围内。故谓后者实摄于前者之中；而古来两派分驰之思想，至此乃得其会通。愚所以必沟通此两派思想，俾冶于一炉者，良以美育实际上决不脱德智诸育之作用，而又未可拘泥于此，致美育失其自身之领域，而阻碍其发展之前途。质言之，美育显德智诸育之作用者，不过其方法，而美育自据其领域不欲为德智诸育所染者，乃其归趋也。惟愚对于前派之思想谓美育即伏德智诸育之作用者，以为其说尚有不备。德育所重在教，美育所重在感。教育上教化之力，实远不如感化之力之大。盖教乃自外加，而感则由内发；教之力仅贮藏于脑，而感之力乃浸润于心也。父师之训诫，不敌婉好之叮咛；家庭之孕育，不敌社会之观感。故常引导国人接近高尚之艺术，或清洁之环境，则一国人之心境，不期高尚而自高尚，不期纯洁而自纯洁。此可见美育所含德育之意味，实远过于德育所自含之意味。再言智育。智以求真，而智有所蔽；或言语文字所未能达，或自然科学所未能至，则智穷而去真仍远。若美则以呈露真境而益彰。柏格森（Bergson）谓美术由一种之感应，得彻入对象之里面，而把捉其内部生命。是美与真常相伴而生。由此可以推见美育所含智育之量，多过智育所自含之量。再言体育。体育原期身体之美的发达，已在美育之范围内；而美之环境或优美之心情与愉快之气氛，所以增进体魄者，实较机械的锻炼收效尤速。是美育已早擅体育之能事。至于群育，亦未能脱美育之范围。美之普遍性与调停力，足以减少社会上之反目与阶级间之斗争，此拉士金（Ruskin）早已阐发之。可以见美育所含群育之功用。最后请言宗教。宗教乃予吾人以精神上之安慰者也。换言之。即启示一种最高之精神生活。而美育所以启示吾人最高之精神生活者，殆随处遇之。吾人赏览山光水月之时，吾人之心魂，殆与山俱高，与水俱远，是可见美育之精神足以代宗教之精神。至其他精神界之最高暗示力，均舍美育莫属。盖宇宙乃一大艺术品之贮藏所；所谓宇宙美育，实含有至大至广之精神，“辟如天地之无不持载，无不覆帱”。此皆所以广前派之美育思想者也。愚对于后派之思想谓美育与德智诸育绝缘者，以为其说亦有未至。夫美育而至与德智诸育绝缘，则美育乃完全一种最高之精神活动；在人类言之，则为人类本然性充分之发展。所谓人类本然性，即生之增进与持续；此生之增进与持续，即尼采（Nietzsche）所谓“生活意志”，柏格森所谓“生之冲动”。然生之增进与持续，常伴于快感之增进与持续，乃得生之满足，以发射生命之火花；人类之所以高贵无伦者，恃有此耳。故吾人不但努力正大之人生；且希求兴趣之人生，所谓美的人生。夫而后美育之真价值乃见。此愚所以广后派之美育思想者也。二者俱备，则美育之能事毕矣。

愚今请简括数语，以作兹篇之结论。美育者发端于美的刺激，而大成于美的人生，中经德智体群诸育，以达美的人生之路。美育之所以蔚为一种时代精神者，意在斯乎！

选自《教育杂志》第 14 卷第 1 期，1922 年 1 月。

导读

李石岑（1892—1934），原名李邦藩，字石岑，湖南人，是我国近代著名的哲学家、思想家、教育家。1913 年进入日本东京高等师范学校就读，回国后任上海商务印书馆编辑，并在上海主编《民铎》，兼任《时事新报》副刊《学灯》主笔。1922 年 1 月至次年夏，任商务印书馆《教育杂志》主编，文声大震。1934 年 10 月，因病去世，年仅 42 岁。

虽然李石岑的一生十分短暂，但是他却留下了诸如《中国哲学十讲》《哲学概论》《西洋哲学史》《人生之意义与价值》《教育哲学》《现代教育思潮批判》《美育之原理》《人生哲学》（上）等众多理论著述，在哲学、美学、教育学、艺术学等诸多领域均有所建树，至今在中国学术界仍有一定的影响。

一、写作背景

李石岑的一生短暂而又波澜起伏，是近代中国众多文人知识分子的一个缩影。他自幼在私塾求学，深受中国传统儒家和道家思想的熏陶，对于中国传统文化有着深入了解，这也为他后来学术思想的发展打下了坚实的理论基础。李石岑早年曾前往日本东京留学求知，在那里受到先进思想观念的影响，其传统思想的构建产生动摇，逐渐开始更大范围和更多层次地吸收先进思想观念的影响。在相对自由的文化圈层中，他开始正式接受西方哲学家的理论观点，并常常对其关注的哲学问题彻夜冥思，这一阶段的学习为他日后哲学体系和美育思想的构建打下了坚实的基础。此时，受中日关系变动的影响，包括李石岑在内的大批日本留学生回到祖国，他们带回了先进的思想观念和制度构想，对当时中国相对保守、传统的思想体系，产生了一定的冲击。李石岑作为其中的杰出代表，投身于报刊传媒领域，创办了《民铎》杂志，并先后担任了《学灯》《教育杂志》等期刊的主编。他借助这些平台集中发表自己的学术成果，积极推介外国先进的理论制度、政治构想、思想观点等，同时广泛进行约稿求稿，在杂志上发表了不少关于哲学、教育学、文学、美学、艺术学等领域的理论成果，对当时学术界产生了一定的影响。

李石岑英年早逝，因此目前学术界对其关注和研究比较匮乏，且主要关注其在哲学上的理论成就，对其在教育学、艺术学等方面取得的成就关注较少，对其美育思想的阐述更是难以寻觅。他的一生交织着中西理论思想的光辉，他所阐发的关于美育思想的理论观点，在当今仍具有重要的参考意义。

《美育之原理》是一篇较为系统的美育理论文章，首先发表在《河南教育公报》杂志上，后收录到他编写的《美育之原理》一书中。该书是中国学者独立编撰的第一部专门论述美育问题的著作。文章集中辨析了美育与德智体三育的关系，既分析了美育本体论层面的独特性，也主张在方法论层面，美育不能脱离德智体三育而独成，典型地体现出中国现代美育思想在理论与实践变奏互动中的生成特点。文章大致可以分为两部分，前半部分强调美育与德智体诸育之间的历史渊源，后半部分则主要探讨美育概念的具体内容，并试图进行“中和”化解释。最后，作者指出“美育者发端于美的刺激，而大成于美的人生，中经德智体群诸育，以达美的人生之路”，此观点至今仍是美育思想中的不刊之论。

二、美育的基本精神

文章指出，近二十年来，美育运动伴随着“人类本然性自觉”而逐渐发展壮大，是一种人类精神不断向上发展的表征，同时也促进了教育价值的彰显。对于个体教育价值的阐发，历史悠久，但是经过近两个世纪的发展，发现教育并不能够满足人性发展的最终诉求，因而提出了“美育”发展的构想。对于美育发展的推介，首先要从其施行途径出发，从个体教育到家庭美育、社会美育，最后到人类美育、宇宙美育的层次。同时，美育是德智体等诸育的总括，能够对人的发展起到最终的满足。作者开宗明义，指出当今美育施行的必要性和重要性，其中尤为重要的是其关于美育之起点的论述。李石岑认为，美育应该发端于个体直觉的发展，这种个体的直觉性，是促进美感发端进而推行审美教育的重要节点。具体来说，这种关于审美的直觉，根据李石岑在《艺术论》中的阐述，应该分为两种：其一，是以感官为基础的感性直觉；其二，是以哲学为基础的理性直觉。前者是一种由外而内的美感渗透，而后者是一种由内而外的理性传递。举例来说，在自然审美活动中，自然之美见诸视、听、嗅等感官，对于审美个体产生一种关于美的刺激，给予审美主体一种纯粹欣赏自然之美的原点；而在审美主体欣赏具有壮美、崇高之自然景物时，此类审美客体首先给予审美主体是一种情绪上的冲击，审美客体由内而外产生了一种不同于自然刺激的审美感受。

紧接着，李石岑集中论述了德智体三育与人生发展之联系。首先，他指出教育是第一要义，教育在原始意义包括德育、体育在内，古时学剑学礼，便属于德育、体育之范畴。随着社会生产力水平的不断发展，社会群体更多地开始关注家风建设，此时以

“德育”为最高目的的教育便逐渐发展起来，开始注重个人品德之修养。古人强调“修身、齐家、治国、平天下”，一个人的发展是以个人道德修养为基础的，这种重视品德修养的教育，在中国古代表现得尤为突出。但是，随着社会文化综合性的发展和提升，以“知识总结—教育”为主要特征的智育逐渐取代了德育的统治地位,成为一种新的社会风尚。在从德育向智育转变的过程中，作者将理论知识与实践技能并举，指出了二者对于人生发展的重要作用。但是，李石岑对这种侧重于智育的教育理念的效用性提出了质疑，认为智育教育不能完全促进人的全面发展，并在此基础上进入下一阶段关于体育的探讨。

所谓体育，是人生发展之必须，是一种以强健体格为主要目的的教育理念。他指出，体育在一定意义上完全疏忽了精神修养的意义，因而有可能发展为一种仅有“昂昂七尺躯”的空皮囊，而丧失了生命向上发展的路径。他指出，十八世纪因为德育发展的统治地位，使得社会发展处在一种故步自封的消极状态；十九世纪，因为智育发展的过度重视，使得以自然主义为代表的派别逐渐走向了极端化的发展；到二十世纪初，过于强调对于体育的发展，以至于忽视个体修养和道德伦理的教化，使得诸多列强不断纷争，爆发了一系列战争。李石岑在综合分析了教育之于德智体三育的发展之后指出，“知德智体三育偏重固不足以予人生之满足”，进而提出了美育这一重要概念，他认为只有美育才能满足人类本然发展的诉求，实现完满的美之人生。

作者对于德智体三育的研究和分析，不仅限于简单的罗列，同时，他将三者分别与美育进行比较，试图从逻辑的角度，对美育蓬勃发展建立合理性的支撑。

首先，在德育和美育的对比中：其一，德育是以现实发展为基础的，强调一种规范性的约束，这一点在中国古代社会显得尤为突出，而美育则强调一种直觉性和浪漫的发展，对于个人意识提供充足的发展空间；其二，德育强调一种外在既成的经验，忽视个人主观内在创造力的发挥，美育强调的则是一种内在的经验性，重视个体独特性的发挥；其三，德育强调一种群体性的认识，在众多理论观点中强调普适性意义的发挥，而美育则尤其注重个体的认知；其四，德育一定程度上会阻碍个体和社会的发展，而美育则起到突破创新、反固化模式的推进作用。

其次，在智育与美育的对比中：其一，智育是一种重视客观存在经验、技能的总结性通识教育，美育则强调个人主观能动性的发挥，促进个人主体意识的发展；其二，智育注重普遍意义的推广，而美育则是强调个体的价值；其三，智育强调一种抽象意义的总结和应用，强调思维能力的锻造和发展，而美育则注重具体可观可感的存在；其四，智育重视思考，而美育注重内在的自省和反思，强调一种类于顿悟的价值存在。

最后，在体育和美育的对比中，作者强调体育在根本意义上属于美育的范畴，是一种身体美感的表达和存在，称之为人体美之陶冶。但在体育发展的过程中，其有忽视精神性修养的弊端，因而在促进个体精神之向上的过程中，存在一定的问题。总之，李石岑在分别阐述德智体三育的意义和价值、弊端和问题后，分别与美育之发展相比较，经过层层推理，在逻辑意义上深化了美育之价值和意义，强调了推行审美之教育的必要性。那到底什么是美育，美育的具体内含和价值是什么，作者在文章的后半部分进行了详细的阐述。

李石岑指出，对于美育的理解离不开审美之心的养成，也就是审美情操的陶冶，同时指出了美育是囊括知的情操、意的情操、美的情操三者而进行的综合性陶冶。他认为对于美的理解，不应该仅从狭义的范畴去理解，美的意义和价值也绝不仅仅存在于教育之中，应该有更加广泛的意义和价值。

对于社会上存在的对于美之认识的偏差和不足，李石岑在审美的标准上对美进行了自然美、人类美、艺术美的划分，指出三者都是审美教育的源泉和支撑。根据李石岑所列之图表可见，他对于美的划分表面上看是十分细化且独立的，但是其背后依托的审美运行机制存在着密切的连接和转化过程。举例来说，对于自然中美的享受，会使人感受到一种纯粹的愉悦之情，审美个体将这种美感带入所处的社会圈层之中，形成美美传递的社会化美感，形成一种关于欣赏美的趋势，也就是李石岑所指的人类美。其中部分审美个体，会依托其实践化的专业技能，将自然之美或直接或间接地转化为艺术之美，这种艺术之美归之于自然又能一定程度上形成一种作用于审美个体的自然之美。因而李石岑所列举的三种层次，是存在一个既相互独立又相互连接的封闭圈层，也就是所谓的“生生之美”。但是，在这个社会圈层的运转之中，需要一种本源性的推动力，这一点作者在文中也有明示，即人类之本然性，换言之为美之刺激。在一种美的刺激下，审美主体能够产生一种想要向上发展的美感冲动，促进审美圈层的一次次循环交接，也在个体精神层次促进了个体的一次次升华淬炼，达到审美教育的最终目的。因而，作者总说“此正美育之精神也”，这有助于促进广泛意义上美的发展。

三、美育对德智体诸育的包含

在确定关于美的标准之后，关于美育的具体内涵，作者详细论述了西方两种流行的美育理论。其一，以席勒为代表的新人文主义之美育。李石岑指出这种美育理论的核心观念是“美即善”，即美育在一定程度上就是德育，美育能够起到教导全体社会成员的功能和作用。这并非是一种理想意义上的假设，而是一种真理的显现。李石岑通过对美术和道德关系的阐述，表达了他对这种美育理论的理解。他认为美术是一种将共通的原理适用于不同个体之中的艺术形式，道德是使不同的个体屈从于一种共通的价值内核之中。虽然在方法路径上存在一定的差异，但都在一定程度上促进了个体的向上发展，所以在社会发展过程中能够起到一定的促进作用。在这个层面上来说，美育和德育并不矛盾，反而是相互包容、相互提携的，共同促进个体道德达到一种真理的境界。在对以席勒为代表的新人文主义美育的理解中，李石岑指出了德育和美育的共通共融性，强调了德育发展是高于美育之地位的，处在一种统治性的地位。其二，李石岑介绍了关于美育运动者的美育观念，其中以蓝楷（又音译为朗格）的美育思想为代表。这种美育理论以“美只为美”为中心，强调单纯地对于美的享受，抛却了道德、理智的思考，对于美育的地位，此派也有鲜明的态度，即“不以美育为教育全体之理想，而仅以之为教育理想之一，不过居教育理想之最重要部分而已”，尤其强调美的享乐功能。此派观点将美归为人生发展的一个重要组成部分，如果人生缺少了对于美的感知和想象，那人生便会陷入一种孤寂无聊的压抑之中，人生便难以形成真正的圆满。同时，针对社会关于美与美术误解，蓝楷等人也进行了直接阐述，他们认为：美育的功能不在于将审美个体培养成美术家，也不必要对普通个体进行美术史和美术基础技能的教授和讲解，而重点是在接触欣赏美术作品时，能得到美的感受，具有一定的回归自然的倾向。而这种强调纯粹美感享受的理论观点也与席勒等人的美育思想产生了一种对立性。

在列举两派观点的基础上，李石岑将两派的核心观点归结为“美即善”与“美即美”，在李石岑看来，这两种观点对于美之理解的对立只是表面上的，其实两者有相同之处，即后者包含于前者之中。这两种关于美的不同理解，只不过代表着不同的功能性取向，而李石岑试图在这两者之中构建起一个桥梁，即“以审美为目的的道德性美感诉求”，具体来说就是美的欣赏要以审美为根本性目的，进而产生道德的影响。他提出自己的观点，美育包括德智体三育的作用，但又有自己独立的作用空间。具体来说，美育的教育感化功能是多元而丰富的，包括了德智体以及宗教等诸多领域，但是又有着区别于其他教育所不具有的优势。

有感于西方美育理论派别对美育与德智诸育关系论述的“不甚详备”，他从自身立场出发，试图重新论证美育之于德智体三育、群育、宗教的包含性。

其一，在美育与德育的包含性上，他认为德育重视教化，而美育重视感化，教化的力量难以与感化相匹敌。教化是一种由外而内强加的，对于个体来说可能是一种强迫性的接受，教化的效果至多存在于人的头脑之中，而不具有一种直接施行作用的价值。但是感化则不同，感化是一种由内而外的主动接受，能够具有直接的行动力和内心的强化，在内外双重层次对人产生或直接或间接性的持续影响。举例来说，父母师傅的强制性训诫，不如时长萦绕耳畔的叮咛更有成效，一个国家整体在思想和艺术上如若达到一定层次，则举国之民都会在潜移默化的感化中得到直接且有效的教育。可见不需要依靠强制的教化的美育，就能够完全达到德育之效果，作者以此论证了美育对于德育的包含性。其二，在美育与智育的包含性上，他认为智育讲究求真，但是语言文字、自然科学、艺术文化等，即使穷尽智育之能事，也难也达到理想境界。他以柏格森为例指出，对于美术的鉴赏，应该通过美的享受才能真正进入美术鉴赏的内部，探求真正的知识，而这个过程是要依靠审美教育而推进的，仅靠现有的知识传授是远远不够的。在更广泛的意义上来说，一般智育层面的知识和总结性技能的呈现，都需依靠美育的深入探求才能获得，因而，在这个层面上来说，美育是包括智育的。其三，在美育与体育的包含性上，他指出只有在充满轻松、愉悦、充满美的享受的环境中，才能促进体育的快速发展，美育对于身体发展的促进作用是更加明显且直接的。其四，在美育与群育的包含性上，美育具有一种普遍意义上的中和性和协调性，能够在一定程度上调节社会矛盾，缓和阶级对立，使得社会在美育感化下，完全达到群育之目的。因而，群育之功能也从属于美育功能的范畴之内；最后，在美育与宗教的包含性上，李石岑认为宗教是一种精神上的安慰和感化，而美育能够给人一种最高层次的精神享受，能够感受到自然的纯粹之美，欣赏到人生随遇而安的自由之美，而这些精神层次的美感享受，都是宗教所不能及的，这便是美育的包含广阔之显现。总结来说，施行真正意义上的审美教育，不仅能够修养人生涵养，更能够自由追求人生兴趣，达到一种真正意义上的美的人生。

文章的最后，李石岑写道："美育者发端于美的刺激，而大成于美的人生，中经德智体群诸育，以达美的人生之路。"审美个体通过多种层次的审美刺激，在德智体以及其他诸多教育理念的影响下，形成对于美的人生的基本积淀，在审美教育之理念的滋润下，最终感受到美的陶冶和感化，享受一种真善美于一体的美的人生。

盖平运撰写

9

趣味教育与教育趣味

梁启超

一

假如有人问我："你信仰的什么主义？"我便答道："我信仰的是趣味主义。"有人问我："你的人生观拿什么做根柢？"我便答道："拿趣味做根柢。"我生平对于自己所做的事，总是做得津津有味，而且兴会淋漓；什么悲观咧厌世咧这种字面，我所用的字典里头，可以说完全没有。我所做的事，常常失败——严格的可以说没有一件不失败——然而我总是一面失败一面做；因为我不但在成功里头感觉趣味，就在失败里头也感觉趣味。我每天除了睡觉外，没有一分钟一秒钟不是积极的活动；然而我绝不觉得疲倦，而且很少生病；因为我每天的活动有趣得很，精神上的快乐，补得过物质上的消耗而有余。

趣味的反面，是干瘪，是萧索。晋朝有位殷仲文，晚年常郁郁不乐，指着院子里头的大槐树叹气，说道："此树婆娑，生意尽矣。"一棵新栽的树，欣欣向荣，何等可爱！到老了之后，表面上虽然很婆娑，骨子里生意已尽，算是这一期的生活完结了。殷仲文这两句话，是用很好的文学技能，表出那种颓唐落寞的情绪。我以为这种情绪，是再坏没有的了；无论一个人或一个社会，倘若被这种情绪侵入弥漫，这个人或这个社会算是完了，再不会有长进。何止没长进，什么坏事，都要从此产育出来。总而言之，趣味是活动的源泉，趣味干竭，活动便跟着停止；好像机器房里没有燃料，发不出蒸汽来，任凭你多大机器，总要停摆；停摆过后，机器还要生锈，产生许多毒害的物质哩！人类若到把趣味丧失掉的时候，老实说，便是生活得不耐烦，那人虽然勉强留在世间，也不过行尸走肉。倘若全个社会如此，那社会便是痨病的社会，早已被医生宣告死刑。

二

“趣味教育”这个名词，并不是我所创造，近代欧美教育界已通行了。但他们还是拿趣味当手段，我想进一步，拿趣味当目的。请简单说一说我的意见：

第一：趣味是生活的原动力，趣味丧掉，生活便成了无意义，这是不错。但趣味的性质，不见得都是好的；譬如好嫖好赌，何尝不是趣味？但从教育的眼光看来，这种趣味的性质，当然是不好。所谓好不好，并不必拿严酷的道德论做标准；既已主张趣味，便要求趣味的贯彻，倘若以有趣始以没趣终，那么趣味主义的精神，算完全崩落了。《世说新语》记一段故事：“祖约性好钱，阮孚性好屐，世未判其得失；有诣约，见正料量财物，客至屏当不尽，余两小簏，以著背后，倾身障之，意未能平；诣孚，正见自蜡屐；因叹曰：‘未知一生当着几緉屐。’意甚闲畅；于是优劣始分。”这段话，很可以作为选择趣味的标准。凡一种趣味事项，倘或是要瞒人的，或是拿别人的苦痛换自己的快乐，或是快乐和烦恼相间相续的，这等统名为下等趣味。严格说起来，他就根本不能做趣味的主体；因为认这类事当趣味的人，常常遇着败兴，而且结果必至于俗语说的“没兴一齐来”而后已，所以我们讲趣味主义的人，绝不承认此等为趣味。人生在幼年青年期，趣味是最浓的，成天的乱碰乱迸；若不引他到高等趣味的路上，他们便非流入下等趣味不可。没有受过教育的人，固然容易如此；教育教得不如法，学生在学校里头找不出趣味，然而他们的趣味是压不住的，自然会从校课以外乃至校课反对的方向去找他的下等趣味；结果，他们的趣味是不能贯彻的，整个变成没趣的人生完事。我们主张趣味教育的人，是要趁儿童或青年趣味正浓而方向未决定的时候，给他们一种可以终身受用的趣味。这种教育办法圆满，能够令全社会整个永久是有趣的。

第二：既然如此，那么教育的方法，自然也跟着解决了。教育家无论多大能力，总不能把某种学问教通了学生，只能令受教的学生当着某种学问的趣味，或者学生对于某种学问原有趣味，教育家把他加深加厚，所以教育事业，从积极方面说，全在唤起趣味；从消极方面说，要十分注意不可以摧残趣味。摧残趣味有几条路：头一件是注射式的教育：教师把课本里头的东西叫学生强记；好像嚼饭给小孩子吃，那饭已经是一点儿滋味没有了；还要叫他照样的嚼几口，仍旧吐出来看；那么，假令我是个小孩子，当然会认吃饭是一件苦不可言的事了。这种教育法，从前教八股完全是如此，现在学堂里形式虽变，精神却还是大同小异，这样教下去，只怕永远教不出人才来。第二件是课目太多：为培养常识起见，学堂课目固然不能太少；为恢复疲劳起见，每日的课目固然不能不参错掉换。但这种理论，只能为程度的适用；若用得过分，毛病便会发生。趣味的性质，是越引越深。想引得深，总要时间和精力比较的集中才可。若在一个时期内，同时做十来种的功课，走马看花，应接不暇，初时或者惹起多方面的趣味，结果任何方面的趣味都不能养成。那么，教育效率，可以等于零；为什么呢？因为受教育受了好些时，件件都是在大门口一望便了，完全和自己的生活不生关系，这教育不是白费吗？

第三件是拿教育的事项当手段：从前我们学八股，大家有句通行话说他是敲门砖，门敲开了自然把砖也抛却，再不会有人和那块砖头发生起恋爱来。我们若是拿学问当作敲门砖看待，断乎不能有深入而且持久的趣味。我们为什么学数学，因为数学有趣所以学数学；为什么学历史，因为历史有趣所以学历史；为什么学画画，学打球，因为画画有趣打球有趣所以学画画学打球。人生的状态，本来是如此，教育的最大效能，也只是如此。各人选择他趣味最浓的事项做职业，自然一切劳作，都是目的，不是手段，越劳作越发有趣。反过来，若是学法政用来作做官的手段，官做不成怎么样呢？学经济用来做发财的手段，财发不成怎么样呢？结果必至于把趣味完全送掉。所以教育家最要紧教学生知道是为学问而学问，为活动而活动，所有学问，所有活动，都是目的，不是手段，学生能领会得这个见解，他的趣味，自然终身不衰了。

三

以上所说，是我主张趣味教育的要旨。既然如此，那么在教育界立身的人，应该以教育为唯一的趣味，更不消说了。一个人若是在教育上不感觉有趣味，我劝他立刻改行，何必在此受苦？既已打算拿教育做职业，便要认真享乐，不辜负了这里头的妙味。

孟子说“君子有三乐，而王天下不与存焉”，那第三种就是“得天下英才而教育之”；他的意思是说教育家比皇帝还要快乐。他这话绝不是替教育家吹空气，实际情形确是如此。我常想：我们对于自然界的趣味，莫过于种花；自然界的美，像山水风月等等，虽然能移我情，但我和他没有特殊密切的关系，他的美妙处，我有时便领略不出；我自己手种的花，他的生命和我的生命简直迸合为一；所以我对着他，有说不出来的无上妙味。凡人工所做的事，那失败和成功的程度都不能预料；独有种花，你只要用一分心力，自然有一分效果还你，而且效果是日日不同，一日比一日进步。教育事业正和种花一样：教育者与被教育者的生命是迸合为一的；教育者所用的心力，真是俗语说的“一分钱一分货”，丝毫不会枉费。所以我们要选择趣味最真而最长的职业，再没有别样比得上教育。

现在的中国的政治方面，经济方面，没有那件说起来不令人头痛；但回到我们教育的本行，便有一条光明大路摆在我们前面。从前国家托命，靠一个皇帝，皇帝不行，就望太子；所以许多政论家——像贾长沙一流都最注重太子的教育。如今国家托命是在人民，现在的人民不行，就望将来的人民；现在学校里的儿童青年，个个都是“太子”，教育家便是“太子太傅”。据我看，我们这一代的太子，真是“富于春秋典学光明”，这些当太傅的，只要“鞠躬尽瘁”，好生把他培养出来，不愁不眼见中兴大业。所以别方面的趣味，或者难得保持，因为到处挂着“此路不通”的牌子，容易把人的兴头打断；教育家却全然不受这种限制。

教育家还有一种特别便宜的事，因为“教学相长”的关系，教人和自己研究学问是分离不开的；自己对于自己所好的学问，能有机会终身研究，是人生最快乐的事，这种快乐，也是绝对自由，一点不受恶社会的限制。做别的职业的人，虽然未尝不可以研究学问，但学问总成了副业了；从事教育职业的人，一面教育，一面学问，两件事完全打成一张。所以别的职业是一重趣味，教育家是两重趣味。

孔子屡屡说：“学而不厌，诲人不倦。”他的门生赞美他说：“正唯弟子不能及也。”一个人谁也不学，谁也不诲人，所难者确在不厌不倦。问他为什么能不厌不倦呢？只是领略得个中趣味，当然不能自已。你想：一面学，一面诲人，人也教得进步了，自己所好的学问也进步了，天下还有比他再快活的事吗？人生在世数十年，终不能一刻不活动，别的活动，都不免常常陷在烦恼里头，独有好学和好诲人，真是可以无入而不自得，若真能在这里得了趣味，还会厌吗？还会倦吗？孔子又说："知之者不如好之者，好之者不如乐之者。"诸君都是在教育界立身的人，我希望更从教育的可好可乐之点，切实体验，那么，不惟诸君本身得无限受用，我们全教育界也增加许多活气了。

选自《新教育》，1922年第5卷，第1—2期。

导读

梁启超（1873—1929），字卓如，号任公，又号饮冰室主人。幼年好学，早期经历戊戌变法，流亡日本，辛亥革命失败后，潜心研学，一生致力于通过学术来改变中国旧面貌的事业。在美学方面研究颇深，促进了中国现代美学思想的发展，是中国现代美学史上非常重要的人物之一。他研究美学，结合时代，博采中西方美学之长，写了许多文章，代表性的有《自由书·惟心》（1899）、《论小说与群治之关系》（1902）、《趣味教育与教育趣味》（1922）、《美术与生活》（1922）等。梁启超的美学虽不完全成体系，但对美学及文艺问题研究颇深。其美学建构总体呈现出以“移人”为目标，以“趣味”为基石，以“情感”为中介，共同指向“新民”“群治”这一最终目的。他力倡三界（诗界、文界、小说界）革命运动；重视“趣味”论美学的建构，提出了“趣味是生活的原动力”的重要观点，并进一步指出了趣味实现的三个根源；重视情感作用，认为“天下最神圣的莫过于情感”[1]，“情感教育最大的利器就

① 梁启超：《中国韵文里头所表现的情感》，《梁启超全集》（第13卷），张品兴主编，北京出版社，1999年第1版，第3921页。

是艺术”[①]。总体来说，梁启超的美学思想丰富了我国现代美学体系，为我国现代美学思想的发展增添了新的活力。

一、美育概况

在美育方面，梁启超有着一套自成体系的美育思想。综合各家之言可得，梁氏的美育思想呈现出以小说、文学、诗歌等为载体，以“文学移人”“情感教育”“趣味教育”为主要内容，提倡生活艺术化、艺术即生活的观点，以“新民”“移人”为目标指向的美学体系。

由于受时代变革以及作者人生经历的影响，以辛亥革命为界，梁启超的美学思想划分为前后期，美育也不例外。前期美育带有较为明显的功利性目的，“养成一种特色之国民，使之结为团体，以自立竞存于优胜劣败之场也”[②]。以“救国救民”为旨归，教育要培养有人格、能自立并且具有爱国精神的“新民”；辛亥革命之后，他的心态和现实思索发生了转变，开始潜心于书斋，回归学术，希冀建立起一种“趣味”教育思想来进行审美实践，其目标在于通过审美教育来使人成为有真正趣味的人，这与前期直指救亡的功利性目的的美育思想相比，则具有一定程度的超功利性。但探其实质，无论是前期明显的功利性美育还是后期以“趣味”为核心的超功利性美育，共同目的都直指中国旧的国民性改造，未曾脱离救国救民的最终目标。该篇《趣味教育与教育趣味》即为梁启超后期“趣味”论美育思想的重要文本。

---

① 梁启超：《中国韵文里头所表现的情感》，《梁启超全集》（第13卷），张品兴主编，北京出版社，1999年第1版，第3922页。

② 梁启超：《论教育当尽宗旨》，《梁启超全集》（第3卷），张品兴主编，北京出版社，1999年第1版，第911页。

二、文本解读

（一）趣味是活动的源泉

梁启超先生开篇即对有趣和无趣的生活做了界定。他肯定有趣的生活，“我信仰的是趣味主义”“拿趣味做根柢”。以趣味做根柢，则做事津津有味、酣畅淋漓，处处充满活力，胜不骄，败不馁，即使失败，也善于从失败中找寻趣味，用乐观平和的心态面对人生，活得充满趣味。同时他对无趣的生活也做了分析，认为“趣味的反面，是干瘪，是萧索”。他在《美术与生活》中曾将无趣的生活分为两种：一是“石缝的生活”，其特点是“挤得紧紧的，没有丝毫开拓的余地”①。一是“沙漠的生活”，其特点是“干透了没有一毫润泽，板死了没有一毫变化”②。梁启超对这两种无趣的生活持否定看法，认为这不能叫“生活”，而是人生的禁锢与退化。在这里，梁启超运用否定之否定的思维方法，通过对无趣生活的否定，进一步实现对有趣生活的肯定，达成了对于趣味（生活）内质的两个厘定：与无趣之缺乏生气生命相较，趣味是生命的活力；与无趣之泥滞禁锢相较，趣味是创造的自由。

文中列举晋朝殷仲文晚年郁闷，即使看到院子里的大槐树也不免心生“生意尽矣”的颓唐落寞，意在何处呢？殷仲文为东晋才貌双全之士，本是有志之人，但后来因为贪恋财权，一度迷失自我，最后因谋反而死。望槐树心生郁闷的殷仲文当时任朝中尚书一职，此时已是晚年，找不到真正的人生趣味，心里不免生了

① 梁启超：《美术与生活》，《梁启超全集》（第 14 卷），张品兴主编，北京出版社，1999 年第 1 版，第 4018 页。

② 梁启超：《美术与生活》，《梁启超全集》（第 14 卷），张品兴主编，北京出版社，1999 年第 1 版，第 4018 页。

凉意。这与同时代厌恶官场、归隐田园、寻找人生乐趣的陶渊明相比，显得无趣得很。这告诉我们无趣的生活会让人颓唐，即使再位高权重，活得也如行尸走肉。凡事趣味使然，有什么样的心态就会拥有什么样的人生。人生如此，社会也亦如此。“人类若到把趣味丧失掉的时候，老实说，便是生活得不耐烦，那人虽然勉强留在世间，也不过行尸走肉。倘若全个社会如此，那社会便是痨病的社会，早已被医生宣告死刑。”情绪是人在社会上的稳定剂，无论是人还是社会，倘若被消极情绪左右，则病态近矣。梁启超开篇从正反两方面对趣味的人生进行阐释，并借用古人事例强调趣味是生活的根源，由人及社会，指出社会的诟病所在，阐明“趣味”论美育的思想宗旨。由此可以看出，潜心研学、从事教育家工作的梁启超并未把自己局限于书斋，两耳不闻窗外事，而是着眼点转换，由前期激进的说教转化为潜心的学术研究，从学术的立场来改造国民性，救亡图存，这对中国现代美育思想的发展而言，有着突破性及借鉴性的意义。

回到我们现实生活中，就人生态度而言，对同一个问题，不同的人会有不同的看法。比如简单的吹泡泡，有的人看到了泡泡吹出来后的绚丽多彩，但感慨终将破灭，悲观消极；而有的人则欣赏泡泡即使终将破灭，但在破灭前，仍努力追求又大又绚烂，给人视觉及心境上的美感，是积极乐观的。生活中蕴含着无穷的趣味，就像一幅画，你给它填充什么颜色，它给你呈现的就是什么颜色。乐观对待生活，则生活回馈给我们乐观的人生；悲观处事，则人生旅途坎坷，这也是梁启超所强调的趣味主义美学所在。在乱世，知识分子们胸怀抱负却无处可施，梁氏做法为千千万万知识分子指明了方向。

（二）趣味教育的要旨

“趣味教育”这个名词，由来已久。在西方美学史上，趣味即“taste”，其产生可溯至柏拉图、亚里士多德，尤其是近代美学研究中对“趣味”的研究颇丰。在西方“趣味”研究者视角中，他们的“taste”美学内在性明显，既具有个体性又有普遍性，个体性与普遍性处于平行状态，个体性相对突出，这与个人主义是西方政治文明的根基一致，所谓的国家、集体社会都是为了保护个人某种权利或利益而组成的，因而西方的“趣味”是作为个体性利益存在的手段。我国“趣味”研究的历史同样悠久，古代严羽《沧浪诗话》中的“兴趣”说、钟嵘《诗品》中的“滋味”说、司空图的“韵味”说，包括与作者同时代的王国维的“境界”说等都与“趣味”相关，强调追求深层次的含蓄蕴藉的审美意蕴。梁启超所说的“趣味”即在借鉴中西方美学思想的基础上，根据自身经历及学术素养总结而来，他所提倡的“趣味”不同于西方美学上强调个体性的“taste”，而具有“无我”的特征，在国家危亡面前，救亡图存为首任，强调超越个体的利害得失，追求具有普遍性的“趣味”，具有审美的超越性和普遍性，这与西方的“taste”并不相同。

趣味的性质有优劣之分，摒弃下等趣味，贯彻真正趣味，使得趣味终身受用。梁氏借“祖约性好钱，阮孚性好屐”的故事指出：“凡一种趣味事项，倘或是要瞒人的，或是拿别人的苦痛换自己的快乐，或是快乐和烦恼相间相续的，这等统名为下等趣味。”因而，趣味并不见得都是好的，这类下等趣味的主体也不能称之为真正趣味的主体，对于下等趣味着实要摒弃。然而对于我们所主张的区别于下等趣味的一类真正的趣味，则需要有始有终地贯彻，如若有始无终，则趣味主义精神崩落。人生幼年青年期是趣味最浓的时候，但倘若不积极引导至高等趣味之上，或是教育不如法、趣味得不到贯彻等都可能将其导之于下等趣味。那么如何贯彻呢？梁氏在文中指出："我们主张趣味教育的人，是要趁儿童或青年趣味正浓而方向未决定的时候，给他们一种可以终身受用的趣味。这种教育办得圆满，能够令全社会整个永久是有趣的。"即趣味教育要趁早，趁孩童三观未定，兴味正浓时的关键期给予正确的引导，并且从始而终地贯彻，形成终身受用的趣味，这便是高级趣味的意义所在。

"所以教育事业，从积极方面说，全在唤起趣味；从消极方面说，要十分注意不可以摧残趣味。"有兴趣的学习往往事半功倍，然而，摧残趣味的教育则应摒弃。梁启超在文中批判了三种与"趣味主义"相违背的教育事件：第一是，类似于旧八股式的"注射式"教育。也就是传统教育模式当中的老师单一讲授，学生机械记忆，类似于古代的八股文学习，较为枯燥乏味，即使学校里改变了形式，但精神实质仍是如此。第二是，课目过多的疲劳型教育。"若在一个时期内，同时做十来种的功课，走马看花，应接不暇，初时或者惹起多方面的趣味，结果任何方面的趣味都不能养成。那么，教育效率，可以等于零。"课目过多，学生应接不暇，最初产生的趣味也会淡去，难以维持长久。并且形势很严峻，学生时间精力达不到，接受困难、精神压力过大、成绩下滑等问题层出不穷，容易使得知识的学习仅仅是走马观花，这样下去要对某些知识养成长久趣味，着实困难。第三是，拿教育的事项当"敲门砖"的手段教育。这里涉及为什么学习的问题，这也是教育领域争论不休的问题。梁氏指出学八股只是作为敲门砖，门开了，则砖自然放下了，难以养成真正的兴趣，而以趣味作为学习目的，则在学习中体会到趣味之所在，学习自然也不会太枯燥。"我们为什么学数学，因为数学有趣所以学数学；为什么学历史，因为历史有趣所以学历史；为什么学画画，学打球，因为画画有趣打球有趣所以学画画学打球。”有效的趣味教育首先应该摒弃摧残教育的事件，慢慢养成因兴趣而学，为兴趣而学，凡是趣味使然，由趣味引导学习生活，则学习生活等事业就会成为一种乐趣，也不至于太枯燥，反而越做越有趣，越能获得成就感。

（三）教育界要以趣味立身

梁氏在前文论及了趣味教育的要旨之后，强调教育界要以趣味立身。“一个人若是在教育上不感觉有趣味，我劝他立刻改行，何必在此受苦？既已打算拿教育做职业，便要认真享乐，不辜负了这里头的妙味。”这里的趣味是以“无我”为前提的“趣味”，不是简单地谈个体性趣味，而是一种超越性的趣味，也即“大我”“化我”的趣味。这与梁氏经历了政坛巨变，意识到以一己之力救国无效后，想法及态度发生了转变，他潜心研学，从事教育，企图通过教育这一育国育民的举措来启迪民智，拯救民族。他着力强调教育的趣味性，意在号召教育家们行动起来，以教育家的职责以从事教育事业为乐趣，担起救国救民的紧迫任务。

梁启超高度认同教育家的价值,借孟子“得天下英才而教育之”来强调从事教育职业的神圣所在。他强调的趣味主义是和功利主义相反的，他主张的趣味人格与生命是超越成败之执与得失之忧的不有之为的无我的自由与诗性。那么在生命实践中如何实现不有之为的趣味主义？他提出“迸合”论，即视自然宇宙为生命体，是与人类一样有情感有灵性的生命。在他看来，“迸合”有三个层面：一是自然万物的生命和人类个体的生命可以迸合为一，二是人类个体生命和个体生命可以迸合为一，三是人类个体生命与众生宇宙可以迸合为一。文中以种花和教育对比为例，谈到了前两种“迸合”。我们对自然界的山水风月虽以审美的态度进行观照，感受到自然的奇妙，能够移情，但缺乏生命与生命间真正的融合。然而将教育事业比作种花一般，你花费多少心力，就能收获几分，将老师比作园丁，学生比作花朵，在园丁的精心培育下，花朵能够美丽绽放。这是个体生命与个体生命，个体生命与众生宇宙间的迸合。所以教育事业是“趣味最真而最长的职业”，教育本身就很有趣味性，教育过程中有教育家与学生两大主体，互动交流，一分耕耘一分收获，具有趣味性，有趣味的教育能够让教育家们快乐地工作，且能实现生命与生命间的融合为一，这是教育的价值所在，也是教育家的乐趣所在。

联系时代形势来说，梁氏写作该文之时，中国处于一派颓废状态，有志的知识分子们无处施展自己的抱负，教育事业对于他们而言是最具光明前途的事业。戊戌变法前后，有着革命家身份的梁启超热衷于政治维新、投身于社会变革，文章偏向于政论文，如《论小说与群治的关系》，里面多用俚语写作，目的在于能为大众所理解，服务于群治需要；流亡阶段，梁氏的美学思想体现在他的“三界革命”论当中；历经了一系列政治事变，加之西方文明的弊端显现，欧游回国后的梁启超无心于当时的政坛，他开始对新的文明建设进行反思，潜心学术，建构起了以“趣味”论和“情感”论为核心的美学思想，以实现“生活的艺术化”为目的。但不可忽略的是后期梁启超潜心研学也并未脱离救国救民之目的，只不过换了一种方式。梁启超作为一名教育界人士，指出当今的教育家们不同于以前的着重培养太子的教育家，其所面对的对象，也已经由先前关注少数政治人才的教育转向了更为广泛、更为普通的近代国民教育，用心培育，每一位有志学子都能够承担起救国救民的职责。因而教育家们肩负国之重任，鞠躬尽瘁，在国家危难且无计可施之际，用自身的学识培养一代又一代的国民站出来救亡图存，这是教育家的优势所在，也是其工作乐趣所在。

“教学相长”，教育家诲人又诲己，具备两重职业趣味，这是其他职业所不能比的。有的人踏入社会从事与自己所研究相关的工作，而有的人则工作与研究大相径庭，而教育家们的快乐则在于可以将自己的所学和所研究当作毕生的事业，这是来自职业本身的优势所在。从事教育职业的人，教学与研究工作是分不开的，一面教育，一面学问，同一过程中两件事获得的便是两重趣味。“学而不厌，诲人不倦”，对于一个人做一件事情能够不厌不倦确有所难，不厌不倦的缘由大致只有趣味使然。教育事业既诲人又诲己，“独有好学和好诲人，真是可以无入而不自得，若真能在这里得了趣味，还会厌吗？还会倦吗？”既能提升自我，又能造福他人，双重趣味的事业，怎能厌倦？“知之者不如好之者，好之者不如乐之者。”唯有对职业的爱才能走得更远。最后，梁氏希望在教育界立身的人，从教育的可好可乐之点，切实体验，自身受用无穷，还能增添全社会活气，实为教育的双重乐趣所在。

三、梁启超趣味论美育中的“无我”观

前文说到，梁启超的趣味论美育不同于西方个体性的美育，是一种超越于个体之上的具有普遍性和超越性的趣味，是“无我”的美育，这里的“无我”是超越于“小我”的“大我”，为佛教用语。梁启超论述“无我”的趣味论美育与他自身的佛学修养息息相关。

首先，梁启超的“无我”的趣味论美育是“入世”性质的美育。王国维的美育具有“出世”性质，这与他的出世佛学一脉相通，与王国维的以培养“完满人格”的纯粹的独立于学术领域的美育不同，而梁氏的美育无论是前期直接的“新民”主张还是后来所讲的“情感”论美育，共同指向一致，都对准中国近代的社会现实，与外在现实联系密切。

另外，梁启超的“无我”的趣味论美育不同于“以美育代宗教”的蔡元培的美育。蔡元培一生致力于教育事业，奉行“教育救国”，其美育方面重要观点是“以美育代宗教”，并且对美育取代宗教

的可能性做了阐释，认为宗教只能阻碍科学的发展和进步，“美育附丽于宗教论”不利于美育的健康发展。而梁启超虽较之于蔡元培而言受佛教影响较晚，但其佛教底子深厚，他在美育与宗教关系上，既重视美育，又不忽视宗教，强调利用宗教来实现美育的社会价值。佛教讲“普遍性”，梁启超所理解的佛学上所谈的“普遍性”为以天下苍生为己任，以普度众生为旨归，有一人不成佛，誓不成佛，这种“普遍性”与他的美育观及其整个美学体系中所讲的“群治”目的具有一致性。现代美学体系主张审美自由观，既讲个体又讲普遍，但在审美中普遍性与特殊性又不矛盾，二者相辅相成，共同统一于审美的整个过程。梁启超将美育的个体性看作是培养“新民”的手段，培养个体也是以普遍的“群治”为最终目的的，无论是个体还是普遍，梁启超强调的都是美育与宗教共同指向于“致用”这一目的。因而，梁启超的美育思想在佛学“普世”价值的强化下，“无我”性质明显，美育的“新民”目的更为显露，美育成了教化民众，启迪民智的重要手段，工具性价值凸显。

然而，“美育”即“审美教育”的实质是以“自然美”“社会美”“艺术美”为研究对象，是以陶冶人的心灵，给人以情感体验为目的，具有审美性、纯粹性和超越性。但梁启超的美育却与之大相径庭，他的美育的工具性在佛教思想的影响下堂而皇之地被提倡，这是对美育本身特质的遮蔽。

四、小结

梁启超的趣味论美育思想是特定历史条件下的产物，被赋予了鲜明的时代特质，他在赞扬教育家们的同时也在慰藉自己，以国家成败为己任，经历了各种政治性渠道的救国救民无望之后，仍想尽各种办法救国，企图通过教育来拯救国民的思想，在当时来说可能仅存于理想，但无论人生治学的前后期，他都以一颗赤诚之心不忘拯救中国命运的重要使命，他的趣味主义人生理想，在当时来说无疑是一道光，指引人们热爱生命，热爱生活，指引教育家们行动起来，自觉承担起拯救国民的重任，让美育成为一般民众国民性改造的最好手段。

生活在 21 世纪的我们，面对的是沉重的学习、生活、工作等压力，对于学生而言，课业分数似乎成了唯一的追求，因而初有的兴趣要么成为考试的手段，要么慢慢放弃，甚至空留于幻想。如此而已？但人生需要趣味，趣味化的学习生活工作能够愉悦我们的身心，高效率地帮助我们成长。希望我们能够在繁忙的学习生活工作之余，用心思考趣味的要旨所在，寻找趣味，在方方面面融入趣味，用趣味来引导我们艺术化的生活。

郭焕苓撰写

IO

艺术教育的原理

丰子恺

我是一个图画教师，我曾担任过好几个普通学校的图画科，觉得中国现在普通学校的艺术科，都不能奏他的效果。这恐是因为办学人和艺术科教师对于艺术科的误解的缘故。不要说内地，就是通都大邑的普通学校的艺术科，也大半是误解着。

图画科是艺术科的中心点，决不可让他误解过去；却现在一般普通学校的艺术科，对于图画科的误解尤加多，我因此想把平日的见闻和研究拉集拢来做一篇文章，讨论一下。

我看来中国一大部分的人，是科学所养成的机械的人；他们以为世间只有科学是阐明宇宙的真相的，艺术没有多大的用途，不过为科学的补助罢了，这一点是大误解。这种误解的证据我有几个实例：我从前曾在两个有体操专科的学校担任图画科，主任者聘我的时光对我说道画材要选择体操用具或动作姿势的，可以使学生得着实用。这样宗旨，不是图画科，却是“体操插图画法”了；还有一个学校要我用博物标本当画材，说道可以使学生得着实用；还有一个学校，主任先生看见学生画的木炭画，说道这龌龊的东西，有怎么好处？又说道这种画一文也不值，它的纸到费去七八分大洋。就我所感受到的三个证据，可以推想一般主持教育者都有把艺术科想作科学的补助品的误解的；不但国画，手工科的误解也不少。我曾听见说：有人参观某校，这校中的会客室中的椅子都是学生们木工课内自制的，便赏赞不已；这种观念都是艺术科的误解。要订正这种误解，须要使得明白艺术教育的原理；要明白艺术教育的原理，请先讨论艺术与科学的分别和艺术教育的意义。

科学固然说是给我们人类幸福的，又是阐明宇宙真相的，然而所谓真相两个字，非常难讲，到底怎么样可叫做真相，还是一个问题。科学都是从假定（Presupposition）上立论的：譬如物理学者，一定先假定世间确有分子的物质的存在，然后可以立脚得住，实行他的研究。这基本的假定一动摇，物理学全都便推翻了；他如研究历史的，也必先假定人类是大皆有意识（Consciousness）的，他们看见了人的表情的变化，以为这种物的现象的背面，确有意识存在；又如研究社会学者，使人们勤职务，计幸福，他们假定幸福确是可企图的，尽自己的义务确是有价值的。这种假定是否正确，还是一个问题，就是科学者所谓宇宙的真相，到底是不是真相也是一个问题。

科学是根据了一种假定来阐明宇宙真相的，艺术却是不根基了假定来阐明宇宙的真相的：譬如一张海的画，这是用艺术的方法来说明海的真相。但科学者却不以为然，一定说要把海水蒸发了变成盐分和水分等，或又把波浪的运动用物理的方法说明起来，然后说是海的真相。又如一块石，艺术者画了一块石，表示石的真相。科学者定要把石打得粉碎，说明他含着云母长石……成分，以为是石的真相。如今且看，到底画中的海和石是真相呢？还是水分盐分和长石云母是真相？这可以说科学的不是真相，因为一则科学所谓真相，是从假定上立脚的，假定的正确与否，还没晓得；二则科学把海水分作水分盐分，把石子分作云母长石，这时候不是表示海和石子的真相，是从海和石子移到了别种的东西盐分水分云母长石上去。艺术的画，倒是表示当时所看见的海和石子的真相的。

科学者看见海的画和石的画，说道这不是真相，只有科学所表示的是真相，艺术所表示的和实际的世界相去甚远，用这样的偏见的头脑来排斥艺术，也是一个大误解，原来科学和艺术，是根本各异的对待的两样东西，艺术科的图画，有和各种科学一样重大的效用，决不是科学的补助品，决不可应用在植物标本画或体操姿势图上，同科学联关了实现的。原来艺术科有多大的独立的价值，可以证明如下：

凡事有不有真的价值，都要经过最高法庭的审制的，这最高法庭便是哲学。科学和艺术的争论，也要拿到这最高法庭去审判过。审判的结果，可以分明科学所示的，并不是事物的真相。譬如一块石，科学者把他打得粉碎，分出云母长石来，科学者以为是明示石的真相了，其实石是石，云母长石是云母长石，他们是两件事物，不过有关系的，决不是长石云母可以说明石的真相的；又如科学者依定理测知这水是由汽变成的，水再冷将变冰的，这也不是水的真相，是水的未来和过去的变化或者水的原因结果。原来最高的原理，是在乎晓得物的自身，不在乎晓得他的关系或过去未来或原因结果，所以物的真相，便是事物现在映在吾人心头的状态，便是事物现在给与吾人心中的力和意义。

我们想求事物的真相，科学并不把事物的真相来示我们，却把这事物的关系者或过去未来或原因结果来示我们。这非但不是向事物的真相走近来，却是把我们从事物的真相上拉远去，把我们拉到别的事物的身上去。

这样看来，科学者非但不示物的真相，而且遮蔽物的真相，可以断定一句：科学所示，不是物的真相。

然则宇宙的真相是怎么样的呢？依哲学的论究，是“最高的真理，是在晓得事物的自身，便是事物现在映于吾人心头的状态，现在给于吾人心中的力和意”——这便是艺术，便是画。

因为艺术是舍去过未来的探求，单吸收一时的状态的，那时候只有这物映在画者的心头，其他的物，一件也不混进来，和世界一切脱离，这事物保住绝缘的（Isolation）状态，这人安住（Repose）在这事物中；同时又可觉得对于这事物十分满足，便是美的享乐，因为这物与他物脱离关系，纯粹的映在吾人的心头，就生出美来。

所以我们可以下一个断语，科学是有关系的（Connection），艺术是绝缘的（Isolation），这绝缘便是美的境地——吾人便达到哲学论究的最高点，因此可以认出知的世界和美的世界来。

以上的论证的结果，科学所示不是真相，艺术所示，确是真相，又生出一个美字来，因此我们就分了知的和美的两个世界。科学和艺术非但不相附属，而且各一世界的，有关系的是知的世界，绝缘的是美的世界，所以我们看一幅风景画时候，完全的灌注精神在这画中，并不想起画以外的东西，画的镜框，简直是把人世隔绝的东西，我们但在画里鉴赏他的美，并不问画中的山路通哪处，画中的农夫是怎样人，画中的山的背面有否住人，更不想这画的材料怎么样，值多少钱了。又我们作画时，眼前的风景，我们但感得他的形状、调子、色彩和表情，决不想到这地方是属何省何县的，这山有怎么出产等关系的事体的，因为我们看画作画时，已迁居到另一个世界——美的世界——上去，这世界和别的世界完全断绝交通的。

概括艺术和科学的异同，可说：（1）科学是连带关系的，艺术是绝缘的；（2）科学是分析的，艺术是理解的；（3）科学所论的是事物的要素，艺术所论的是事物的意义；（4）科学是创造规则的，艺术是探求价值的；（5）科学是说明的，艺术是鉴赏的；（6）科学是知的，艺术是美的；（7）科学是研究手段的，艺术是研究价值的；（8）科学是实用的，艺术是享乐的；（9）科学是奋斗的，艺术是慰乐的。二者的性质绝对不同，并且同是人生修养上所不可偏废的。

把图画科看作其他科学的补助品，那么，艺术附属在科学里面去，学生的精神上，缺少了一项艺术的享乐的和安慰的供给，简直可说变成了不完全的残废人，不可称为真真的完全的人。因为这种艺术的安慰，实际上可以不绝的使我们增加作事上的努力。譬如图画唱歌游戏，不明白艺术教育的人都以为是模仿小孩子的嬉戏罢了，没有多大的价值，删除了这种功课，使他们专心攻究正课，看来好像得益的，其实损失多了。

艺术教育的原理是因为艺术是人生不可少的安慰，又是比社会大问题的真和科学知识的真更加完全的真，直接了解事物的真相，养成开豁胸襟的力量，确是社会极重要的事件。

本了这理论来实施艺术教育的手段，便是要使学生了解艺术的绝缘的方法，譬如描写图画的模型 Model，第一要使他们不可联想到实用上去，但使描出当时瞬间的印象。看画的时候，也要注意使心安住在画中，但赏画的美，决不可问画中的路通哪里，画中的人姓甚，画中的花属何科，否则他们仍旧不算懂得艺术科。而且他们所描的画，所看的画，都值得一幅历史地理博物的插图，变了科学的一部分，还有甚么艺术的价值呢？这个话似乎欲望太奢，又似太近理想，其实我仔细想来，非这样办法，不能满足的奏艺术教育的效果的。

艺术教育的疏忽的损失，似微而实大。美国是偏重实际的国家，专门在原因结果的系统中教育青年，结果使人民变了机械的枯燥的生活，影响到社会很大。近来觉悟了这弊害，提倡艺术教育的呼声甚高。中国的社会程度，根本远不如美国的坚实，艺术教育的疏忽却又甚于美国，实在是前途的危机，那么提倡艺术教育，当然是急务。

选自《美育》杂志第 7 期，1922 年 4 月。

导读

丰子恺（1898—1975），师从弘一法师，20世纪著名学者、漫画家、散文家、书法家、翻译家和艺术教育家，现代木版画和书籍装帧的先行者，诸艺兼擅的丰子恺，被日本学者吉川幸次郎称为“现代中国最像艺术家的艺术家”，美学家朱光潜也称颂他为“从顶至踵，浑身都是个艺术家”。丰子恺是中国早期艺术教育的开拓者之一，从事艺术教育活动前后长达半个世纪，代表作有《艺术教育的原理》（1922）、《艺术的创作与鉴赏》（1924）、《缘缘堂随笔》（1931）、《关于学校的艺术科——读〈教育艺术论〉》（1932）、《桂林艺术讲话之一》（1938）、《卅年来艺术教育之回顾》（1940）等，他的作品通过对喜闻乐见之事客观有趣的加工，从而改善大众的苦闷际遇，进而对民众进行美术启蒙。他主张“人生的艺术化”或“艺术的人生化”的思想理念，围绕着艺术、美、人生的关系，构建了以“童心”为本、“绝缘”为径、“同情”为要、“趣味”为旨的中国现代美学教育典范，其艺术人生，情趣盎然。丰子恺在进行审美教育时，并没有过强的功利性与政治性目的，他坚信“‘美’是人生的一种究竟的目的”，“美”本身是非常纯粹的、绝缘的，丰子恺让美走出艺术的“象牙塔”，走进大众的日常生活，从而实现“人生的艺术化和艺术的人生化”，是“人生派”的倡导者。

美育，也称审美教育，丰子恺习惯称之为“艺术教育”，其中所包含的意义一分为二，有狭义和广义两种说法。依狭义来看，美育是指培养懂艺术的人，战场在学校；依广义来说，是指国民艺术教育，该文《艺术教育的原理》根据丰子恺担任图画科教师时的所闻所想，从狭义的学校艺术教育着眼入手，思考广义的国民艺术教育的伤痛与弊端，用自身的教学经历去改变国民艺术思想。《艺术教育的原理》是丰子恺第一篇关于“艺术教育”的重要论文，针对中小学校只把艺术科当作科学课之补助的误解，明确提出艺术和科学多达九点不同之处，并首次提出艺术“绝缘”论的说法，强调了艺术教育的特殊性，这是丰子恺艺术教育研究与尝试的开端，也是中国美育史上对艺术教育的一次明确定位。

一、图画科中的艺术教育

在该文开篇，丰子恺指出自己担任过好几个普通学校的图画科教师，根据艺术课教师对于艺术科的误解提出自己的疑问，对于此，作者并非空穴来风，他举体操插图、博物标本、主任对木炭画的鄙夷三个实例来证明治学人对于艺术教育的扭曲——治学者往往过于强调艺术科的实用性，并将艺术与科学的本质混为一谈，错误地提出“科学为本，艺术为辅”的治学理念，早已丧失了办学人创立艺术教育的初心。将科学研究的方法和原则应用到艺术中，势必会给艺术带来灾难，艺术是有着自身独立性的，绝不是科学的附属品。丰子恺在 1940 年写的《卅年来艺术教育之回顾》一文中，回首三十年来现代艺术教育只注重科学技术而忽略艺术安慰的现状，仍深表失望，“只有艺术科，三十余年来少有改进。最初生吞活剥地闯进学堂的课程里，到现在还是机械唐突地夹在学校的各科中”[①]。其在新中国成立后写的《先器识而后文艺——李叔同先生的文艺观》也表达了相同的观点，在当时人们狂热崇拜科学的情形下，丰子恺能有如此清醒的认知，是极其可贵的。不仅丰子恺，朱光潜也曾提出相似的论点：“物有真、善、美三面；心有知、情、意三面；教育求在这三方面同时发展，于是有智育、德育、美育三节目……三育对于人生本有同等的重要，但是在流行教育中，只有智育被人看重，德育在理论上的重要性也还没有人否认，至于美育则在实施与理论方面都很少有人顾及。”[②]足见在当时，美育是不被人重视的。

而对于图画科中的弊病与误解，丰子恺认为最根本的是要明白艺术教育的原理，而要明白艺术教育的原理，最先讨论的应是艺术与科学的区别。科学是有关系的，是知的；而艺术是绝缘的，是美的。就此，丰氏提出了其美育思想的一个重要学说——艺术绝缘说，这是他所有美育思想的基础与源泉，也渗透在他整个艺术教育思想体系里。“缘”意为关系或过去未来或原因结果，“绝缘”是指将一切与此时此刻事物有关的所有前因后果斩断。丰子恺认为，只有通过“绝缘”，剪断事物的各种实用功利的关系，所见的事物就成了单纯艺术欣赏的“孤岛”，才能在“不染”中窥见真正美的骨相。然而这种学说并不是由丰子恺首先提出的，他将国外闵斯特堡(Münsterberg)的“艺术孤立说”横向移植过来，变换说法塑造了“艺术绝缘说”，而这种说法可追溯至康德的“审美无利害关系”，这些说法本质上是一样的，依据余连祥的《丰子恺美学思想研究》所讲，他们是要求审美主体排除粗鄙的占有

① 刘秀峰:《丰子恺的美育人生》,山西人民出版社,2019年版,第150页。

② 朱光潜：《大美人生：朱光潜随笔》，北京大学出版社，2008年版，第41页。

欲，以一种非功利的审美态度去对待审美对象。

这种“绝缘说”也同样拓展到丰子恺的教育理念。纵观中国现代美育史，有成就者可分三类：一类是蔡元培等人，他们身居高位，其思想主张将直接影响教育部制定的相关政策，决定中国美育的走向。处于这种特殊的地位，使他们的审美“绝缘”必然不能十分彻底，蔡元培主张“以美育代宗教”，把审美教育当作其进行革命民主主义思想启蒙的“津梁”，其政治色彩十分浓厚。第二类是身为艺术院校校长的刘海粟、林风眠等人，他们采取学院式的言说方式，立足学校主导艺术潮流。第三类是以丰子恺、朱光潜为代表，面向热爱艺术的大众，直接进行审美教育启蒙。他没有任何政治抱负，也不是一名革命家，其对人生的终极关怀是非常纯粹的，其美育思想较前两者也更为“绝缘”。

二、科学、艺术与哲学

文中说，“凡事有不有真的价值，都要经过最高法庭的审制的，这最高法庭便是哲学”，这最高法庭究竟审判什么呢？哲学究竟是起什么作用？其实这句话里已经揭晓了答案——审判。丰子恺将哲学类比最高法庭，其真实意义就在于“审判”二字，科学与艺术的终极审判恰恰需要哲学来断衡，而这两者关系又与艺术教育的原理有着斩不断的联系，所以哲学思想是其核心要务，是所有思想发射线的中心。他认为哲学不是去重点研究物理学中时间空间上一切物质原因结果，也非去探索心理学家所盲信的“意识相通”，更不是去像社会革命者一样坚信人民勤奋幸福的真谛，这是科学的任务，不是哲学的任务。哲学的重要功能是——对基本假定的提问。凡科学，必先去建立起这基本假定，依据这假定再去推理论证或是实施方案，所以哲学是去假定物理学上时间空间究竟是什么，去假定意识相通的存在保证心理学家工作的正常进行，也去假定社会改革者所坚信的幸福真谛是可慕的，这便是哲学的“假定”功能，是所有科学工作进行的前提与基础。这一功能便是该文中所提到并阐述的“科学是根据了一种假定来阐明宇宙真相的”这句话的来源，假定功能是丰子恺在各个文献中格外重视的哲学功能。除此之外，哲学还具有探索智识行为的究极的价值、结局的目的等学问，这些都是科学的“元”问题，是所有科学的升华，相较而言，科学不过是一门门具体的学问，与其有着本质上的不同，而这也是哲学与科学的重大区别。

在该文中，哲学与这“艺术绝缘说”又有着扯不断的关系。丰子恺曾说：“科学的办法是关系的，艺术的活动是绝缘的。作成这绝缘的，是自然，或是出于艺术家的想象，脱离一切物，便是美的境地。于是我们达到哲学的论究的最高点了。”[①] 在《艺术教育的原理》一文中，丰子恺明确表示科学的知识远离实在的真相，它不过是教给我们物的关系而已，想要获得真相，必须把其物从一切的关系中剥离出来，把握住其完全的、绝缘的状态，而这种状态恰恰是艺术的做工。“依哲学的论究，是‘最高的真理，是在晓得事物的自身，便是事物现在映于吾人心头的状态，现在给于吾人心中的力和意’。”于是这句在文中前后出现了两次的概述，也就有了依据与论证。在丰先生看来，科学似乎是误人的，而艺术却是看到了当时的真理与真相，便是走向哲学最好的途径，在艺术绝缘那一瞬间，往往我们是获得真理的。

在丰子恺的另一篇文章《关于学校的艺术科——读〈教育艺术论〉》中，他发表了另一观点——艺术的功效是能让人发泄“人生的苦闷”，进而升华至“生的欢喜”，这是他的另一哲学思想。“苦

---

① ［德］H.Munsterberg：《艺术教育的哲学的论究》，丰子恺译，《教育杂志》，1927 年第 19 卷第 12 期。

闷”是研究丰子恺教育思想绕不开的话题，是与“艺术绝缘说”同样重要的观念。往往思想愈深刻的大艺术家，人生的苦闷似乎愈大，所凝练出的心血作品也就愈伟大。这“苦闷”也可证明丰子恺的哲学思想是来自“中西合璧”的，从“中”方看来，这就要牵扯到他的宗教信仰——佛教，佛教主张“众生皆苦”“苦海无边”，并且还有佛教教义“四圣谛”中的“苦谛”专门昭示世间之苦。作为佛教居士，丰子恺自然认同佛教教义；同时，作为一个慈悲的教育家和艺术家，他经历了颠沛流离，看惯了底层居民的贫苦生活，由于身份的不同转换，他敏锐的观察力与骨子里的终极关怀让他对“人生的苦闷”有着更加深刻的见解。从“西”方看，丰子恺的“人生的苦闷”直接来源于厨川白村的著作《苦闷的象征》，而要去深入了解厨川白村的思想，就不得不从弗洛伊德的“无意识”理论说起。前期，弗洛伊德用意识、前意识、无意识来概括人的心理，这也演变为后来的“本我、自我、超我”思想，“无意识”主张遵循快乐原则，追寻本能快乐，主要是“性本能”，是感性的；“意识”是其对立面，遵循现实原则，是理性的，“意识”与“无意识”之间相互矛盾，弗洛伊德认为，“无意识”中的“性本能”冲动是文艺创作产生的动因——正是由于在道德法律的约束下，“性本能”被大大抑制，只能通过文学创作去表达心中的意淫，释放自己的天性，也就是“性欲升华”。厨川白村将艺术动力不主要归结于“性本能”，他将“无意识”替换为自由奔放、追求个性的“生命力”，将“意识”替换为道德、法律约束的“社会力”，“生命力”受到“社会力”的压制产生“生的苦闷”。丰子恺曾翻译过厨川白村的《苦闷的象征》，故他的苦闷说与厨川白村的思想有着密切的关系，却依然有着丰子恺自己的思考与见解。在厨川白村那里，“生命力”和“社会力”是时代性、历史性的概念，丰子恺在阐述自己的理论时，将其“时代性”剔除，变得更加普世化，对情感的外压不再是压抑人性的社会，他变成了人生中无处不在的、“关系”的现实，便演化成如今“人生的苦闷”。所以艺术的功效便是去发泄这些“人生的苦闷”，是人生苦闷的法宝，他希望自己和他人能在艺术中得到灵魂的救赎，这也就照应了该文中“艺术教育的原理是因为艺术是人生不可少的安慰”之说，指出艺术教育的必不可少。

三、艺术教育的态度

对待艺术教育的实践态度，这是丰子恺先生最令人敬佩的方面。他不仅提出了艺术教育的理论，更为重要的是，他将其理论观念融入实际的艺术教育和教学实践之中。丰子恺在各类学校从教艺术教育实践活动，担任图画科、音乐科和艺术理论教师，时间跨度长达十五年，并且创办了中国第一所私立的艺术专科师范学校——上海专科师范学校。他可谓是看透了当时的艺术教育，虽然对世人漠视艺术的现状聊表失望，但丰子恺依旧扶中国艺术教育大厦之将倾，倾注心血去警醒国人艺术之于人，之于国家，之于社会的重要性。以艺术为本位，念念不忘，一以贯之。

“曲高和众”是丰子恺的艺术教育态度之一，受西方学者朗格、莫里斯、罗赛蒂等人的艺术教育理论和实践影响，他主张美化民众的日常生活，要求“艺术的人生”和“人生的艺术”两种论点。丰子恺认为艺术和人生是辩证统一起来并相辅相成的，艺术是为人生服务的，要真真正正走到人生里去，渗透在人生的举止投足之间。在《曲高和众》一文中，丰子恺指出：“我赞成托尔斯泰的话：‘凡最伟大的音乐、最有价值的杰作，一定广泛地被民众所理解，普遍地受民众的赞赏。’”[①] 换言之，丰子恺的艺术教育

① 丰子恺：《丰子恺文集》，浙江教育出版社、浙江文艺出版社，1992年版，第569页。

态度是面向大众的，艺术教育不应是少数人的专利，艺术本身带有“曲高”的意味让许多人望而却步，于是丰氏强调艺术创作者深入民间，提倡艺术的“大众化”和“民间化”，为此，他提出许多行之有效的建议，例如，改良生活中常见的工艺品，在保证实用性基础上加入艺术性元素；大力推广提倡口琴等价格低廉、易做易得的乐器，使本来属于高端专业人士的音乐艺术“飞入寻常百姓家”，从而达到“合众”的效果。

“大艺术科”是丰氏另一重要的艺术教育态度，“大艺术科”是指将图画、音乐这种单科形式的艺术推到更广、更深的层次上，在整个人的生活中大力实施艺术教育，“学校的艺术教育，是全般的教养，是应该融入各科的”[①]。艺术教育是很广泛的，不应局限在每周一节的音乐课和图画科，不能一科一科分开去教，这是狭隘的片面的艺术教育观，将完整的美好的东西肢解掉了，无形中消解了艺术教育的功能，故不是真正的艺术教育，艺术教育的目的不是会吹拉弹唱，这只能称为小艺术科，真正的艺术教育在于生活中的一花一木、举手投足，渗透在学生所学的所有学科，融入生活的全部，内化于心，外化于行，铭刻于骨，镕铸于血，这才是健全的艺术教育，是丰子恺所提倡的“大艺术科”。在艺术中生活，在生活里创造艺术，正如荷尔德林所言“即使生活充满劳绩，我们也要诗意地栖居”。庄子带着他的学生进到大自然中，让他们去听风吹过山谷的声音，所以我们的艺术教育不应该用课程把一个年轻的生命跟所有世界的美隔开，有一天学生会发现，他在试卷里做的圈叉，A、B、C、D 的选择，并不能解决现实中的真正问题，而带入生活中的是我们所形成的美学目光与心

---

① 余连祥：《中国现代美学名家文丛·丰子恺卷》，浙江大学出版社，2009 年版，第 48 页。

灵，换言之，是艺术的心，是美学的温度。

四、小结

在丰子恺这里，人们可以认为他缺乏系统完整的美育理论体系，也不难发现其艺术主张具有一定的局限性，过分夸大了艺术的社会功能，希望通过艺术教育建立一个乌托邦的美好世界。但这种局限性在当时的历史背景来说是难以避免并可以理解的。丰子恺的艺术教育和美育思想包含着深刻的人文主义精神和真切的现实主义关怀，体现出博学融通、高瞻远瞩的卓识与气度。他受中西方文化的启迪，在对民间艺术、传统文化和外来文化广泛消化吸收的基础上，结合自己在中国一线教育的实践，辨别出艺术教育的诸多弊端，指出艺术与科学的错误混淆，并提出“艺术绝缘说”“人生的苦闷”等思想理念，并坚持“大艺术科”“曲高和众”的艺术教育态度，为美学、为美学教育打开了一扇天窗。

在当今社会，种种不良风气也影响高校教育以及青年艺术家群体，虽然如今艺术成果颇丰，与国家倡导的真、善、美息息相关，但在高产的背后，许多作品充斥着快餐文化、消费主义的匠气，刻意求新、造作谄媚等弊端，不断侵蚀着艺术教育的初心。就此而言，丰子恺的艺术思想与教育理念如今仍不过时，并愈发鲜亮。在科学与理性占据统治地位的今天，他始终作为一个“启蒙者”的角色去审视异化了的人类和社会，追问思考人的内在价值和意义，用艺术教育去启发人们向往真正的审美人生。正如王鲁湘对丰子恺艺术的评价：“广袤的夏夜星空，两个打着灯笼的小姑娘在寻找归家的路，这也是大众寻找艺术之路，而丰先生的艺术就是这盏灯，虽微弱却坚定地照亮着前进的路……”

刘欣怡撰写

II

论美育书

吕澂

石岑吾兄左右：

前从手教具悉吾兄将致力于美育之提倡，甚盛甚盛。我国至今固未尝有美育也。普通教育之所设施，文人学者之所称说，即曰似之，亦仅能似而已，其何足道！今言提倡，先指示其正轨所在，诚有不可缓者。于此弟亦尝有其僻见；姑略述之，以供参考可乎？

曰美感教育，曰艺术教育，曰美的教育，皆今人之所谓美育也。所自为名者，虽各不同，若其归趋，宜无殊异。说者乃常偏举其义，或以应用美若艺术之规范于教学以为美育，或视教育同于艺术，而以为美育通途所遵，则又以涵养美感，若养成高尚人格为美育等。言美育而纷歧其向如此，盖俱有所未至也。今谓美育，则悬美的人生以为正鹄之教育也。微论自主观言，自客观言，或自抽象观念言，皆必无悖于启示美的人生俾之实现之旨，乃为有当。所谓美的人生者，简辞释之，由美的态度以遂人之生而已。人生之实，在于遂生，其所以遂之者，则有正有否。此正否之判，一视其接于人物若自然之态度而判，而态度之当者，又或为美或否，俾人皆知由美的态度以得遂生之正，此即美育之事也。本此义以言，吾人由美的态度必得完全遂其生，而无待于余；又美育之实行，必完全独立，而后获尽其用。聪明多蔽如今人者，初闻此说，或将据于学理，揆之事实，而疑其为诬，是亦不辨不明者，请设数难，略疏解之。或者曰：“感情美学者之释美的态度，率谓其感情为主，如 Laurila 且直谓为感情的态度；反其说者，如 Fiedler 则主感觉，Croce 则主直观，又皆排除感情，至于净尽。诸家之说，虽不一致，然人生固非可偏以感情若感觉若直观之用尽之者，则相异之说，适足证成美的态度，不能完全遂人之生，又何疑焉。”然谓是皆未知感情之所以为感情之过也。在立说者之意，讵不曰：感情亦为一种之精神活动，与感觉知觉等之为活动，曾无所异；故主张其一端者必排斥其余，而后为至。其实感情非是精神活动，而其倾向若过程样式之体验也。吾人内执自我，原无一息之间，故一精神活动之起若其遂行，莫不与此自我构成一种关系，无微或著，无纯或驳，所有体验，皆即寻常所谓感情。故无感情而可离于精神活动以起。亦无一种精神活动得离于感情者。所谓美的态度，又奚以外于是？抑其间感情之体验，实较余时为显著；然不可言即唯有感情。又所藉起，必不外于感觉若直观；然不可言即无有感情。故自其表言，美的态度，即以所体验之特殊感情曰美感者，区别于其余态度；自其实言，美的态度，乃以一种精神活动过程曰观照的表出而成立。

今且略其表而言其实。学者亦常有以美的态度为纯粹观照态度者，以为如其实际，彻其底里，以观对象，是曰观照，始于是，亦毕于是，所谓纯粹；使以是言美的态度，则其势亦不可久也，有若 Croce 之以直观为美的活动之本质，固仅许其始终于内乃得纯粹矣。然今谓观照之构成美的态度，又有待于表出，在 Croce 亦尝以构成观照对象之作用为表现，而谓其与观照不可两离，故俱止于内。今谓表出，则广于此。观照对象之所以成形，固在表出，乃至本于观照之活动，有所表白于外，亦莫不属于表出。以是，观照乃得持续以成片段，所谓美的态度为观照态度者，当以其广其久，而非徒以其纯也。Fiedler之以感觉发展为艺术活动本质，虽不免于偏颇；然窃爱其言“艺术活动，乃不绝解释自然问题，开展艺术之国士”以为有合。又Croce之限制美的活动，始终于内，虽未免于武断；然窃喜其说“艺术的直观与一般直观之别，在于量而不在于质；又概念知识，即所谓论理的第二步知识，混入直观，即行同化，而亡其本质”，以为精辟。观照虽不能尽知识之范围，然可以为其基础而用一切知识。又表出虽不能概行为之全体，然在作者以艺术制作遗其解释自然若人生之迹象，鉴赏者藉其启示而亦自得其解释，是皆足以支配其行为而有余。人之构成知识，决定行为，本所以为其生，而俱根据于内。今人恃科学概念而有之知识行为，亦仅适于机械的人生而已。使其非一成而不可变，则本美的态度以行，安见其不能完全遂行一种之人生也。

或者曰：“人类之生，重在其有社会性也；虽曰美的人生，当难异是。顾若社会学的美学家，言艺术家之于时代精神，感受最深，而皆历历反映于作品；此即艺术社会性之所存。是则美的人生而不能废社会也，亦有待于现实社会。而后可言，安在其谓完全独立乎？”此盖未知美的人生可自有其社会，与现实社会乃相悬绝也。社会之根柢，在于同情，同情必由如实理解，彻底肯定，而后纯粹。恒人利害之观念，不绝于计较；于此言有同情，皆虚伪而已矣。故从美的态度以遇人物自然，莫不一一洞彻本质，而自其生之要求，以为肯定，得起同情，而成社会现象；诚有如Gantier所言由融合生活人格，而扩大其范围，将合宇宙人类为一体，而人各致其地位于宇宙之市民者。此其造境，讵可与现实社会相较量乎？（美的人生，不可与现状的人生混同之义，弟曾为《美术发展的途径》一文，约略言之，今即不具。）至若艺术家之作品，常见其为时代精神感受之反映者，此非一感受，一反映而已也；于感受之间，乃以见一作家美的生活之展开，与一时代人生最近之距离奚若；又于反映之间，乃以见透时代精神所表著美的人生之展开奚若。自人类有其艺术活动以来，即开展其美的人生；艺术之流未尝绝，即美的人生之扩充也愈广。试寻美术史观之，亦惟见美术所表白之美的人生自有其完全意义而已。

或者又曰："人生之最高价值，非有真善美之别乎？设以美的态度为能遂生也，既遗真若善，又安得为完全？"是说盖亦有所蔽。人生最高理想之说，自希腊人言之，至于今日，文化科学家，虽因仍未尝改易，然亦非属铁案；以其造极，各不相蒙；使并尊真，善，美为最高价值，人生圆满，将谓调剂之者而后得之，于事于理，未见其可。则又何贵拘拘有此分别？尝谓由动机言，人生仅得有两种相反之趋向：其一，自生之永续要求，始乃有所谓宗教，宗教不足，又有所谓正觉；又其一，自生之扩张要求，始乃有所谓美术（此种区别之意义，亦已具释于《美术发展的途径》一文），由美术活动若美的态度以遂人生，既得尽己之性，亦得尽人之性，乃至自然一切，无不具尽其性。其为人生，未审其有不备。且也，于自他一切能尽其性，非所谓至善乎？于观照中如实以得一切无所增损，非所谓至真乎？而美的态度中，则皆有之，无待他求，又何憾其不得完至以遂生也。弟尝辟美育代宗教之说，以为不可通。盖以其昧于美术若宗教之本质也。今反复以辨由美的态度，亦得完全展开一种人生，无待于调和；亦惟无所谓调和，乃能纯正。其与宗教界畔之不可淆视，益复了然。

以是，今亦非谓人生之至，唯有美的人生，特欲解释美的人生，其实际则如彼耳。居今言教育，不离于人生，若曰教育自惟以实现美的人生为目的，其性质之为独立，固不俟言；且在思想界离乱浑浊如今日之我国，教育一端，莫由辨其趋向，应用美术科目于其间，不过等同点缀，或竟以适应于职业之说为至；乃若国立美校，亦以图案科为之先极，其思想殆将谓可以振典工艺，而致国于富也。前尝往观第二次江苏地方物品展览会，见所谓美术部中，乃累列小学校之图工制作多种，盖直视同美术商场之品物矣！（以今人思想之杂乱，于此等处，不知所以鉴别，原无足责。）又尝阅及浙之范古农君致吴梦非君一书，意谓美术在佛经谓之工巧，属无记法，若其有覆，仍非所善世。其于俗说佛说，全属昧昧；然在恒人心目中，美术之见解，孰非笼统迷谬如彼乎？以是欲于今日提倡美育，非独立设施，不受一切牵涉；不足以示其正轨。若普通教育，既未能与美育合其目的，自亦无从用美育方法于其间；所有美术科目，任其自与其教育目的相调和，正不必强蒙以美育之名，而至于非驴非马也。

弟初从事美育，颇多感触，格格于怀，每欲一吐。顾以其为学之日，苦于不给，遂终于无言。今者，闻吾兄于思潮混浊之际，独有意于美育之提倡，知必有其卓解；敢以不尽意之辞，述其所见，以备参攻。为当为否，尚幸有以教之。

十一月二十日　吕澂白

秋逸吾兄：

惠书论美育谓由美的态度以遂吾人之生，方得美育之真谛，立言可谓精审。惟细玩尊函所陈，不无过重原理忽视方法之处。夫“美的人生，可自有其社会，与现实社会相悬绝”，诚如来示所云；然由何道以入于所谓美的人生自有之社会，不得不有一种方法，此方法应即为美育。则美育实一引导现实社会入于美的社会之工具；而美育仍未能不隐寓德智体群诸育之义。诚以德智体群诸育，在现实社会中，实未可须臾离；祇以美育所寓德智体群诸育之意义深长，故悉以美育当之。美育之职责，固在使吾人达到美的人生；然在未达到美的人生以前之一切作用，亦未始非美育应有之职责。此弟“美育隐寓德智体群诸育”之说与兄“美育与德智诸育绝缘”之说所以不同也。

又兄论美育似混同美术。美术重在实质，美育重在方法。兄辟美育代宗教之说，以为不可通。弟则以为有宜辨之二点：（一）兄视美育与美术同义，故谓“自生之永续要求，始乃有所谓宗教，自生之扩张要求，始乃有所谓美术”。今假定美育义同美术，则美术固未易断定无生之永续要求，而宗教复无生之扩张要求。美术以不绝之个性表现为原则，固犹是生之永续要求也；宗教以达到宇宙的精神生活为原则，固犹是生之扩张要求也。然则谓美育绝对不可以代宗教，似尚有未然。（二）持美育代宗教之说者，其所定美育或宗教之界说，略与兄有别。其所谓宗教，乃侈言阴骘攻击异派之宗教，换言之，乃一味激刺感情之宗教；其所谓美育，乃专尚陶养感情之美育。（见《新青年》三卷六号《以美育代宗教说》）据是以论，则所谓美育或宗教者，皆卑之无甚高论，而美育确足以代宗教而有余。以美育之感化力实大于宗教之教化力故也。不知吾兄以为如何？来书所论甚详尽，今但取蓄疑者先陈之。希再教为幸。

石岑谨复十，十二，二二。

选自《教育杂志·通讯》，1922年第14卷，第1期。

导 读

吕澂（1896—1989），中国著名佛学家，也是中国近现代美学先导。他的佛学思想受到了充分的重视，但是他在20世纪现代美学初建时期对中国美学理论形态构建的贡献却一直被忽视。吕澂的美学生涯是短暂的，但是他作为中国近现代美学的拓荒者，其思想是当时美学界的主流，产生了较大的影响。吕澂的美学思想根植于中国传统审美文化，同时吸收西方先进的美学思想，他受立普斯、摩伊曼等人美学思想的影响，开启了自己的美学探索之路。他的美学包括美论、美感论和艺术论三部分，吕澂先生认为，美时刻与人相关，与审美主体相关，与“生命”一脉相连，生命、人格、感情成为吕澂美学的核心。他以“唯识”哲学为基础，利用立普斯的“移情理论”，致力于构建一种同佛学一样具有普世性的“唯识美学”，以此透视生命本质，从而实现“美的人生”。他还提出了“美的价值论”“美的形式论”“美之种类”“美的观照”“艺术论”等各种独到见解，创作了《美学概论》《美学浅说》《现代美学思潮》《色彩学纲要》等著名的美学著作，对中国美学理论具有开创性意义。

吕澂先生的美学研究生涯短暂，专门论述美育的著作更是少之又少，其美学思想和美育观融为一体。他基于立普斯的移情理论，对当时国内美育学说进行系统审视，提出了一种以人生为主旨的新型美育观。其美育观往往带有强烈的现实意义，充分肯定人生的价值和意义，如其所说“今谓美育，则悬美的人生以为正鹄之教育也”，在唯识哲学的指导下，他强调关注生命本质，遵从生命本质。他还提出“美的态度说”“艺术观”等观点，对于今天的美学研究仍具有一定的参照意义。在本篇《论美育书》中，吕澂对“美的人生”“美的态度”“艺术”进行了重点阐述。

一、“美的态度”必得完全遂其生，而无待于余

吕澂在文章开头提出，若要提倡美育必先指其正轨。他首先对美育的概念进行界定，他认为当时流行的“美感教育”“艺术教育”“美的教育”等概念虽说法不同，但殊途同归，并无差异，“盖俱有所未至也”。他将美育与“美的人生”联系在一起，提出“今谓美育，则悬美的人生以为正鹄之教育也”，那么何为美的人生？接下来，他做出了解答：“所谓美的人生者，简辞释之，由美的态度以遂人之生而已。”即用“美的态度”来面对自己的人生，顺应生命的自然样态，以此来成就“美的人生”。吕澂将“美的态度”作为实现“美的人生”的第一要义，认为以“美的态度”指导现实生活得以人生顺遂为美育的目的所在。在此他明确了自己的两个观点，并就反对的声音做出了回应。

有人认为：感情美学者 Laurila 认为“美的态度”就是感情的态度，与之相反的 Fiedler 主张感觉态度说，Croce 主张直观态度说。人生是不能单单依靠其中一种来实现的，所以恰好证明“美的态度”无法完全遂人之生。吕澂认为，这是因为没有明白“感情”到底为何物。在他们看来，感情、感觉、直观都是精神活动的一种形式，所以主张一端必会排斥其余。但其实感情并非只是一种精神活动，更倾向于一种过程样式的体验。精神活动与感情相互依存，所以感情体验中也一定包含着属于精神活动的感觉和直观。

那么何为“美的态度”？“美的态度”与“平常态度”又有

何区别？吕澂接受了立普斯的“移情说”和摩伊曼的“美的态度说”，取长补短，他说：“因为人们关于‘美’的种种活动，都从对于世界、人生的特别态度而来。这既不像理论推求的‘理论的态度’，也不像计较利害的‘实践的态度’；所以号称他做‘美的’。”[①]由此，吕澂从表、实两方面对“美的态度”进行界定：“自其表言，美的态度，即以所体验之特殊感情曰美感者，区别于其余态度；自其实言，美的态度，乃以一种精神活动过程曰观照的表出而成立。”从表层来说，美的态度是一种“美感”，是人所体验过的特殊感情。从实质来看，它是一种“观照的表出”，是把自己的情感投射到物象上的思想，是一种精神活动过程。吕澂在立普斯“移情理论”的指导下，将“美的态度”定义为一种“观照的表出”之精神活动。

在《美学概论》中，吕澂认为美的形式和感情移入只是构成美的价值的两个因素，只有加以“美的观照”才能真正体验到美的价值。他说：“美为物象之价值，盖由纯粹之感情而成立，吾人日常生活间以散漫弛缓之态度对物象，仅及接触其表面，即为现实利害等观念所牵引，而别用其注意，更不能沉潜物内，汲引其生命之源泉，纯粹之感情移入，遂亦莫由成立。故欲味得物象真正之美，势必改变其平常之态度，成美的观照而后能。”[②]在日常生活中，人们往往以现实功利、散漫弛缓的态度对待周围的事物，只能触及事物的表层而难以深入，无法接触生命的本质，感受生命的本源。所以，要改“平常态度”为“美的态度”，对物象进行“美的观照”，深入物象内层，才能体会到美的价值，体悟生命的真谛。吕澂将“美的观照”的实质概括为分离与凝结。吕澂认为，“美的态度”不仅需要“观照”，而且需要“表出”，以纯粹的态度去认识物象的本质，

① 吕澂：《美学浅说》，商务印书馆，1931年版，第21页。

② 吕澂：《美学概论》，商务印书馆，1923年版，第47—48页。

对物象进行彻底的了解，然后顺着这一活动状态展开，如果物象的生命与自己的人格相符，就会融入自己的精神活动中并呈现到现实世界中，观照对象之所以能够物象化关键就在于“表出”。因此他否定了“美的态度”为纯粹观照态度，Croce以直观为美的活动本质便只有“观照”而无“表出”。主体观照之时可以运用掌握的一切知识到物象上去，如此，表出之时便可更能呈现出种种人生行为活动。所以说“美的态度”即“观照的表出”能够完全“顺”生。

有人说，世间最高价值有真善美三种，美能实现人生，而真和善却不能够。吕澂对此进行反驳，他认为，不必拘泥于三者之间的区别，美中有真有善。吕澂反对蔡元培“美育代宗教”之说，从动机来划分，人生有两种相反趋向，生之永续与生之扩张，生之永续为宗教，生之扩张为美术。吕澂充分肯定“生”的意义，他的人生观是积极出世的，对现实采取批判的态度，现实社会中总会充满各种利害关系，会有欠缺不合理，人们在这种复杂的境况中产生矛盾困境，继而日益萎靡痛苦，无法走向“美的人生”。

吕澂在《美术发展的途径》一文中提到，美术活动比宗教活动更加顺“生”。顺“生”有两方面的要求，一方面是“归一”，一方面是“变化”。他认为宗教活动就是为人们去除生命中的不安和坎坷矛盾，依附自己的思维表象即神来寻得稳定，这是在寻求一种“归一”，但是思维表象是把握不住的，会随时发生变化，所以无法达到恒定的“归一”，又因为宗教活动希望“归一”，所以要求生命寄托在固定的形象上，这样就达不到“变化”的要求。所以宗教活动无法达到“生之扩张”的需求，宗教给人指出一条反文化、批判现实荒谬的道路，使得人生趋向合理，生存得以继续，此为生之永续。而艺术活动要求“生的扩充”，弃绝一切模糊的思维，直接把精神寄托在切实存在的物象上，艺术活动形式多种多样，可以体会到各种不同的人格感情，不但恒定“归一”，而且艺术活动丰富多彩，也满足“变化”的需求，所以符合“生之扩张”。艺术活动可以顺“生”，把艺术活动当作一种普遍的存在，以“美的态度”开展生活，更能够造就“美的人生”。

二、美育之实行，必完全独立，而获尽其用

有人认为：人类生存在世，最重要的就是人的社会性，“美的人生”也是如此。就像是现在社会中作品往往反映了艺术家对于时代精神的感受，使得文艺作品具有鲜明的社会性。他们认为这便是艺术存在于社会的意义，所以，即便是“美的人生”的实现也依赖于现实社会，他们认为美育的实行并不能完全独立。

吕澂认为，这是因为他们不知道“美的人生”有它自己专属的社会，是与现实社会隔绝的，“美的人生”和现实社会人生相差很远，并自成一个社会。艺术家的作品反映时代精神并非表面简单的反映，在此间也有艺术家“美的人生”的展开，但是由现实社会进入“美的人生”是极其困难的。吕澂写道：“艺术品为着作家（艺术家——引者注）生命的表白（表现——引者注）而作，那生命就自有他个人的组织。社会里将一切材料供给他，也莫不受他那组织的支配，另成一种形式。所以艺术品上面见得出的种种社会材料，已不是原来那样系属于社会的，却成了作家个人的。艺术品的性质当然也只是个人的。因此，艺术品的作家常常和当代的社会分离，度他孤独的生活。”[1] 他认为，社会的根本在于同情，纯粹的同情才能使作家和鉴赏者进行交通。社会分为艺术社会和一般社会，艺术社会是由“美的态度”形成的，一般社会中则充满了个人的利害观念。所以在艺术社会里，人们以“美的态度”审视人物自然才能够彻底了解生命的本质意义，产生纯粹的同情，继而顺应生活。在一般社会中，

---

① 吕澂：《美学浅说》，商务印书馆，1931 年版，第 32 页。

充斥着各种利害关系，人们所表现出来的同情都是虚伪的同情，难以分清，长此以往，就会麻木失望，丧失生活的兴趣。艺术社会里实现的是一种理想化的生活，是“美的人生”，自从人类有了艺术活动以来，“美的人生”便开始实现，艺术活动开展不绝，由艺术构成的美的社会人生也不断扩充。一般社会和艺术社会在性质上完全无法交融，所以说“美的人生”的实现不必依赖于现实社会，不可与现状的人生混同，美育的实行可以独立。

三、“艺术”实现“美的人生”

教育与人生息息相关，吕澂认为在当时的社会中单纯靠普通的智力教育无法改变枯燥的人生，需要从情意方面去陶冶，也即美育。在当时混乱的思想界，梁启超曾主张推行“趣味教育”，从而向善向美，他主张的途径便是艺术；徐朗西也认为通过对艺术的鉴赏能够使人格高尚，可以挽救现世之弊。吕澂认为这些主张“或倾向于对艺术而偏重鉴赏，或倾向依据艺术而偏重创造，不免一样的不彻底”[①]。他追求的是一种艺术化的“美的人生”，而不是单纯的艺术的鉴赏和创作。学校教育将美术作为手段，偏重于鉴赏，这样一来艺术只不过作为生活的点缀而已。因为对一些优美事物产生的快感并不是美感，真正的美感应该来自“美的态度”，一般的美育家并无法做到。对于一般的美育家而言，艺术鉴赏只是作为生活的一种调味剂，所以对于人生也无大用之处；国立美校将美术作为振兴工艺的手段，用以强国致富，偏重于创造，结果也只是造就了工艺制造的发达，对于人生情意的陶冶也没有多少改变。就如他批判欧洲人的美育所说：“他们的爱重艺术，与其说是出于情感的自然，毋宁说是充满知识的做作。与其说是适合生活的

---

① 教育杂志社编辑：《美育之原理》，商务印书馆，1925年版，第26页。

要求，无宁说流于奢侈的习惯。”[①] 艺术在他们的生活中只是一种慰藉，并没有真正作用于“美的人生”的实现，在他看来，重鉴赏或者重艺术创造的主张无法彻底实现“美的人生”。

所以他认为，如果普通教育不能和美育统一于以实现“美的人生”为目的，就不要将美育方法杂糅其间。普通教育中开展的美术课程也不必强加上美育的名头，美育的实施，应当完全独立。

此后，吕澂提出了他的美育实施方法：“第一，传播正确的艺术知识到一般人间。为着这样传播的基础学术，应当从一般美学以外更建立一种‘美育的美学’，又从向来通行的考据式、评点式的艺术史以外，更编过人们间艺术生活发展的历史，将艺术艺术家对着全人生占着个怎样的位置明白的确定出来……第二，去从事改造社会的运动……但现状的社会确和艺术人生不相容。静待着美的感化去根本推翻，像是很合论理，可奈那美的感化，先就不能成立。因此，先觉的人们间应去从事部分的改造，使艺术人生得着一片领土，就可以渐渐的推广……第三，养成实行美育的人才……却使被教育者富有艺术的创造力，且彻底了解艺术的真际，而多能投身在美育的事业里。”[②] 首先通过搞清楚美学、艺术等基础的学术知识，然后通过学校教育和社会美育进行推广和改造。

四、小结

吕澂的美育思想移植西方美育思想进行本土化，将佛学中的唯识学思想融入其中，从而形成他对美育原理较为完整的理解。他主张以美育实现“美的人生”，由“美的态度”开辟“美的人生”，以艺术充当推行美育的媒介。

---

① 教育杂志社编辑：《美育之原理》，商务印书馆，1925 年版，第 27 页。

② 教育杂志社编辑：《美育之原理》，商务印书馆，1925 年版，第 32 页。

在立普斯和摩伊曼的影响下，吕澂提出了“美的态度说”，这是吕澂非常重要的美学思想，据此他开启了自己的美学之路。他将其定义为“观照的表出”，认为将自己的生命注入物象之中，以表达对物象的感情，就是“美的态度”，也就是“审美态度”。他提到“美的态度”能够完全“顺”生，将其放在了实现“美的人生”这一任务中极为重要的位置，强调了“美的态度”的纯粹和深广。此外他认为美育的实行须得完全独立，“美的人生”与现实人生相互隔绝。“美的态度”是美学研究中一个重要的问题，吕澂在对西方美学思想的介绍中对“美的态度”进行阐释，虽然忽视了中国传统美学思想，但是对中国近代美学体系的建立所做出的贡献还是不容忽视的。

他还提到艺术在美育施行时的中介作用，认为艺术可以作为实现“美的人生”的一种手段，但完全依靠艺术却是不彻底的。当时的思想界太过杂乱，在学校开展美术课程用于简单的鉴赏或是提高工艺制作水平，只是将艺术作为枯燥人生的些许点缀，对于“美的人生”的实现并没有什么作用。在他的美育实践构想中，先学得有关艺术的理论知识，再使得民众把握生命普遍本质，实际上还只是处于一种理想化的状态。他人为地将现实社会和“美的人生”进行分离，认为美的情感陶冶无法直接改造现实社会，需得部分人先改造获得艺术人生的领土，实质上却使美育更为局限在精神方面，美育也无法直接改造现实，无法真正实施，导致理论与实践脱节。这是因为现实的实施情况更为复杂，吕澂的美育方法追求科学化、理想化，脱离具体的生活实际情况和个人体验，没有真正在实施过程中探求方法。在当代美育中，美育的实施自然也离不开艺术的媒介作用，对艺术理论知识的学习是必要的，培养人们的艺术兴趣，在实践中学习艺术更是不容忽视的一环。

齐林燕撰写

12 中学校的美育实施

吕凤子

（上）理论

美育的必要及其意义——学校教育中的美育实施——中学校中的美育实施

现在从事教育的人大都已明白了美育的必要，但它所以必要的理由却不很容易解释，这并非单为着救济知识教育的侧重而已；也非单为着矫正道德陶冶的偏失而已；更非单为着养成优雅的形式趣味而奢侈日常的生活，或者启发图案能力改良工艺而增进国民的经济。人生的极则，在于能畅然顺从人性以行，无一些屈抑沮塞，并且不妨碍余人的尽性开展其生活。这样人生只有藉艺术的力量可以启导，又只有依艺术的根本态度可以遂行。所谓美育呢，最简单概括的说，就是以艺术（此就广义而言，凡美的自然人事也包含在内）为教育，而期效果于艺术根本态度的贯彻人生。因为这一层，在知识为害、人生枯燥的今日，实施美育便觉得最为切要。

晚近二十多年以来，欧洲的美育大会已经集议了好几次，提倡美育的学者也已有了若干人。考较他们的结论看来，或者承认美育是趋向艺术的教育，或者承认是依据艺术的教育。依着前一类的见解就有美的享乐说，由后一类就有美的创作说，两说各趋极端就更有了调和的折衷说。这些固然都主张以艺术为教育，但是看得人生的途辙并不恰和艺术相合。换句话说，就是艺术和人生还只是部分的关系。所以，主张美的享乐说的像朗格（K.Lange）和栗赫特华克（A.Lichtwack）就常说，美育不是要养成艺术家，但由艺术爱好的媒介使一般人都能享乐艺术而已。他们所以特提出享乐艺术来说，盖以为艺术的意义不能从知解而得，必沉思默识方才有合于作者之心。又像莱沁（J.Leisching）就说，美育当注意教养，使人都明白如何生活并且有所享乐。另外主张美的创造说像度莱斯特奈（A. Dresdner）就说，专事陶冶艺术的鉴赏力，适成其为病的审美主义，要说美育，必须养成有创造意志和能力的国民，所以导入教育以内且为其原理的，是种创造力的艺术。又像栗赫透（J. Richter）就说，美育乃趋向创造力的教育；所谓以创造的人格相支配，这便是艺术的本质原理可利用于教育上面的。其余持折衷态度的像修马叔（A.Schmarsow）就说，受容性和创造性乃是人间精神的两个方面，所谓艺术的享乐和创作也只是精神活动上程度的差异而已，所以非有创作就无从达于艺术的境地，而美育的陶冶美的享乐，论其实际也可谓近于创作的教育。各家的主张各有其理由，似乎很不相同，但他们歧视艺术和人生两者则无不同。就像说由艺术陶冶得鉴赏能力而不欲其为艺术家，又说由艺术启发一般生活上的创造能力，不限定是艺术创作，乃至说艺术享乐和创作平等无异，这都以为艺术只属人生的一部分，并贯彻不了人生的全体。在他们心目中的艺术，原是特别的天才取用材料而构成能生美感的制作。这样说去，自然不能偏于人生全体。

但艺术的意义哪里就只如此的狭隘呢？以艺术为艺术而和一般人工品相区别，这自不单在一些形式上，必须鉴赏的人能对着它用美的态度去爱美，才算得是种艺术。还有，以作家的创作活动为艺术而和其余人事相区别，这也不单在一些制作上，必须作家能由美的态度而开展特殊的精神活动过程，而后才得是艺术。这一鉴赏、一制作，就都以美的态度才成其为艺术，要推衍这层意思说去，但依据了美的态度而接遇一切，无论是自然咧，人事咧，将没有不成功艺术作品的，而如此的精神活动更没有不好说是艺术的活动。到这里，艺术的事还不可见其涉及人生全体，而艺术的范围还不可见其同于人生的广狭吗？况且，人生的实际在在须和其他人物自然相交涉，而有了认识、道德、经济等等行事。这些事能尽他们的正常功用，先须有了彻底的了解。如果潜心体察到人物自然所以生存或存在的意义，确认了那些生存或存在的固有价值，而后详知其底蕴，这才算是真认识。又确认了那些价值，生起同情或反情而决定怎样的待遇，这才是真道德。适应那些价值而求所以为利，这才算是真经济。这里所谓彻底的了解，可就是美的态度。人生之间，纯粹的美的态度必须隔离了概念思维，屏除了利害计较，而低减意志至于不可辨认，这样的事自然是在很短的时间里遂行，也只有很短的时间里得以保其纯粹完全。但是它前后的经过固很可继续绵延，充其极量且可以一贯人生而无余。就像以美的态度接遇一切，形态迹象等接触于耳目，而生命的意义默识于内心，于是觉得那些是先得我心，好像直从我的本性自然流露呢，就会生起了纯粹的同情，或若觉得反乎人性而于我心有格格不入之势呢，就会生起了纯粹的反情。就根据这里发为种种的行事，对于一己的生存意义固然极为切要，就对于一切的生存也极切要；又对于一己的人性最是符顺，就对于一切的人性也一概是符顺。这样人生既很本然完美，并且很为普遍。艺术家的行事便是一种恰好的例子。他们主要的生活虽在于制作，但每一制作就有极远的渊源，又还有极久的影响，所以他们的精神活动实是渗入生活全体而无从分别得什么界限。推究他们如此生活的根底，不过一“美的态度”的开展而已。假使一般人也能依据美的态度，广行之日用之间，那么，就除他们的人生外没有特别制作，而他们的生活固属于艺术的生活，不在艺术家以下，由此可以简括的断定说，艺术对于人生要论其缓急呢，这是最本然且完美，就可以明白它是如何急需；要论其关涉呢，两者的范围全然一致，又可明白它是如何广泛。

现在，就本着这样意义来说美育，自然对于从前所有的议论大相径庭。什么是美育？这以艺术为教育，不但使一般人由教养而得享乐艺术便算，并且还期望他们一概成功艺术家——最广义的艺术家。还有，这不但以艺术的创造启发生活的创造而已，并且要推广艺术的创造于一切方面，使一切生活都成艺术化。本来一般人都有他们的生活艺术品，就以美的态度为他们生活的源泉，也非什么希奇难能的事。如上所说，美育的实际可就开始于艺术，也终归于艺术；以艺术的享乐和创作做方便，也就以艺术的享乐和创作为究竟。现在的教育，如果以实现完美的人生为鹄的呢，除去美育为它的骨干，又如何能得其效果？

其次，论到美育的实施，或者以具体的设计而行，或者任艺术作品和自然人事等美的自然感化而行。前一种的效果是从有意得来，属于艺术的学校教育；后一种呢，从偶然得来，而属于艺术的社会教育。实施美育对于这两种自然不可偏废。但依我国现在的美育乃至一般教育的状况而言，则于学校里所施行乃至以学校中心而施行的美育，尤其觉得切要。为什么呢？人间审美能力的显发大都须得正当的指导，而这样正当的指导先便可从学校里得着。因为人间精神能力都是以渐次而发达，关于艺术的呢，自也不能有甚例外。就像儿童的心思比较说来，自是很为纯粹，发动美感似乎也很容易。但据晚近儿童学者的研究，儿童幼时并不见有什么美的理解力，对于成人所爱好的艺术品几于全不了解。像阿尔宾氏研究儿童从七岁到十八岁所有鉴赏力的报告，就明明说儿童鉴赏图画的时候多数注意实际经验的比较，所以就有判断也纯粹属于非美的判断。另外摩伊芒（Meumann）的研究也大致相同。又像修密脱博士对于儿童审美的判断研究之结果，就说儿童直到了十四岁的时候犹少见有此种能力的自然发生，乃至在小学校里高学年的儿童，受过一些教育，于鉴赏美艺术品之时还是属目于内容的事实如何，并懂不得什么形式美。依着这些研究立论，如果放任儿童听其自然，势必难有真正美感的生起，其理甚明。但是注意的加以相当指导，所得结果就很觉不同。裴因特那氏尝用着一样的题材，描画成美恶不同的画图，给小学生徒选出他们所觉得最美观的一种，同时又给大学校的学生去选择。统计起结果看来，六岁的儿童还多喜欢色彩的鲜丽，并不问究竟美观不美观。年龄渐长，就渐能辨别形式如何才美。到了十二岁以上，他们的辨别美的能力就几乎和成人的大学生相接近。这还只是区区形式的美感方面，因受相当的教育就会如此逐渐发达。要是纯粹的艺术鉴赏关涉到作家人格、制作手段等等方面的，也加以相当的教育，自也能渐次发达以至于完全，这是很明白的。然而现今各国小学校对于这一层觉得很为漠然，所谓正当的指导不过偶然得之。就像图画，本是和艺术最有关系的一学科，教授上就应得特别注重。但最近荷伊德福特氏就美国各小学校图画教授上考查生徒能力的实际，他用了鉴赏和技艺的两个标准，制成统计的图表；那上面去示生徒技艺能力的曲线在各学校间倒很见得高低的差异，但一看到表示鉴赏能力的曲线就各校相去不远，没有甚高低的变化。这并不是各学校生徒能力已发达到很平均的程度，乃各校平日对于鉴赏方面甚为忽略，所以便成了这中庸的现象。他们看得很重的技艺，原不过形式方面的一些机械制作，至于鉴赏呢，实是解决日常会触遇的艺术问题所必须的一种能力，从艺术的方面看来，这两种的轻重自也有点分别，可是现今小学校的教授恰恰将他们颠倒了，推重技艺而轻视鉴赏。这还是就美国说，如在我国的学校教育上，那一种漫无策画敷衍了事的常态。对于什么艺术教育更为无从说起。这一层且不深论。但由学校的情形推到一般社会，就很易晓得一般没有完全受教育的人或者没有受过教育的人，他们的审美能力不能听其自然发生或发达，这正和那些儿童无甚异样。还有现今的社会教育对于艺术的价值毫不经意或者应用无方，这也恰恰同于一般小学校间的艺术科教授。所以在社会教育间的美育实施，现竟无从说起。为今之计，只有先于一般学校间用正当的指导方法启发学者美的态度，使它时时开展而能影响到一般的生活，更扩张到普通的社会。有了这点基础，再可以谈到社会教育上的美育。因此上文说现今学校里的美育乃至以学校为中心的美育，于一般美育的实施上尤觉得是紧要。现在的学校能完成这样任务，就更有好几点须得加以特别注意。

第一点，凡和美育有关的课程无论其效果是直接或间接，俱须注意使那些各尽其用。早些时，施奈钝（D.Snedden）教授对于教授艺术的鉴赏尝发表了一些议论。他以为教鉴赏的方法有直接和间接的区别——用原理的解释或制作的引导而教授都是间接的，先就实际观察而后加以批评乃是直接的——而很不满意于从来学校教授上所用间接的方法。由此可知从来学校的教授方法是如何的不胜美育之任。现在实施美育就须于直接关系艺术的学科像图画、手工、音乐等等，除注意启发学者的审美力和创作力而外，应更使学者能扩充这些能力以影响于一般生活。又与艺术能发生关系的学科像文学、体操等等，也须尽量的导入美的兴味，使能间接的助成美的辨别和创造。

第二点，学校里应有相当的设备，于无形之中能涵养学者的美感。本来审美的态度须得时时加以启迪，然后才能贯彻生活之间，所以环境的适宜与否很有影响于美育的实施。假使处身在恶浊之地，所接触的人事呢，很凌乱而无序，所见闻的自然现象呢，又荒芜而不治，人们的精神上先是跟着很不爽快，要生起怎样的美感那可更谈不到了。学校的设备和施教的关系正同于此。如其校舍庭园等布置得优雅调和，置身其间，耳目所习，不期然地心思清新，而很容易导引于美的享乐或创作。如此不必有形式上的教授，而随时随处已很得着教养的实益。

第三点，训育上当以美育贯彻其全体。从来一般学校间的训育很多侧重于德育一方面。道德究竟是否和艺术一致，这是学者间没有圆满解决的一重悬案，因之训育的目的是否和艺术符顺，也属教育家所十分地致疑。但概括地说来，美育和德育并没有什么适反。从前席勒（Schiller）就常说，依着美感前去必定嫌恶乱暴而爱好中正训和。他又说，必从美化感情很纯粹了，而后方可谈到道德，所以要升道德的堂奥不可由美的门户而入。在他的意思，由艺术养成美的趣味就是健全那判别善恶是非的良心，也就是纯洁那品性，澹除私见而增加爱他之情，又从悲歌慷慨等美而激励起青年向上的志气。从这些上看来，艺术大有益于道德，可不待多说。况且进一步说，艺术的本身就有它的道德，而美和善固有一致之点。柯亨（Cohen）说得好，对于人间的热爱乃是一切艺术的原动力，这也就是艺术家的道德性。伏尔寇脱（Volket）也尝说，艺术所以应人生的必要而存在，所以它的究竟必定洽乎道德。这些话都承认艺术和道德相一致。因为道德律其实源渊于人性，就应以人性的圆满为其极致。这自然不是屈己之性以后人才算得是善，也非屈人从己而后为善；必定顺从自己也就是顺从他人，一己本性上必然的流露发挥也就是一般人性上所应得的流露发挥，这样的造就，才可以说得至善。要推论到艺术的本质可恰是这般的。像艺术作家因纯粹人间的爱而有了艺术制作的活动，这在作家的自身固然是势所必至不可或缺，但一般人间的完全生活上又怎能离掉了人间之爱？所以艺术家用着先觉的态度由表白的材料而构成了种种特殊制作；在一般人呢，也就藉着这样制作的启导感动，发起他们本性人间之爱，流行于日常行事之间，而制作他们的人生艺术。这都是人间最高道德性之所表现。能使它表现得的呢，那只有美育。因此学校里的训育应用美育做一般的根底，以达其完全人生的鹄的。从前有一种误解，以为美育属于情育，在训育中所占的位置不过一部分，因此看得它不甚重要。这不知道情意的三分纯属旧时心理学上便利的立说，论到人生实际就浑然一体，再无从分析得知情等清清楚楚而各用各的陶冶方法。况且艺术所关系的感情，不单是和知意相对待着的感情，乃属全体生活的感情，美育所陶冶的情绪生活也就是全生活的发动力。最近萨沙罗教授发表他对于改革艺术教授的意见，以为当使艺术和学校里的一般生活在在发生关系，不可单拘拘于几种科目。又日本学者片上伸等最近也有文艺教育的提倡。这都是有见于此而然。至于近日学校大都有社会化的倾向，训育中的美育就当利用这样的倾向，使他和社会教育有两相衔接之处，而愈有遍及一般生活的效力。这像学校里有美术馆、展览会等等就属其方法的一端。还有学校里各种组织的整顿，也可使学者当作社会组织一样而协力为之。

第四点，教者对于学者应当常以人格相接触，藉此启发审美的能力且撼动一般生活的核心。从前韦伯士（E.Webes）尝将教育活动看做艺术活动，又将教育家看成艺术家，于是提倡一种教育艺术论。推究他立说的本旨，不过要应用美学的规范来改良教育方法，使它更有效用。这自然不属于纯粹的美育思想以内。但他所主张的方法呢，实有独到的价值。一般的教学法用了美的方法就容易见效，那么美育上更非此不行。况且美育的目的全在影响到生活的根底，使学者各能创作其人格观念而开展其生活。如果师生之间仅有形式的周旋，则教学的关系至于泛泛而止，所得效果自也微薄难言。所以在实施美育上，教者必常依美的态度深入学者生命之渊，用他的人格相感动，而后学者才能彻底的从自性的力量发为美的活动，其影响于一般生活之广，更不待言。以上这几点就都是现今学校实施美育时所最不可忽略的。

又于学校实施美育，其间中等学校像中学校，所处的位置和所关系的重大，都不同于他种学校，而应得特别注意。这是怎么说呢？今日的中学校因时势的需要，更改新制，一方面为各种职业的适应，一方面为一般市民的准备，更有一方面为专门学者的胚胎。所以，人生的础石可说在这里奠定，人生的指针也在这里转移；学者从此既明白如何的生活，也从此为其生活开展的发端。像最有影响于人生实际的美育，在这里是如何的重要，可不待想象而知。况且从全体的学校美育看来，学子由小学校而入初级中学，那时候精神上的变化十分的强烈。这因为他们方过去了幼年期，却又未入青年期，就成了一种特别的过渡时期。依据晚近的儿童学者对于一个时期儿童的美的判断能力研究统计，那结果是：十四岁前后的儿童截然如同两人。依皮奈氏之说，一般学童的美的判断力，很和他们所有直观范类有关。直观范类是怎样的呢？粗粗的分别，这有记述的和观察的两种；前一种以作品内容为趣味的中心，后一种更明白得形式要素的意义。现在再折衷谬尔娄尔和庞特那两人所考察的结果立说，在十岁以前的学童多属于记述范类，到十一岁那数目上的比例还有百分之七十一，到十二岁还有百分之五十六，直到了十三岁以上才仅有百分之三十。反之观察范类一方面，在九岁的学童这才偶一见之，到十二岁时逐渐增加，那数目的比例是百分之三十，到了十三岁以上乃增高到百分之七十。又从儿童画的研究上看来，从八九岁的光景，儿童方喜画形象画，十岁到十二岁达于极盛，但一到了十三岁以上乃骤然衰退，而能由本能的制作移向合理的创作。以上两层，不过从通常教育并没十分注意到美育的结果略为统计，而中小学的学生美的判断和创作能力是如何的变化发达，已大可见其一斑。要谈到真正的美育，当然也须适应这样情况，而以此为一大转移之点。因此无妨断定的说，现在实施美育是以学校教育里的实施为最切要，而学校教育里的实施呢，又以中学校的实施比较的为尤切要。

（下）方法

实施美育的根本条件——艺术的学科教授的大要——关系艺术的学科教授的大要——课外研究的大概——训育的要旨——设备的大概——实施的组织

这几年来我国的教育思潮变动得很激烈，那实际的紊乱现象遂一齐表见于外而不可掩。就单说美育的一方面，应说宣传的还好算是不乏其人，但在实际的施行可说毫无影响。现在一般学校间的图画手工等可称为艺术科目的教授可还不是个敷衍？训育上原可导入美育的，可还不是用骸骨的道德为准则？乃至一切设备但须整理清洁便可涵养不少美感的，可还不是杂乱简陋在在生人不快之感？要说到扩充美育的范围使它影响到学校教育的一切方面，那更非在现在学校里所得见。因此提倡美育的实施最为急务，提供有具体计画的实施提倡尤见其急。现在就根据这层理由拟议了具体的计画，以为现今中学校实施美育的参考。这计画得先有几种根本条件，便是下面的五项：

其一，认一般教育当以美育为其骨干，学校的美育于现今一般美育的实施上最为急务，而中学校的美育于其间尤有重大的关系。

其二，因为完成中学校的美育，于教学的方面须尽量改革艺术学科的教法，使能直接养成学生的美的态度，渐由美的享乐、创作，而进于美的人生观；又须尽量联络能和艺术发生关系的学科教授，务使多有发展美的态度之机会，且保持全校教授上面的统一。

其三，对于训育方面，须以美的陶冶为主，而随时加以指导。又须使学生协力以养成美的趣味、实践道德，以至于有纯粹的品性和健全的人格。

其四，因教学训育所必需，对于设备方面，务求其不违背美的原理，时时处处都能给教学者以便利，且于无形之间能涵养美感。

其五，任教授和训育者务期其能用极真实的态度而由人格的力量感动学生。

依着这五项实施美育，其范围广泛就须涉及以下各种方面：

（甲）教学方面

（子）艺术的学科　（一）图画　（二）手工　（三）音乐

（丑）关系艺术的学科　（一）文学　（二）体操　（三）博物　（四）历史　（五）地理　（六）其他

（寅）课外研究

（乙）训育方面

（子）一般训育

（丑）特别训育

（丙）设备方面

（子）特殊的建筑　（一）美术馆　（二）陈列室（展

览会场等即用此） （三）特殊教室 （四）研究室 （五）礼堂

（丑）一般的建筑 （一）教室 （二）自修室宿舍等 （三）庭园 （四）其他

（寅）特殊的用物 （一）制服 （二）校旗及校徽 （三）其他徽章及集会会场的发饰等

（卯）一般的用物 （一）器具 （二）一切文件 （三）其他

以上各种方面自然是有其相互的关系，但其中教授和训育两者相关更切，现在且略为一图，以表示其直接联络之处。

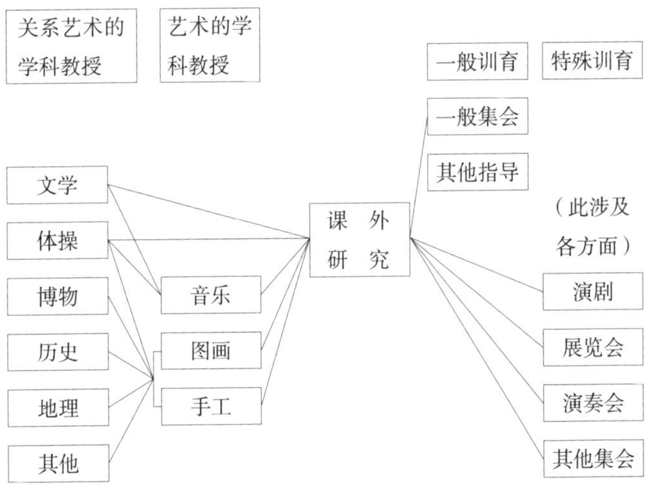

关于各方面的实施方法，在这短篇里很难叙述详尽，现在且提举其概要如次。

第一 艺术的学科教授的大要

甲 图画和手工

（一）依着学生精神发达的状况，应用适当的教材，使学生都能自己锐敏观察，发达爱好的感情而乐为制作；如是开展他们从直观至于表白的精神过程。凡模仿、虚伪、机械等等弊病都须注意除尽。

（二）从制作上的观察，推广学生的审美力于较易鉴赏的艺术品和一切的自然，而触动他们对于人间和自然之爱美。

（三）在实地练习的时候逐渐导入理论的知识，且广为应用于各方面。

（四）注意运用记忆，融合考案，使学生渐有个性的自由发表能力。

（五）就依鉴赏和创作渐使学生能构成美的态度，并使这样态度有影响于他们生活的其他方面。

（六）保持两种学科教授上的联络。

（七）于教室中为相当的设备，以助其教授。

（八）利用美术馆、陈列室的艺术品和工艺品，使学生有鉴赏参考的资料。

（九）对于课外研究和其他学科的教授法联络。

乙　音乐科

（一）由教授、练习，逐渐使学生有鉴赏音乐和歌曲趣味的能力。

（二）于教授中导入相当的理论知识，以助成学生的鉴赏。

（三）使学生由其活动感情发为歌唱，而能自由表白其本具的音乐性。（这里所谓音乐性，系从林特氏之说，指人生内面潜在的调和韵律和发动的心情而言）。

（四）从音乐的感动逐渐使学生易于构成美的态度，且影响于一般生活，能有序而调和。

（五）对于其他学科教授设法联络，且增高学生对于文学的兴趣。

（六）应用音乐于学校的各种，又以课外研究演奏会等助成教授的效果。

第二　关系艺术的学科教授的大要

甲　文学（中国文和外国文，就其关系美育者言之，以下并同）

（一）适应学生精神发达的程度，加入文学的教材，启发他们对于文艺鉴赏的趣味。这于形式美以外更须注重情趣方面。

（二）由文艺的爱好涵养学生的美感，使能改正卑劣的趣味，不为变态的文艺作品所影响。

（三）养成能用美文歌曲自由表白感情的能力，而发扬生活上的活动力。

（四）应用书法的美术，以涵养美感。

（五）和音乐等科及课外研究相联络。

乙　体操

（一）调和发育精神和精神的两方面，并且发挥人体美及运动美。

（二）注意运动时正当的态度，没有坏影响及于美的趣味。

（三）使学生都能心知运动之美而爱运动。

（四）养成学生坚毅实行个性的精神。

（五）和音乐等科相联络，并利用表白人体美、运动美的美术品以与艺术科联络。

丙　其他学科

（一）教授中多用说明画和美术的直观教材。

（二）于历史等科可导入文学的趣味，又得人格的陶冶，且和美术史的知识相联络。

（三）于博物等科导入人体美、自然美的鉴赏，又增高学生对于生活的感情。

（四）应用各科的美的要素于训育方面。

第三　课外研究的大概

这里所谓课外研究，且以关于艺术的各学科为限。这由教员和训育主任的指导而组织。所研究的成绩可随时从种种集会发表，并由指导者加以相当的批评，又注意到对于训育方面发生的效果。至于研究的种类且定为以下各种：

（一）艺术理论　（二）国画　（三）西画　（四）图案　（五）雕刻　（六）国乐　（七）西乐　（八）工艺美术　（九）中国文艺　（十）西洋文艺　（十一）戏剧　（十二）美术摄影　（十三）书法　（十四）演讲

第四　训育的要旨

甲　一般训育

（一）人格的陶冶应以美的陶冶为依据。

（二）一切道德应使学者心知其美而实践之。

（三）注意指导以下各方面的美德：

（子）品性之美（生活感的增高、个性的正当发展、爱他等）。

（丑）仪容之美（整齐、调和、活泼、合律等）。

（寅）言语之美（清晰、合理、优雅等）。

（卯）其他生活事实上之美（协同动作、适当交际等）。

（四）训育以随时指导为主，遇必要时可集会以行之。

乙　特殊训育

（一）关于日常间的美的鉴赏批评之指导和说明。

（二）关于艺术的各种集会定期行之。

（子）美术展览会　陈列学生的制作或校外作家的制作，或以一定目的征集外间作品或工艺品展览之。

（丑）演奏会　以学生音乐研究的表演为主，或联合外间团体行之，又于学校纪念及一般集会时行之。

（寅）演戏　大旨同上。

（卯）艺术讲演会　此由学校延请校内外学者行之，或由学生自行发表其研究。

第五　设备的大概

甲　关于特殊建筑的

（一）艺术的学科应有特殊教室的设备。（其详另见）

（二）设美术馆，陈列以下各物：

（子）古美术品

（丑）地方的美术品

（寅）现代一般美术品

（卯）工艺品（以上四项，皆兼实物和印刷品而言）

（辰）说明画及参考品

（巳）其他

（三）设陈列室，陈列教师和学生的制作。

（四）于学校图书馆中特辟文艺的一部。

（五）设研究室，供课外研究之用，并须有相当的设备。

（六）礼堂应有庄严、整齐的装饰。

乙　关于一般建筑的

（一）利用自然环境的配置。

（二）力求清洁、整齐及调和。

（三）室内、室外利用壁色和光线的配合。

（四）室内利用美术品的装饰。

（五）器具布置的调和。

丙　关于特殊用物的

（一）制服的形式美观且一律。

（二）校旗、校徽的形式美观，且应用适当。

（三）其他装饰应有美观的图案。

丁　关于一般用物的

（一）器具形式的整洁调和。

（二）印刷等件形式的清洁美观。

（三）其他。

依着以上的《纲要》施行起来，自应先有个主持的总机关，现在且定为一种定期的美育会议。此由校长、教务主任、科任教员、训育主任等组织之。于此会议研究美育的原理和方法，议决学校施行美育的计画，以及对于施行状况的指导改正等事。稍详细些的说则：（一）现代文艺思潮和教育思潮对于美育的关系；（二）现代美育的新设施；（三）学生生理和心理两方面发育状况对于美育的关系；（四）美育和家庭社会教育上之联络；（五）学校美育的推广等等；均须于此会议加以研究。

又（一）学校各方面美育实施的详细计画；（二）教授和训育联络的方法；（三）学校美育和家庭社会教育联络的方法；（四）对于实施上的矫正；（五）对于实施上的统计审查等等；皆须对此会议议决。

议决事项除由各方面教职员实行以外，教务主任、训育主任等并负随时指导之责。又学生有自治会之组织时，亦须负一部分的责任。由此在一个中学校里实施美育时，大体的组织有如下图：

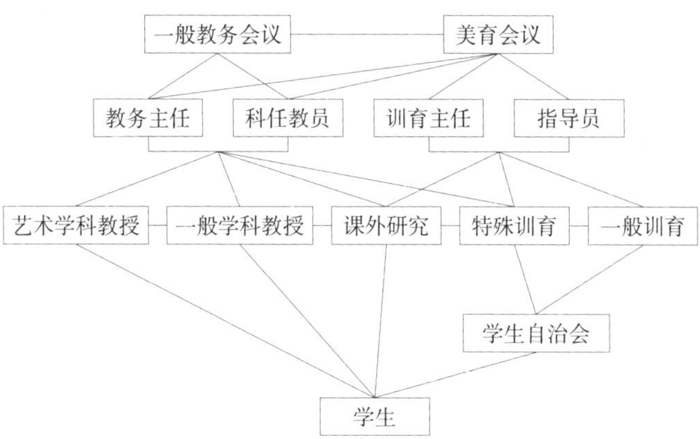

以上所拟议的方法固然不甚详备，还恐有实际窒碍难行之处。但不久，江苏省立第六中学校可以依据这样的拟议，计画实行。究竟方法上有何种应改正之处，又其效果如何，当另为叙述、报告。本文就结束于此。

选自《教育杂志》，1923年第15卷，第5期。

导读

吕凤子（1886—1959），中国现代著名美术家、教育家。他活跃于20世纪初到50年代末的中国艺术教育、职业教育和美术创作的殿堂之上，他兴办学校，倡导美感教育，对中国美术和教育的发展做出了重要贡献。用他自己的话说："终身做了三件事，画画、教书、办学校。"吕凤子具有深厚的中西文化基础，不仅受到中国传统文化的长久熏陶，而且深入系统学习西方文化观，受到康德、鲍姆嘉通等哲学家的影响，对心理学、生物学、美学、哲学都有所涉猎，创造性吸收西方文化，并与中国传统文化相结合，形成了自己独特的美育思想。他的美育思想与人生有着密切关系，他提出了"完人"美育理念，认为教育的目的是育人，正如他所说："所以从事人间教育者，他的目的应该永久是，创造人间文化，获得人类福利。即永谋发见生力变幻无尽之原则，而使社会生活趋相合焉。"[①]他长期从事学校教育，希望以美育促进学生人生的发展和社会的和谐，具有鲜明的实践倾向和现实意义。

吕凤子的美育著作不是很多，但其美育思想在当时极具特色，

① 吕去病主编：《吕凤子文集》，天津人民美术出版社，2005年版，第69页。

不仅有深刻的理论内涵，而且直接与教育实践相关联，在其办学过程中直接运用于教学实践。受佛教文化的影响，他在美育活动中提出了“还人为人”的教育理念。另外他提出了无为而育、破执祛私、穷异成异、穷己成己、人生制作（即艺术制作）的美育观念。他把重心放在美育实践上，力图通过美育实践振兴中华，救亡图存。他认为完人美育思想最重要的就是立人，使人能够自我发现、自我鉴赏、自我实现。他的美育思想对当今和谐社会的发展和素质教育的实行具有重要的借鉴意义，对于今天推行美育建设仍具有深刻的启发。在《中学校的美育实施》一文中，吕凤子从理论和实践两个层面阐述了中学校实施美育的重要性和必要性，具体提出了中学校实施美育的基本要求和具体措施。

一、美育的必要及其意义

在文章开头，吕凤子认为美育的目的并不单单在于救济知识教育、矫正道德陶冶的偏失、养成奢侈日常生活或者是增进国民经济，他认为美育是为人生的，“所谓美育呢，最简单概括的说，就是以艺术（此就广义而言，凡美的自然人事也包含在内）为教育，而期效果于艺术根本态度的贯彻人生”，美育的最终目的在于使个人人生得以顺遂进行。蔡元培曾说：“美育者，应用美学之理论于教育，以陶养感情为目的者也。”[①] 他认为美育最先是人格教育，应该致力于塑造健全的人格，也带有以人为本的实践色彩。他们的美育思想都带有强烈的人文关怀，在局势动荡之时美育救国显得尤为切要。

吕凤子对世界各国就美育与艺术关系的态度进行了总结，大致分为三种：第一种是美育是趋向艺术的教育，据此提出了美的

① 蔡元培：《蔡元培美学文选》，北京大学出版社，1983 年版，第 96 页。

享乐说。根据朗格、利赫特华克以及莱沁的说法，他们认为美育就是通过艺术这一媒介使人懂得如何享乐生活。由美的享乐说可以联系到艺术起源的“游戏说”，以康德、席勒、斯宾塞等为代表所提出的“游戏说”，是关于艺术（或者说文明）起源的重要学说之一，“游戏说”认为艺术是“自由的游戏”，它强调人类的精神自由和自我解放。美的享乐说认为美育并没有功利的目的，并不是要把人培养成艺术家，只是希望美育通过艺术能使人学会享乐生活，获得自我的释放，这样看来两者具有相通性。第二种认为美育是依据艺术的教育，提出美的创造说，像是度莱斯特奈认为美育不能只是让人们陶冶情趣，更应该是通过艺术提高国民的创造能力，他曾在20世纪初提出了艺术教育应以“作为创造力的艺术”为原理的主张。美的创造说与艺术起源的“劳动说”具有相通之处。毕歇尔、希尔恩、普列汉诺夫等人提出了“劳动说”，认为艺术起源于劳动，是为了满足劳动的需要而产生，劳动可以带来物质的满足，使人意识到自身创造的力量，是一种带有很强的功利性的物质活动。美的创造说认为美育不能只是培养陶冶艺术的鉴赏力，更重要的是培养具有创造力的国民，才能够通过美育实现国家的发展，也具有强烈的目的性。第三种持中立态度，比如修马叔就认为艺术的享乐和创作只是精神活动程度上的差异而已，享乐中有创造，创造中有享乐，两者不必划清界限。无论是哪种观点，都认为艺术与人生并不等同，艺术只属于人生的一部分。

接下来吕凤子对以上观点进行了反驳，并提出了自己的见解。他觉得前人之所以认为艺术不能等同于人生是因为对艺术的理解出现了偏差，“在他们心目中的艺术，原是特别的天才取用材料而构成能生美感的制作”，这样自然不同于全部的人生。但是吕凤子认为无论是自然、人事还是精神活动，只要是根据“美的态度”接遇，就能够称其为艺术。人生处处都以根据“美的态度”进行，那么就都是艺术，艺术也便等同于全部的人生。那么在人生的实际中，何为“美的态度”呢？这里所谓彻底的了解，就是“美的态度”。体察人物自然存在意义的真认识、确认意义之后产生的待遇行为的真道德、适应价值而求利的真经济便是彻底的了解，也便是人生中以“美的态度”所进行的行为。他用艺术家行事的例子指出，艺术家的生活在于制作，制作几乎渗透他们全部的人生，而他们的艺术制作又是以“美的态度”进行的，所以说他们的人生也是依“美的态度”开展的。推及普通人也是如此，他们的人生便是一种制作，所以艺术对人生极为重要，艺术与人生的范围完全一致。据此，吕凤子认为美育可以通过艺术使得人们享乐生活并且激发生活的创造，使一切生活艺术化，通过美育实现完美的人生。

二、中学校美育实施的重要性及注意点

吕凤子认为美育的实施由艺术的学校教育和艺术的社会教育共同组成，学校教育是根据具体设计进行的有意行为，社会教育是无意的自然感化。他认为审美能力的展现需要给予正确的引导，而且当时的中国教育处于水深火热之中，所以通过学校教育来实现美育显得更为可行。这里他通过关于儿童审美理解力的研究进行例证，无论是阿尔宾氏的研究、摩伊芒的研究还是修密脱博士的研究，都表明如果不给儿童以审美能力的引导，很难建立正确的审美判断。他又列举裴因特那氏关于美恶图画的实验，证明十二岁以上的儿童相比六岁的儿童更能够辨别形式美而不只是色彩美。依照皮奈氏之说，中学生美的判断和创作能力较之于小学生有了很大的超越，如此，吕凤子认为中学校的教育更为重要。他认为荷伊德福特氏就美国各小学校图画教授上考查生徒能力的

结果只能证明各学校总体鉴赏能力趋于平庸，小学校更应该注重鉴赏能力的培养而不是技艺，鉴赏才能够解决实际生活中遇到的问题。当下美育的社会教育根本无从谈起，只有通过学校的正确引导培养学生“美的态度”，影响到一般生活再扩展到普通社会。

之后，吕凤子提出了学校美育实施应注意的几点：第一，凡是与美育有关的课程都应该充分利用。直接关系艺术的学科如图画、手工、音乐等应该启发学习者创造力并对其人生产生影响，与艺术有间接关系的学科如文学、体操等也应该尽量导入美的兴味。第二，学校应该有充足的设备造就良好的美育环境，这样更有利于引导美的享乐与创作。吕凤子一生办学教学，他提倡以美育陶冶人，使学生在和谐美好的环境中全面发展。他参与学校建筑环境设计，为学生创造良好的学习环境。吕凤子的学生陶吟籁曾感慨道：“没想到凤先生的学校这么漂亮，我太高兴了，就像做梦一样，我想一辈子住在这里。”[①] 只有环境清爽优美才有精神进行学习教学。第三，训育应当以美育贯穿全体，要处理好德育和美育之间的关系，德育和美育并不冲突，但一般学校习惯以德育为主，但实际上美育贯穿在德育之中，应以美育进行教学。吕凤子列举了席勒、柯亨、伏尔寇脱的观点，认为道德是与艺术相一致的，艺术的制作过程必定符合道德的要求，而艺术又是以“美的态度”进行的，所以美育贯穿于道德之中。一般人由“美的态度”制作人生艺术，是人间最高道德性的表现，所以说学校的训育当以美育贯穿。他说：“离开美的教育，从事道德教育，结果是没有不失败的。”[②] 第四，学校教学活动中教育者应当以

① 朱亮：《吕凤子传》，南京出版社，1992 年版，第 112 页。

② 吕凤子：《吕凤子文集校释》，徐铭校释，江苏人民大学出版社，2008 年版，第 291 页。

人格的力量感化学习者，师生之间的关系要和谐、友爱，教育者应以“美的态度”实施教学活动。吕凤子坚持践行爱与美的教育主张，把“仁”作为最高的道德标准，通过师生人格力量的交流使人向善。

三、实施美育的根本条件及范围

由于民国时期教育思潮的剧烈变动，美育实施的状况并不乐观。虽然美育宣传并不落后，但是学校的艺术科目近乎摆设，训育还是以道德为准则，教学设备也是杂乱简陋，因此美育的实施缺乏必要的条件。在此吕凤子列出了五种对策：其一，一般学校教育应以美育贯穿其中，且以中学校的美育实施最为重要。其二，要改革艺术学科的教授方法，使课程能够直接培养学生“美的态度”和美的人生观。美育课程要为学生提供美的经验，培养学生的兴趣和创造力，有关艺术的学科也要尽量引入美。其三，训育方面应当以美的陶冶为主，提高学生美的鉴赏能力，进而培育学生健全的人格。其四，要有足够的教育设备，创造良好的教育环境，构建良好的学习氛围，便利的教育设备便利教育者工作，教学才能够有效地进行。其五，教育者与学生真诚相交，应以人格的力量感动学生，良好的师生关系才能使美育实施效果更为显著。

吕凤子对美育实施的范围进行了划分，先粗分为教学方面、训育方面和设备方面三大类，进而在每一类中再进行细分，将教学方面分为艺术的学科、关系艺术的学科和课外研究，训育方面分为一般训育和特别训育，设备方面则分为特殊建筑、一般建筑、特殊用物和一般用物。他认为这三方面中教学与训育关系更为密切，课外研究是美育实施的重要一环，无论是艺术的学科、关系艺术的学科还是训育都要落脚到课外研究上，这样才能够提高美育实施的效果。

四、实施方法

（一）艺术的学科

图画和手工课程应该选择适合学生发展阶段的教材，培养学生的观察能力和动手能力，激发学生的热情，通过图画和手工呈现自己内心的想法、表达自己的感情，使学生在课程中成为真实的自己。要将理论知识与图画手工课相结合，通过理论对学生进行恰当引导。吕凤子尤其注意各学科之间的联系，在课程中使学生逐渐形成“美的态度”，并对其生活产生一定的影响。音乐课程中要注重学生理论知识的建构，这样有利于学生音乐鉴赏能力的提高。学生的演唱应根据自己的感情活动而发，由此才能生成“美的态度”，达到美育目的，通过课外研究应该巩固音乐课程的教授效果。

（二）关系艺术的学科

文学教材的选择要适应学生发展阶段，要有较高的情趣，使学生摒弃恶俗的文艺作品，通过有较高文学价值的作品培养文艺鉴赏水平。体操课程要端正学生对待运动的态度，展现运动美，培养学生的毅力和信心。

（三）课外研究、训育、设备

课外研究分为艺术理论、国画、西画、图案、雕刻、国乐、西乐、工艺美术、中国文艺、西洋文艺、戏剧、美术摄影、书法、演讲十四部分，无论是何种学科的教授都应该与课外研究结合，巩固教学效果。一般训育中人格应进行美的陶冶，指导培养品性、言语、仪容的美德。学校中置办足够种类的设备，以满足教学的需要，包括有关学科的各类教室、美术馆、工艺品、器具、服饰、自然环境的布置等，这样才能够营造和谐的氛围，保障教学实施。

吕凤子认为以上美育办法的实施需要定期的美育会议对美育实施的各种事项进行探讨、决议，教务主任、科任教员、训育主任、指导员都应对各方面的美育实施负责，训育经由学生自治会进行管理。不但要有可行的美育实施方法，还要有完整的管理负责体系才能更具保障性。

五、小结

吕凤子一生致力于教育事业的发展，以美育促发展是他毕生所求。他的美育思想融合了中国传统儒释道文化和西方先进的文化观念，提出了人生制作即艺术制作、完人美育等美育思想，主张通过艺术达到美育对人生的促进作用。他所设定的中学校美育实施的方法对今天学校素质教育的实行和学生人格的培养仍然具有一定的借鉴意义。

吕凤子在谈及训育当以美育贯穿其中时，辩证看待感情与理性、情感与理智的关系，理性地对待德育与美育的关系。他看重美育但也没有完全摒弃德育，他推崇以美育贯穿其中是因为美育是直接作用于人性的，以感性为作用途径，其作用范围是广阔的，方法是直接的，能够以更好的效果持续地激发道德本源。而道德是理性的，方法固定，在实行效果上要逊色一些。他认为德育与美育相互对立但也不可分割，提倡德育美育并重，以美育优先，这种观点对当今学校的治理也有参考意义。

在具体的实施方法中，吕凤子强调各学科之间的联系，指出各学科在教学过程中应该相互渗透，共同发展，这样才能培养出全面发展的学生，对学生的长久发展更为有利。这种通专结合的美育教学观至今仍不过时。

齐林燕撰写

13

美感教育思想

舒新城

一、背景

美育在世界教育史上本来是一位后进，在中国新教育史上更是后进。光绪二十九年的新教育制度，对于日本学校的种种方法，大概都抄得很全备，而独不及美育。学制系统未建立以前的学校，固然是为着方言、军备等教育思想所支配，为达特殊的目的而设立，其不注意美育，自然是题中应有之义。二十八年张百熙奏订学堂章程，除了高小与中学为着实用起见而有图画科目外，寻常小学、蒙学堂亦无图画；美育的要项的音乐则各级学校概无之，二十九年的改订章程，中学与高等小学有图画科，其目的与前次无异，高小但书可加手工，初小但书可加图画、手工，师范学堂与中学同，音乐仍全部无之。学校有图画、音乐科虽不能说一定实施美育，但此二者究为艺术科目，设置之亦尚有美育的基础。两次学堂章程，竟对此不加注意，当时国人对于美育的漠视——甚且无此观念——可以概见。而光绪三十四年二月使日大臣请发音乐学生官费，学部覆谓："音乐……学校虽系文部直辖，惟核其所修之学业尚非中国今日最急之务，嗣后亦可不必改给官费"[1]之言，更是一种显明的证据。

---

① 《学部奏咨辑要》初编。

光绪三十三年正月学部奏订女子师范学堂章程，课程有图画、音乐两科，其图画教授教旨中有“在使精密观察实物能肖其形象神情，兼养成其尚美之心性”；音乐教授教旨中有“在使感发其心志，涵养其德性”之言，始略具美育意味，壬寅、癸卯两次公布的学制系统均未言及美育，此次单独奏订女子师范学堂章程而具美育意味者，是因为初次改行新教育制度的目的，在籍学校以行新政，与政治无直接关系的美育当然不在他们底注意范围之内；而女子教育在当时则视为与国计民生无关的东西，其功能仅在于有妻相夫，有母训子，所以讲讲美育也可。

严格讲来，清代的新教育并无所谓美育。

美感教育的倡议，要以民国元年为始，首倡者为蔡元培。蔡为浙江绍兴人，清末即投身民党而努力于教育事业，光绪三十一年因上海之图谋不遂，乃去德国入莱比锡大学习哲学、心理、美学，而尤深感于德国的美育设施；且其根本思想倾重于世界主义，以美能破人我之见，故极力提倡美感教育。中国十余年来的美感教育思想，实以他为唯一的中坚人物。

二、变迁

民国改元，在政治上既然发生数千年未有之奇变，教育亦从而受其影响。光绪三十二年学部公布之忠君、尊孔、尚公、尚武、尚实五项宗旨，前二项固然与政体及信教自由的约法有抵触，后三项虽亦为当时所需要，但其对象均以现实世界为限，而教育之目的，不应专以现实世界之改善为止境，更须进而提倡实体观念，所以尚公、尚武、尚实的教育绝不是完备的教育，蔡元培根据其世界主义的根本思想，与其在德国所感的美育印象，而从哲学上立论以提倡美感教育说：

虽然人不能有生而无死。现世之幸福，临死而消灭。人而仅仅以临死消灭之幸福为鹄的，则所谓人生者有何等价值乎？国不能有存而无亡，世界不能有成而无毁，全国之民，全世界之人类，世世相传，以此不能不消灭之幸福为鹄的，则所谓国民若人类者，有何等价值乎？且如是，则就一人而言之，杀身成仁也，舍生取义也，舍己为群也，有何等意义乎？就一社会而言之，与我以自由乎，否则与我以死，争一民族之自由，不至沥全民族最后之一滴血而已，不至全国为一大塚不已，有何等意义乎？且人既无以死生破利害之观念，则必无冒险之精神，无远大之计划，见小利，急近功，则又能保其不为失节堕行身败名裂之人乎？谚曰：当局者迷，旁观者清。非有出世间之思想者，不能善处世间事，吾人即仅仅以现世幸福为鹄的，犹不可无超轶现世之观念，况鹄的不止于此者乎？

这是论人类的生存虽然只以现实世界为限，而其最终之鹄的，则常超越于现实世界，故教育不当以现实世界为限，也不当专顾实体世界而不问现实世界；因为前者是政治家底事情，而后者为宗教家底希翼，所以他说：

以现世幸福为鹄的者，政治家也，教育家则否，盖世界二方面，如一纸之有表里：一为现象，一为实体。现象世界之事，为政治，故以造成现世幸福为鹄的；实体世界之事，为宗教，故以摆脱现世幸福为作用。而教育者则立于现象世界，而有事于实体世界者也。故以实体世界之观念，为其究竟之大目的，而以现象世界之幸福，为其达于实体观念之作用。

教育家虽然有事实体世界，但其根据点仍然在于现实世界，故绝不能如宗教家底以摆脱现世幸福为目的，仍须于努力现世幸福之中求提撕实体观念。所以他又说：

> 然则教育家何以不结合于宗教，而必以现象世界之幸福为作用？曰：世固有厌世派之宗教，若哲学以提撕实体世界之故，而排斥现象世界。因以现象世界之文明，为罪恶之源，而一切排斥之者。吾以为不然，现象、实体仅一世界之两方面，非截然为互相冲突之两世界。吾人之感觉既托于现象世界，则所谓实体者，即在现象之中，而必非灭乙而后生甲。其现象世界间，所以为实体世界之障碍物者不外二种意识：一、人我之差别；二、幸福之营求是也。人以自卫力不平等而生强弱，人以自存力不平等而生贫富。有强弱贫富，而彼我差别之见起。弱者贫者，苦于幸福之不足，而营求之意识起。有人我则于现象中有种种之界画，而与实体违。有营求则当其未遂，为无已之苦痛，及其既遂，为过量之要索，循环于现象之中，而与实体隔。能剂其平，则肉体之享受，纯任自然，而意识界之营求泯，人我之见亦化。合现象世界各别之意识为浑同，而得与实体吻合焉。故现世幸福，为不幸福之人类到达于实体世界之一种作用，盖无可疑者。军国民、实利两主义，所以补自卫自存力之不足。道德教育，则所以使之互相卫互相存，皆所以泯营求而忘人我者也。由是而进以提撕实体观念之教育。

上面几段议论虽然是说明政治、教育与宗教的区别为目的，然而立论的精到实是一部最有价值的教育哲学，不独民国以前之言新教育者无人道及，即降至今日亦无人道及；这种现象自然足以表现中国教育者底浅薄，而其根本原因则在于为外国教育所产生的结果所震骇而追蹑，始终不曾用过思想去体认教育的性质。所以他这些议论，不是提倡美感教育的几段冒语，实是近代中国教育哲学上一种创见。

他更进而论提撕实体观念的方法说：

提撕实体观念之方法如何？曰消极方面，使对于现象世界，无厌弃而亦无执著；积极方面，使对于实体世界，非常渴慕而渐近于领悟，循思想自由言论自由之公例，不以一流派之哲学、一宗门之教义梏其心，而惟时时悬一无方体，无始终之世界观以为鹄。如是之教育，吾无以名之，名之曰世界观教育。

这种世界观教育之鹄的，惟有美感教育才可以达到，盖人生常为小己所役，一切事功均以自利为前提。——利国福民亦自利之大者耳——惟美感能使人超利害，忘人我，跻世界于大同。故极力提倡美感教育，说：

虽然，世界观教育，非可以旦旦而聒之也。且其与现象世界之关系，又非可以枯槁单简之言说袭而取之也，然则何道之由？曰美感之教育。美感者，合美丽与尊严而言之，介乎现象世界与实体世界之间，而为津梁。此为康德所创造，而嗣后哲学家未有反对之者也。在现象世界，凡人皆有爱恶惊惧喜怒悲乐之情，随离合生死祸福利害之现象而流转。至美术则即以此等现象为资料，而能使对之者，自美感以外，一无杂念。例如采莲煮豆，饮食之事也；而一入诗歌，则别成兴趣。火山赤舌，大风破舟，可骇可怖之景也；而一入图画，则转堪展玩。是则对于现象世界，无厌弃而亦无执著也。既脱离一切现象相对之感情，而为浑然之美感，则即所谓与造物为友，而已接触于实体世界之观念矣。故教育家欲由现象世界而引以到达于实体世界之观念，不可不用美感之教育。[1]

---

① 《对于新教育方针之意见》,《蔡子民先生言行录》第一册，页189以下。

他底提倡美育系根据他底人生哲学及教育哲学而来，立论固然很精当，而且常常为之不断的提倡。民国六年，他在北京神州学会讲演，并扩充到教育底范围以外，而主张以美育代宗教。他从历史上说明人类精神上的知识意志感情三作用，在昔皆附丽于宗教之中，后因科学昌明，前二者均脱离宗教而独立，现在宗教所最有密切关系者唯有感情作用，即所谓美感是。但宗教常因宗派问题发生争端，常使“美育之附丽于宗教者，常受宗教之累，失其陶养之作用，而转以激刺感情……鉴激刺感情之弊而专尚陶养感情之术，则莫如舍宗教而易以纯粹之美育：纯粹之美育，所以陶养吾人之感情，使有高尚纯洁之习惯，而使人我之见，利己损人之思念以渐消沮者也。”

美育可否代宗教，虽然在理论上与事实上都属未决的问题，但他提出此义而竭力申明其可能，则他对于美育功效的重视可以想见。他在《我之欧战观》一文中，更极力尊崇美术底功用，说：

> 然则法德两国不甚信仰宗教，而一般人民何以有道德心，此即美术之作用。大凡生物之行动无不由于意志，意志不能离知识与情感而单独进行。凡道德之关系功利者伴乎知识，恃有科学之作用；而道德之超越功利者，伴乎感情，恃有美术之作用。[①]

美感是超越功利的，无论何时都得提倡，若不用美术的教育，结果便会发生狭隘自私的毛病。所以他于民国八年新文化运动正在当位的时候，大声疾呼要讲文化运动的不要忘了美育，说：

① 《蔡孑民先生言行录》，页53。

……文化不是简单，是复杂的，运动不要空谈，是要实行的；要透彻复杂的真相，应研究科学。要鼓励实行的兴会，应利用美术。……不是用美术的教育，提起一种超越利害的兴趣，融合一种划分人我的僻见，保持一种永久和平的心境，单单凭那个性的冲动，环境的刺激，投入文化运动的潮流，恐不免有下列三种的流弊：（1）看得很明白，责备他人也很周密，但是到了自己实行的机会，给小小的利害绊住，不能不牺牲主义；（2）借了很好的主义作护身符，放纵卑劣的欲望；到劣迹败露了，叫反对党把他底污点，影射到神圣的主义上，增了发展的阻力；（3）想用简单的方法，短少的时间，达他底极端的主义；经了几次挫折，就觉得没有希望，发起厌世观，甚且自杀。①

他虽然极力提倡美育，但一般教育者却视其议论为东风过耳，不加注意。民国十年八月刘伯明（经庶）在南京高师教育研究会讲演美育，详论美育底价值与中国不重视美育的缺点，他底主张始得同调。刘说：

美育之属于教育，与德、智、体三育同，不可有所轻重也。德、智二育一趋于意，一趋于知，美育则偏于感情。意也，知也，情也，皆人类精神现象之要素，互相作用，无所轩轾于其间。然今之谈教育者，多偏重德、智二育，弃美育于不顾，此实一大缺点。

刘以西洋哲学史见长，从历史上说明美育进展的历程，而评功利主义的教育之不当，说：

① 《蔡孑民先生言行录》，页 273—274。

今之言教育者每轻美育，视为太狭，一切以生活为准，此盖受进化论竞存思想之影响也。英人斯宾塞，大教育家也，其完全生活中专言对于环境之关系而不及美，视美为闲暇之消遣，此亦受进化论之影响者。杜威虽言改造经验，然亦不言美，恒言主动之驾驭而轻被动之欣赏；若此时哲学正值戎马倥偬之秋，欣赏非此时所能计也。美人最重效率，以为人生最大目的，有瀑布于此，彼必计其马力，用以转动轮计。吾国人最重享受可以之补美人之偏；而美国人之所有者亦可以补吾国人之偏也。

民国十一年李石岑主编上海商务印书馆发刊的《教育杂志》，更以提倡美育为唯一的职志（宣言中虽曾以体育与美育并举，但系因人太不注重体育而然，据他底解释，体育亦伏于美育之中），并于该志 14 卷第 1 号发表《美育之原理》一文，表示其对于美育之意见。他首论美育的功用，说：

德、智、体三育，何以未足于吾人以最后之满足？欲答是问，宜先问德、智、体三育与人生之关系若何？盖教育之第一义，即在诱导人生使之向于精神发展之途以进；而德、智、体三育所以完此职责者，能达至若何程度，此不能不问也。夫教育之原始的形式，本即为德育与体育；学剑学礼，同时并进，而祖先之风习、情操、法律、道德赖以维持。……自社会之分化发达，知识的教化之范围日广，而德育之势始稍杀。盖知识的教化，所以启示人生者，远驾于德育之上，则德育不足以敌智育也明甚。唯智育以授与知识与技能为主旨，其有裨于人生之实用也固甚大，然究足以导吾人于生命向上之途与否，仍属疑问。至于体育，虽为人生所必需；若仅以强健体格为唯一之天职，此外并不附以精神上之意义，则此昂昂七尺躯，只成为宇宙之赘疣，而何生命向上之足云？

故十八世纪，中于德育过甚之弊而不脱传袭的思想；十九世纪，中于智育过甚之弊，而招弗罗伯尔一类之自然主义的悲哀；二十世纪初头，中于体育过甚之弊，而有前此之军国主义的欧洲大战。最近教育界觉悟之结果，知德、智、体三育偏重固不足以予人生之满足，即并重亦难语于精神之发扬，而不得不着眼于人类之本然性。至所以启示人类之本然性而导之表现者，则美育也。

又论美育之性质，说：

德、智、体三育，如用之不当，则或足阻人类之本然性使不得展舒；甚或锢蔽之，斫丧之，故古典教育、注入教育、军国民教育生焉。德、智、体三育所以陷于斯弊者，亦非无故。德育与美育，适立于相反之地位：德育为现实的，规范的；美育为直觉的，浪漫的。德育重外的经验，美育重内的经验。德育重群体之认识，美育重个体之认识。德育具凝滞阻碍的倾向，美育具活泼渗透的倾向。又智育与美育，亦立于相反之地位：智育重客观的；美育重主观的。智育重普遍的；美育重个性的。智育重抽象的，美育重具体的。智育重思考的，美育重内观的。德、智二育，虽各有其领域，而于人类本然性之发展，自远不如美育所与机会之多。至于体育，则本属美育之范围，更无所谓领域。体育原期身体之美的发达，所谓人体美之陶冶，亦即希腊教育之中心思想。人但骛于体育在增高体位，遂忘其本义，而去精神向上之途乃愈远。故德、智、体三育，对于人类本然性之发展，皆不能无缺憾，换言之，对于人生，皆不能予以最后之满足，此美育之提倡，所以非得已也。

关于美育底价值，他已经阐发无遗；就其所见，美育底内涵最富，可以括一切教育，故于此文之结论上说：

美育者发端于美的刺激，大成于美的人生，中经德、智、体、群诸育以达美的人生之路。

据他底意见，德、智、体、群各种教育，都是美育中应有的事，而美育底目的即在于创造美的人生，陈义本然很广，而且未及设施的方案，所以该志本号末尾吕澂《论美育书》虽然对于美育的解释与他底意见相合，但在方法上则主张独立设施。吕说：

……欲于今日提倡美育，非独立设施，不受一切牵涉，不足以示其正轨。若普通教育既未能与美育合其目的，自亦无从用美育方法于其间，所有美术科目，任其自与其教育目的相调和，正不必强蒙以美育之名，而至于非骡非马也。

自蔡元培于《新教育方针之意见》一文提出美育的主张而后，言美育者对于美育的解释虽有差异，但对于实施上都主张附丽于普通教育之中；而且都极重美育或以之涵盖教育全体的目标。或以主义特重的教育目标。自吕澂底通讯发表，在美育设施上有独立与附丽之分，而以美育为特重或涵盖教育全体的目标，亦有人发生疑问。首提出此项问题而加以分析者为孟宪承。他于《所谓美育与群育》中说：

美的教育有二义：第一特殊的“独立设施”的一种教育目标，第二普通教育中一种目标。如吕澂先生说的“悬美的人生以为正鹄之教育……必完全独立而后获尽其用”，我看就指第一义说的。李石岑先生说“美育之力隐隐代德、智、体三育而有之”，是指第二义说的。……至于教育者所谓"美的教育"多指第二义。

此为分析美育设施有独立与附丽之别。他又说：

主张把"美育"作为统罩的或过重的教育目标，我看持有下列两项理由：（一）"美育"给我们精神最后之满足，而教育第一义，即在诱导人生使之向于精神发展之途以进；（二）"美育"给我们道德上一种涵养和感化，如蔡先生说的，"纯粹之美育，所以陶养吾人之感情，使有高尚纯洁之习惯，而使人我之见，利己损人之思念渐渐消沮"。

否认美育为统罩或过重的教育目标的人，对于以上两点，先有疑问。第一，在现在的时代，社会讲教育，是否以精神发展为惟一正鹄？第二，"美只为美"的运动，原在使艺术中不搀杂理知和道德分素；所以艺术家，也尽多非科学非道德的。美情涵养，是否必常有道德的效果？他们所以否认这教育观的理由有三：（一）这目标是主观的。吾人生活于此自然美人类美艺术美之中，实不能一刹那间不受美之刺激，但是人生环境的刺激，不限于美；对于美的刺激的反应，也人各不同。成年人感受的美，儿童未必同样感受，艺术家欣会的美，凡眼未必能同样欣会。这样主观的一个东西，不能作为教育全体客观的主标。（二）这目标是畸形的。人生活动，职业的居了大半。美育是种暇逸教育（Education for Leisure），不能概括教育的全部。（三）单提这目标，是不合现在中国的时代和社会的需要。西洋美育论，是实利主义过盛的危言，是文明过于机械化的反响。若现在的中国，资财但见消亡，生计濒于破裂，教育家若不肯忘情于社会，也该快设法用教育来改造物质的环境，图谋物质的乐利了。教育家眼看着可怜的中国人，祷祝他们能"希求兴趣之人生"，却不由得垂涕而道的向他们说：

你们快先努力正大之人生，是要紧呵！[①]

因此他以为“任举一种目标，要概括教育全部总有些牵强”，而主张照美国史奈钝（Snedden）底意见，将美育放在文化教育之中。他这种议论，很能确切规定美育底限度，而美感在教育上的地位也由哲学的而入于科学的。他作此文，原是有感于《教育杂志》上李、吕两人底议论而发，虽然在实际上不曾发生什么影响，但在理论上却已进步不少。

以上都是些关于美育的原理，具体的实施方法以蔡元培与吕澂两人所论为最详。蔡于民国十一年六月《教育杂志》上发表《美育实施的方法》一文，根据他以美育为教育上最重要的目标的见解，详述家庭、学校、社会三方面的设施方法，其大要如下：

家庭的美育方法——第一步是美的胎教：有孕的女人入胎教院，胎教院底地方、建筑、设备均须有优美的采色，使孕妇完全在和平活泼的空气里面过生活，不使各种不良的刺激影响及孕妇而间接及于胎儿；第二为家庭美育：孕妇养儿以后，变迁到公共育婴院，院中设备力求美化，院内成人底语言动作须有适当的音调与态度，以为儿童模范，衣饰也要一种优美的表示。

学校的美育方法——幼稚园有舞蹈、唱歌、手工等美育专课，不用枯燥的算法与语法；中小学有音乐、图画、运动、文学等科目，中学时代更须选取悲壮滑稽的著作；中小学之其他一切学科也都要随时利用其与美感有关系的资料，以陶养学生底美感。大学则设美术专科如音乐、美术（包含建筑、雕刻、图画三科）、戏剧、文学等；就是其他非美育专科的学校底建筑式、陈列品都要合乎

① 《新教育》，第4卷第5期。

美育的条件，更可时时举行辩论会、音乐会、成绩展览会、各种纪念会来普及美育。

社会的美育方法——首从专设的美育机关起，如美术馆、美术展览会、音乐会、剧院、影戏馆、历史博物馆、古物陈列所、人类博物馆、博物学陈列所与植物园动物园；次为地方的美化，如道路、建筑、公园、名胜、古迹、公坟，均须含有美育的观感。

这种设施的方法，虽然范围很广，但并不是乌托邦的幻想，最大部分都是欧美文明国已有设施。

吕澂于民国十二年五月《教育杂志》上发表《中学校的美育实施》一文，专论学校中的美育设施，他先立定五种根本条件如下①：

其一，认一般教育当以美育为其骨干，学校的美育于现今一般美育的实施上最为急务，而中学校的美育于其间尤有重大的关系。

其二，因为完成中学校的美育，于教学的方面须酌量改革艺术科的教法，使能直接养成学生底美的态度，渐由美的享乐、创作而进于美的人生观；又须尽量联络能和艺术发生关系的学科教授，务使多有美的态度之机会，且保持全校教授上面的统一。

其三，对于训育方面须以美的陶冶为主，而随时加以指导；又须使学生以协力养成美的趣味，实践道德，以至于有纯粹的品性和健全的人格。

其四，因教学训育所必需，对于设备方面务求不违背美的原理，时时处处都能给教学者以便利，且于无形之间，能涵养美感。

---

① 此处并非吕澂的观点和文章，而是吕凤子的观点和文章，舒新城在此有误。——编者注

其五，任教授和训育者务期其能利用极真实的态度而由人格的力量感动学生。

因此，美育所涉及的方面很广，而训育与教授的关系尤深，他曾作一图示之如下：

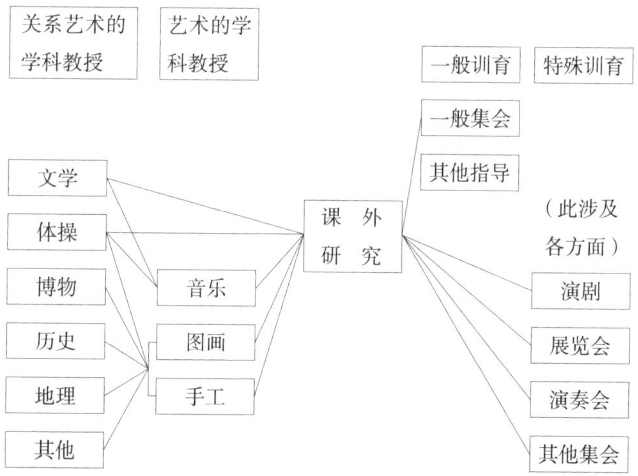

美育实施应有一种主持的总机关由校长、教职员等组织之，定名曰美育会议，议决关于实施的方案与研究美育原理。此会议决之案件全体人员均须负责，其组织之上关系如下图：

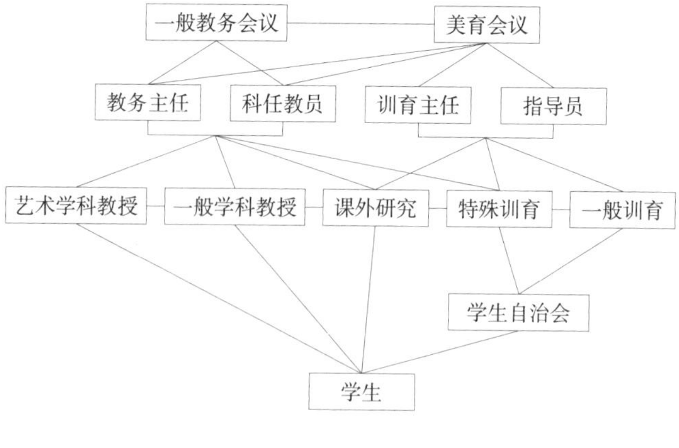

他这种计划虽说只限于中学，但学校美育实施的方法与原则都详备无遗，十余年来言学校全般之美育设施方法者，实以他此文为独到。

自民国十一年以后，在全国教育界历史最长，销路最大的《教育杂志》既以提倡美育为唯一的职志，于是该杂志常有关于美育的文章发表，教育界因他种思潮的激荡（后详）与该杂志主持者之提倡，遂蔚成一种思潮，十一年而后，集合全国教育界人士于一炉的中华教育改进社年会都有美育组，每次均有提案若干。虽然该会每次都只在集合若干教育者为蜂哄的讨论，而不注意于实际的设施，但十一年以后，美感教育思想发展的情形，却可于其提案之言论中见之。

自十一年至十四年的四年间，教育改进社年会关于美育之提案二十件，通过者十六件，其思想的倾向可别为三大类：第一类为普及：即于普通教育中尽量推行美感教育，于一般社会上设置美术馆及多开美术展览会等，如十一年之《欲求美育普及宜设美术院案》，十二年之《各省应设美术品陈列馆案》，十三年之《各省设立美术馆案》，十一年之《清政府增设国立美术展览会案》，十四年之《举办全国美术展览会案》等是。第二类为应用，即使美术应用于实际生活及各种工艺上，如十一年《专门美育以造就专门人材增进美的制造以供国民之赏鉴为目的案》之第二项办法，主张工业学校增加美学及美术科目为通习必修科，十二年之《高级中学每省至少起首有美术或美术工艺两校逐年增设一二校案》，十三年之《高级中学必设艺术科案》等。第三类为存古，即设立机关保存中国固有之艺术品，如十年之《欲求美育普及宜设美术院案》，十四年之《组织中华古美术品调查委员会案》，请《山西省政府保护大同云国石佛寺案》等是。

美育何以要普及？他们说：

今日中国青年之道德日趋于卑下，志趋日流于龌龊之境者，盖无高尚纯洁之美育为之涵养，为之引导故也。[1]

……美术之为物能涵养国民思想，使之高尚：尝见学生在校求学之时，其日常生活尚有秩序，其思想亦颇正当，一旦离校，则多至堕落，此何故乎？盖社会缺乏美术之设备以助其精神发达故耳。若吾人游西人之都市或入其公共场所及官衙学校议院等处，惟觉其地之优美，使卑鄙之志顿减，非地能穆人之性也。盖其建筑及大小器物均含有美术性质：美术之为物，岂可轻视之哉！[2]

今日学者常说美术代替宗教，实则美育普及，则迷信自破，无所谓宗教，自无所用其为替代也。[3]

美育何以要应用？他们说：

美术非工业不能宣传，工业非美术不能发达。[4]

社会、家庭、建筑、制造、服饰、消遣，各方面无不应用美术。[5]

以言职业，则法之绘画，德之版印，皆足以利及民生者；以言重要，则为社会精神之所击，尤为急务……艺术之足以维系社会，大有利于社会也，职业之重要者也。[6]

他们对于保存中国固有艺术品的意见说：

---

① 《新教育》第五卷，页514。

② 《新教育》第五卷，页520。

③ 《新教育》第五卷，页518。

④ 《新教育》第五卷，页518。

⑤ 《新教育》第七卷，页271。

⑥ 《新教育》第九卷，页598。

我国美术发达，自古迄今，班班可考。固由国民性质使然，亦由于提倡有人，故成绩因可表见。古者帝王崇尚美术，或搜集名迹，或辟画院，延揽奖励美术家种种办法；帝王提倡于上，一般之社会承风于下，势力雄厚，人材蔚起，今日得睹古迹美术上之有荣光者，皆由于尔时提倡奖励之功之所赐也。比者百年以来，国家多故，此风几于湮没，巨匠名手稀如晨星，识者为之兴叹，而外国人之考求东方美术者，无不慨想古昔之甚况，古迹之足珍。而近世以来，此风消沉，不独不能发展，且有不能保存之势，为可惜也。欧美各国，对于美术，极意尊重美术人材，极力奖励美术馆、画院等，国家不惜巨资，经营设备，吾国人之游历彼邦者，莫不艳羡称道之。且吾国古迹美术品，亦代为之保存，而吾国固有之文物，反弁髦视之，致使国民不能自数家珍，不知美术为何物，无乃太昧乎！[①]

三、影响

从实用主义的教育家看来，美育是饥不可食，寒不能衣的东西，虽然理论上有些人提倡，实际是不会发生大影响的。但从民国十余年的往迹看来，美育在教育实际上的影响并不亚于其他各种教育思想，甚或过之。兹先胪列几件最显明的事实，再推论其所以较大的影响的原因。

民国教育制度是由清末的现行教育制度递嬗而来，即各校课程亦多与清末所订者无大出入。惟有普通教育中之艺术课程则有很大的差异。在科目上，清末之中小学固无音乐一门，即图画亦系为应用而设。民国初元公布之中学令施行细则，均有音乐、手工、

① 《新教育》第九卷，页 514—515。

图画的美育科目，而且均以美感为目的。《国民学校令施行细则》之教则说：

> 手工要旨在使儿童制作简易物品，养成勤劳之习惯，审美之兴趣；……图画要旨在使儿童观察物体，具描写之技能，兼以养其美感；……唱歌要旨在使儿童唱平易歌曲以涵养美感，陶冶德性。

关于艺术科目的课程时间，在国民学校中约达全体八分之一，高等小学约达七分之一，中学约达十分之一，较之清末普通教育中除女子师范外，艺术科目只有以应用为目的之图画一科，而其时间不及二十分之一者，在数量上已发展不少。

十一年新学制公布以后，全国教育联合会拟订的中小学课程纲要，小学艺术课程达全体百分之十八（合音乐），中学约百分之八，在小学的数量已大增加，中学校的艺术也以美育与应用为对立的目的。

这是美感教育思想在普通教育中所发生的影响。在特殊设施上，上海的美术专门学校成立于民国初元，该校毕业之男女学生出而至各省设立美术学校者为数不少，北京亦于民国七年，由国家设立美术学校，十一年七月并改为美术专门学校，在学制系统上另辟一新领域；而七年二月教育部并准于直辖学校教员出洋研究者二十四名外，留额四名选派学习美术音乐等科，十六年国民政府，之大学院设美术院、音乐院，教育行政者对于美术之重视于此可以见之。至社会上对于美育的观感，在五四以前虽无特别的赞赏，但亦无人反对。五四而后则已蔚为一种思潮，各地美术学校，固多相继设立，对于美术的观念也和从前不同：就是昔日所认为最不合体的模特儿（Model）亦在各美术学校中任人写作；虽然顽旧的当局也曾有所干涉，但终因社会上一般思潮之转移而莫如之何。这是美感教育思想在美育独立设施及社会上所生之影响。

中国改行新教育之动机原在变法图强，故清末的教育思想，均不能超越现实世界底藩篱，而民国初元经蔡元培底提倡美育，竟在实际上发生较大的影响，其原因约有三端：第一，是美育本身的功能。美感教育原以提倡无人我、超利害为旨归，美的性质也就是无人我，超实利的；惟其如此，所以无论怎样提倡，在实际上都不会如军国民主义的教育那样易于引起争端，因而不甚为人斤斤较量。思想之与此相合者固然乐得赞同，不合者亦因无利害冲突而不必为急剧的反对，所以十余年来，此种思想能不断地顺利进行。第二，是政治的助力。蔡元培虽然以提倡美育为其终身事业中一件大事，但在民国元年的时候他却是一位负全国教育重责的教育总长，他底言论的势力，固然要因其地位上的关系而与他人不同，他的地位也足以实现其主张。所以他底理论能于民国初元在普通教育中实现一部分。十六年任国民政府大学院长更特设美术院、音乐院以实现其主张。第三，是时代思潮的激荡。蔡元培十余年来常有提倡美育的文章发表，但在五四以前，社会上竟少反应。自经李石岑在《教育杂志》上提倡以后，美育思想遂普及于一般教育界，李石岑底提倡与《教育杂志》的发行力固然很有关系，而五四后的大同思潮却有更重大的关系。因为五四运动而后，中国的旧文化固然发生重新估价的问题，而清末以来的功利主义的教育更不足以敌欧战后的国际思潮，于是外国的种种思想，也因固有思想的解放与新思想的要求而输入。美的教育一经提倡，便沛然盈溢于一般教育者之脑中，而普及于一般社会。倘若没有五四运动作背景，《教育杂志》之倡导，纵不如蔡氏在民国八年以前所得的结果，也绝不会蔓衍得如此之快。

根据此三种原因，所以饥不可食、寒不能衣的美感教育思想，竟能在教育实际上绵延地发生些较大的影响。

美感教育思想固曾发生了影响，而且不如其他的教育思想有什么“负”影响，倡美感教育的人，似乎当知所止了。可是照着提倡者底本意，以无人我、超利害为美育的职能，则美感教育在现代中国的教育上也可以说是毫无影响；因为无论在个人方面，或在社会方面，都不轻易看得见这种功效，而且民德反有日趋卑劣的现象；就是社会上具体的美的设备，也未见得有若何改进。所以若有人问现在还当提倡美育吗？我敢举就丽底一首新诗为答：[①]

头痛医头，脚痛医脚；
慢说现时美育用不着！
中国全身都在疼痛中，
美育也是治一部分的灵药。
你说是“衣食足然后礼义兴”，
美育不能当饭吃，当衣着，
然而多少饱食暖衣的大人先生们，
“坐于涂炭”而不知龌龊！
都由美感太疲麻，
人生蹙蹙无可乐；
又何怪日长无事的太太们，
怀着胎儿又麻雀！
唉！可怜的人生呀，头痛医头，脚痛医脚，
谁说美育现时用不着！

选自舒新城编《近代中国教育思想史》，中华书局，1929年版。

① 见《教育杂志》，14卷6号。

导读

舒新城（1893—1960），是我国近代教育史上的著名教育家，也是教育史、辞书编纂、出版等领域的杰出学者。他以对教育的极大热忱，积极参与到挽救民族危亡、倡导教育救国、寻求教育出路的新教育运动浪潮中。在教学方面，舒新城呼吁对现有学制及课程结构实行改革，在19世纪20年代开创了道尔顿体系教学实验，并根据中国国情进行了有效合理的改造，依此制中尊重学生个性和注重社会生活为基础的“自由”与“合作”精神来创造“适合国情的新制度”[1]。

然而，在思想变革、教育资源严重不足的社会背景下，道尔顿制试行改革最终以失败告终。1925年，“新教育”改革运动的大潮逐渐退去，曾为时代弄潮儿的舒新城和诸多教育改革者一样，并未停下探索中国教育改革方向、寻求改变教育现状途径的脚步。寻求中国教育改革的出路，需要了解当下中国教育的真实情况，有必要从教育理论体系的角度对以往的教育历史进行总结和反思。因此，舒新城将研究方向转入近代中国教育史，以此作为解决现实教育问题的一种途径，这一转向，体现了舒新城作为学者的严谨治学态度及作为教育家的高度社会责任感，深刻表明他从对“新

① 舒新城：《什么是道尔顿制》，《教育杂志》，1922年第11期。

教育”改革运动的反思，自觉地深入到整个近代教育体系之中。

本篇《美感教育思想》即选自舒新城的《近代中国教育思想史》一书。文中，舒新城站在教育家的立场上，用历史进化的观念，阐述美感教育思想的背景、变迁与影响。他立足于客观事实，梳理中国美感教育思想的起源与变迁，较为清晰地呈现出 20 世纪早期中国审美和艺术教育的发展脉络，提出了自己关于美感教育的部分创见。与此同时，舒新城从美育的角度反思整个教育体系存在的诸多问题，不仅为中国教育改造之路指明了方向，也为当下如火如荼的教育改革提供了一些启示。

一、背景

“美育在世界教育史上本来是一位后进，在中国新教育史上更是后进。”文章伊始，舒新城便立足中国，放眼世界，旗帜鲜明地指出美育在教育史中所处的后进地位。纵观西方美学、美育思想发展史，鲍姆嘉通于 1750 年出版《美学》一书，标志着美学作为一门独立学科的诞生；1795 年，德国古典美学代表人物席勒发表《美育书简》，首次提出“美育”这一概念，并对美育的性质、意义、任务、特点等做了系统阐述。在《美育书简》中，席勒针对现代化进程中所发生的文化危机，本着造就感性和理性完美统一人格的理想，提出了划时代的美育理论，美育形成了相对独立的理论体系。从西方教育史的角度看，相较于哲学、政治学、伦理学等学科，美育的出现的确称得上是“后进”了。

中国重视审美的传统，自古有之，而论及近代美育，则要从 19 世纪末 20 世纪初谈起。清末民初，由于挽救国家危亡的迫切需要，教育兴国成为中国知识界的普遍共识，像康有为在《请开学校折》中呼吁，“今其害大见矣，不可不亟设学以育成之矣”，请求学西方、定学制、立学校、育人才，新式学校教育运动如火如荼地开展起来，对于教育应培养什么样的人，近代学者也在反思中探索。王国维在《论教育之宗旨》中提出，教育的宗旨在于使人于身体、精神两方面为“完全之人物”，蔡元培也提出“五育并举”的教育方针，其中军国民主义、实利主义、德育主义隶属于政治之教育，世界观、美育主义二者为超轶政治之教育，此五者不可偏废，宜全面发展。

与全面发展的教育宗旨相对应，近代教育学主张分科、分级的教育方案，并广泛借鉴外来的学制系统。光绪二十九年的新教育制度，大体仿照日本教育体制所制定，唯独美育因与救亡图存、自强求富的教育目标相去甚远，故遭到忽略。随后学堂章程的修订，渐渐加入图画、音乐科，仍服务于实用的目的，且极不受重视。从政治家到教育决策者，国人对于美育所呈的漠视态度可以观之。直至光绪三十三年正月学部奏订女子师范学堂章程，图画和音乐两科才有了略微明确的教旨，即“精密观察实物能肖其形象神情”“感发其心志”，同时附上“养成其尚美之心性”“涵养其德性”的德育目标。由此观之，彼时图画、音乐两科受到关注，归根结底是因其作为美育，能涵养德性，服务于德育，与现实政治存在直接关系。

舒新城能够敏锐地洞察出，“严格讲来，清代的新教育并无所谓美育”，可谓一针见血。晚清新教育学习西方分科、分级的教育方案，将西方教育教学系统移植到中国，皆带有实用性的倾向，而美育因其无功利性，在彼时受到忽视，确有现实依据。此后，无论是泛泛地主张将音乐、美术、文学列为学校教科，还是后来以艺术、文学教育国民，新教育实行的“所谓美育”，许多教育理论家所倡导的美育，都是将美育作为改造社会的一种途径，并非现代性意义的“独立之美育”。周玲荪在《新文化运动和美育》中就谈到，“倘使借他的力量来帮助我们的改革，那是定可得到事半功倍的效果。”[1]他所看中的是美育对于改造社会的积极意义。事实上，新教育改革者们提出“美育救国”的教育方案确有其历史必然性，对于处于内忧外患、民生凋敝、道德危机的社会转型期的教育家们而言，诊断社会之痼疾，继而“对症下药”，可谓刻不容缓。而舒新城的可贵之处便在于，他从教育者的角度出发，立于时代而不囿于现实，他清楚地明白国人现在急需疗救，但并不慌乱“投医”，寻求迅捷的疗法，而是将目光着眼于教育的最终目的——培养完整的人，以实现疾病的根除。

此篇《美感教育思想》，正是舒新城以教育哲学为出发点论述美育的一篇文章，他对新教育中美感教育的强功利性做出批判，强调独立之美育对于培养完整的人的重要性，印证了他的教育观。实际上，对于教育应该培养什么样的人，怎样培养人，也是现代教育者始终在思考的问题。如何处理应试教育与素质教育的矛盾，如何培养出德智体美劳全面发展的个体，如何合理发挥德育、智育、体育、美育等课程的效用……如今，我们拥有了比一百年前更加雄厚的经济实力、文化实力、教育实力，但激烈的国际竞争却不逊于往日，人才的竞争尤为突出，父母望子成龙，社会对人才亦有所期待，压力之下，教育的功利主义倾向依然存在。百年之前的舒新城能不受功利主义之风的影响，清楚地认识到美育对于人的生存与发展的特殊价值，并在此基础上确立美育不可替代的重要地位，前瞻性极强。其教育思想对于今天处于现代化进程中的中国理论界和全面推进素质教育的中国教育界而言，有极大的启示意义。

① 俞玉滋、张援：《中国近现代美育论文选（1840—1949）》，上海教育出版社，2011年版，第63页。

二、变迁

1912 年 9 月 2 日，教育部公布教育宗旨："注重道德教育，以实利教育、军国民教育辅之，更以美感教育完成其道德。"首次将美感教育纳入教育宗旨的行列。至此，美育作为中国新教育史上的"后进"，终于开启了它的百年发展之旅。美育被纳入教育宗旨，并受到越来越广泛的关注，与时为教育总长的蔡元培所提出的倡议密不可分。

蔡元培认为，教育"立于现象世界，而有事于实体世界"，教育家应该突破对现实世界幸福之追求，通过世界观和美感教育陶冶人的情操，培养人的超轶现实世界之观念，最终使人达到"绝对自由"的实体世界。作为教育家的舒新城，透过蔡元培的美育思想，挖掘其中隐含的深刻的教育哲学——教育，以人自身的生存和发展为最根本目的，以人性、人格的完满为最高理想。而只有通过美育，才能陶养人的情感，使意志和行动超越现实世界中的利益纷争与个体差异，进入自由的实体世界，实现人性的完整。

在西方教育史上，从古希腊时期提出的"身心既善且美"的和谐发展教育理想，到人文主义者及 17—18 世纪启蒙思想家所提倡的自由发展、和谐发展，全面发展教育的思想源远流长，致力于让每一个人的个性与才能都得到充分发挥以培养完整的人。培养出完整的人后，个人依据个性和才能选择适合自己的道路，科技、人文、实业等各个领域都会有人才涌现，像近代中国这样实用人才缺乏的问题自然可以迎刃而解了。新教育的倡导者只看到了外国教育产生的结果，却不曾深刻体认其原因，只汲汲于培养实用人才以解决燃眉之急，却忽视了人的完整性。试想，培养出实用人才解决了实业领域问题后，以后若是科技、文化、思想等方面出现弊病，又该怎样疗救？"头痛医头，脚痛医脚"终究不是解决问题的根本之法，唯有培养完整的人，才能造就完整的社会。这正是近代中国学习西方教育的空缺之处，也是蔡元培有关教育见解的深刻之处，故舒新城称蔡元培关于美感教育的见解，“实是近代中国教育哲学上一种创见”，充分体现了舒新城作为教育家的独特慧眼。

舒新城所倡导的美育，不仅仅是狭义的“美的教育”，而是适应不同的个性，呈现为丰富多样的形态的美育。在他看来，“惟美感能使人超利害，忘人我，跻世界于大同”，这一观点与蔡元培所提出的“纯粹之美育，所以陶养吾人之感情……使人我之见，利己损人之思念以渐消沮者”不谋而合。审美超出“现象世界”的因果律以及利害关系、人我差别等现实关系，也就与“现象世界”拉开了距离，摆脱种种诱惑，所以能把意志活动引向绝对自由的“实体世界”。从教育角度观之，进行审美教育，使人在超越现实世界的种种界限的同时，开创了一个使个体的情感生命得以伸展、丰富与升华的人生新维度，这无疑是美育作为教育形态之一所能发挥的独特作用。通过美育，激发个性情感，创造审美理想，也就为变革现实的社会提供内在动力和美好前景，进而实现“跻世界于大同”。

舒新城称蔡元培为美感教育的首倡者，赞其为美感教育“唯一的中坚人物”，这一评价在20世纪中国美育史上几乎可以得到公认。舒新城对蔡元培的首倡地位的肯定，绝不仅仅因为蔡元培在美育理论的建构方面所做出的贡献，在美育实践方面，蔡元培也称得上是“中坚人物”。身为教育总长，他将美育内容纳入民国教育政策的制定中；在任北京大学校长的十年间，蔡元培倡导建设各类文化社团，如发起成立北大画法研究会并撰写“旨趣书”，强调以发展美育为宗旨……舒新城看到了蔡元培在美育实践当中的身体力行与灼灼热情，这反映了他作为教育者对美育实践的关注。教育不是空谈的，是要实行的，美育亦是如此。

在蔡元培的推动和影响下，众多学者纷纷发表文章、演讲，著书立说，发行刊物，积极地传播美育思想，热情地投入到美育实践当中去。舒新城关注到，在这一过程当中，对于美育之作用和地位的探讨始终不曾停止。例如，刘伯明从美育进展的历程这一角度，批评今之教育多偏重德、智二育，弃美育于不顾，这种教育存在严重的功利主义倾向；李石岑也在《美育之原理》一文中谈到美育区别于其他教育部分的性质和功用，“德、智、体三育偏重固不足以予人生之满足”，唯有美育能启示人性之本然，实现完满的美之人生。此二人将美育的价值阐发无遗，但均未论及美育独体实施的具体方案，导致美育的真正实施只能附丽于普通教育之中。漫溯美育之历史，作为现代美育原始形态的古代礼乐，乐并非作为艺术而存在，而是附丽于礼之上，作为一种仪式而存在；近代以来，自蔡元培倡导美感教育，美育的作用受到越来越多的关注，而美育之独立价值与地位则鲜有人提及。

舒新城以其教育家的敏锐直觉指出，“自吕澂底通讯发表，在美育设施上有独立与附丽之分”。在方法上，吕澂主张美育占有独立地位，“欲于今日提倡美育，非独立设施，不受一切牵涉，不足以示其正轨。”保持美育实施的独立性，是其获得生命的必要前提，美育活动只有不再附丽于普通教育之中，才能保证学术体系的独立性与完整性。从教育的角度讲，美育只有独立实施，才能使得教育者们不再仅仅从实用角度论证美感有助于培养受教育者的想象力，有助于“启发智德”，或者将审美在智育、德育方面的作用与其美感涵养功能混杂在一起。舒新城赞成吕澂的观点，主张保持美育的独立性，对当时的美育实施以及此后美育理论相对独立存在和发展，都意义重大，其前瞻性可见一斑。

保持美育在教育之中的独立地位以实现其特有的育人功能，

并非意味美育可以代替其他教育要素，涵盖教育全体的目标。舒新城肯定了在孟宪承在《所谓美育与群育》中所提的观点，美育仅是“普通教育中一种目标”，把美育视作教育的全部实为不当。孟宪承主张廓清笼罩于美育的迷雾，确立美育在整个教育体系中的限度。他坚持对“美育笼罩一切教育目标”的思想进行理性而冷静的分析，并提出三点否定此教育观的理由。首先，将带有极强的主观性的审美教育作为全体客观对象的教育目标，有悖于教育初衷，更不适用于中国现实情境，故美育不可成为教育目标的全部，只能作为其中不可缺少的部分。其次，美育是“闲暇教育”，不能概括教育的全部，他主张美育活动的价值在于使人在进行职业活动之外能享受人生的乐趣，了解人生的可爱。最后，孟宪承植根于中国的现实土壤来比较中西方美育活动，一针见血地指出此问题的核心——中国的教育有着更为现实、迫切的任务，如精神、物质文明建设等等，对于美育价值的定位，不能盲目模仿西方，必须与中国当下实际相联系。

舒新城借助孟宪承的观点指出，美育具有独特作用，因此它不可被替代，但也不可代替其他教育要素，不可过分抬高美育的价值，须考虑美育自身也有其限度。美育是培养人全面发展的个性不可缺少的途径，但并非唯一的途径，全面教育有赖于德、智、体、美诸种教育的相互协同。在美育思潮沸沸扬扬盛行的时代，在众多学者大力肯定甚至抬高美育价值的背景下，舒新城能敏锐地注意到西方与中国教育发展阶段的不同，并基于这种不同去思考中国语境中美育与教育的关系，实为可贵！

舒新城的美育观点不仅顺应了时代发展潮流，对当下美育建设也有一定的启发意义。如今，美育已纳入各级各类学校人才培养全过程，贯穿学校教育各学段。若想美育仅仅服务于培养优美的心灵、养育性情，显然无法实现，但我们可以通过教育与熏陶，使现代人的生活中具有某些审美的要素，以表现和升华情感，激发个体的生命活力。让美育渗透进德育、智育、体育、劳育过程，使运动、劳动、研究等具有一种美的享受，使人在这些活动以外享受人生的乐趣，了解人生的可爱。

美育不是空谈的，而是要实行的。作为教育家的舒新城，不仅从宏观方面论述了美育的价值功能，在微观方面也介绍了许多美育实施的行之有效的方法。他引用蔡元培在《美育实施的方法》文中提倡的从家庭、学校、社会三方面建构完备的美育场所，肯定了其中的可行性，又称赞吕瀓（实为吕凤子）所制定的详备的学校美育实施方法与原则，重视美育的实践。受《教育杂志》的影响，美育渐成一种风潮，在一定程度上影响了十一年后中华教育改进社年会所做出的提案，舒新城对于众多提案如数家珍，足以见他身为教育家所倡导美育的灼灼热情。

三、影响

纵观中国近代教育史，由于西学东渐，中西文化碰撞融合，才衍生出中国近代具有资产阶级意义的美学思想体系。美育观念逐步推广，使得手工、图画、音乐、文学、哲学等课程具有培养完全人格的美育意义上的崭新面目，这些离不开美育理论家的倡导，更离不开像舒新城这样有时代先觉的教育者的呼吁。美感教育思潮推动了中国近代的教育改革，它为平民教育等运动的开展推波助澜，也为各级学校美育的实施做了理论的准备。故民国阶段的美育，并未像实用主义教育家所预想的那样，因其“饥不可食”“寒不能衣”而影响甚微。相反地，自民国起，中小学已将工艺、美术、音乐纳入课程规划，随后，大批美术学校创立，美术馆日益增多。美育渐渐取得与德智体比肩而立的地位，并被纳入教育方针中得以固定下来，这些都无不与美感思想的影响有关。作为民国时期的著名教育家，舒新城从普通教育的角度肯定了美感教育思想对社会产生的诸多影响。

美感教育思想能在实际产生较大影响的原因，舒新城归纳为三点：首先，美育以其无用之大用体现出与德育、智育不同的价值，这一价值与功利主义教育并不存在绝对的冲突，因而不会受到激烈的反对。在旁人看来，以美育人算是“无心插柳柳成荫”，但在作为教育者的舒新城看来，看似“无用”之美育，却能涵养人的情感，使人追求审美的境界．最终成就完善的修养人格，与教育的最终目的相契合。美育最终产生较大影响，看似偶然，实为必然。

其次，舒新城洞察到了美感教育发展过程中政治的助推力量。蔡元培身为教育总长，在教育方针的制定、教育理论的发展方面具有举足轻重的地位，此即政治方面的助推，反之，借美育之力来改造社会也有一定的现实意义，救国先救人，救人先救心，救心须去欲，去欲靠美育。因此，美育受到愈发广泛的关注，是改造社会的必然要求。最后，舒新城关注到了五四运动的时代背景对美育思潮蓬勃发展的助推之力。五四运动之后，对个性解放、思想自由的推崇，对新文化、新思想的接受都达到了前所未有的高度，处于这样的社会变革期与思想转型期，更需要美育对人的生存与发展的关注。舒新城以社会现状为依托，对美感教育思想的发展进行深入的分析：“饥不可食、寒不能衣”的美感教育思想能在教育实际上绵延地发生些较大的影响，看似是“人为之偶然”，实际是教育发展、历史进步、社会变革的必然选择。

十年树木，百年树人，美育作为教育的重要形态之一，其效用同样具有长期性与隐蔽性，作为一名有着长远眼光和全局思维的教育家，舒新城显然注意到了这一点。“头痛医头，脚痛医脚；慢说现时美育用不着！”美育与个体的生命活动直接关联，指向的是人的生存自由与个性的全面发展，等到缺失时再亡羊补牢，与急切发展实利教育的新教育又有何异？教育这门立人的重要事业，对于人的培养问题又怎能囿于时局？中国全身都处于“疼痛”中，无论将美育视作教育各形态之间的“调和剂”，或是给国民以精神慰藉的“营养剂”，美育这剂“良药”始终是必需，但并非唯一。

舒新城对美育的关注体现了他在教育方面的长远目光与整体布局，与我国当前所倡导的素质教育有着内在的承续。素质教育应以个体的全面发展为导向，立足现实，放眼未来，与其“亡羊补牢”，不如“未雨绸缪”。别再让美育成为一种任务和附属，一种无止境地为未来做准备的工作——让美育成为美育，让教育回归教育。于个体生存而言，审美为我们提供了一处真实的、诗意的心灵寓所；于现代教育而言，美育在功利主义、教育压力之下开辟出一片情感栖息的绿洲。

美感教育寄托着近代教育者的审美理想与发展教育、改造社会的蓝图，融合了美的人生论与艺术社会化，它是一个伟大时代提出的理想化探索。在历史星空的辉映下，今日的我们亦在现实与理想的张力中不断探索，构建审美教育，引导人们去诗意地理解世界与生命，守护人类的精神家园。

马昕悦撰写

14

生命情调与美感

方东美

乾坤一戏场——三种宇宙观之轮廓——三种生命情调之概观——三种美感之比较

一

谚有之曰："乾坤一戏场。"（The world's a stage.）如此妙喻，颇具神理。俞曲园尝于苏州留园乐楼上题楹云："一部廿四史衍成古今传奇，英雄事业儿女情怀都付与红牙檀板。"奚止中国一部廿四史！大千世界之形色景象，全体人类之欢欣苦楚，俱于此中舒展显现，幻作一场淋漓痛快之戏情。人类幂面登场，固无庸欷歔伤感，只稍稍启发一点慧心，自能于鼓舞轩甍雅颂豪歌中宣泄无穷意趣也。当场人或旁观客一旦寄迹歌舞台前，便应安排心身，静观世相之玄理，参悟生命之妙智。乾坤戏场繁华彩丽，气象万千，其妙能摇魂荡魄引人入胜者，要不外乎下列诸种理由。一，吾人挟生命幽情以观感生命诗戏，于其意义自能心融神会而欣赏之。二，吾人发挥生命毅力以描摹生命神韵，倍觉亲切而透澈。三，戏中情节兀自蕴蓄一种灵奇婉约之机趣，令人对之四顾踌躇，百端交集，油然生出心旷神怡之意态。此种场合最能使人了悟生命情蕴之神奇，契会宇宙法象之奥妙。

本文所欲论列者既非哲学上抽象思想，亦非艺术上特殊理论，其要旨乃在以“坐客”幽情赏鉴乾坤戏场中几出生命诗戏之韵味而已。孰为生命？曷谓美感？“人之生也固若是芒乎？其我独芒而人亦有不芒者乎？”其人尽芒而我竟自不芒者乎？美之为美是各人之私见耶？抑尚有客观性耶？此类纯理问题姑置不论。吾人逢场作戏也可，临场观感也可，既来之，俱属“当场人”，只合依韵红牙檀板，作吾人之事业，抒吾人之情怀。一切景象可以兴，可以观，斯为美。

生命意趣播之于诗戏，自觉缤纷错杂，光怪陆离，令人兴感无穷。兹请先说一段楔子，然后揭开三重戏幕。

古愁莽莽不可说，化作飞仙忽奇阔，
江天如墨我飞还，折梅不为蛟龙夺。

苍生气类古犹今，安用冥鸿物外吟，
不是九州同急难，尼山谁识怃然心。

上述龚定盦诗两首，顿促吾人冥想洪荒时代，人类托足大宇长宙中，混混噩噩，看万象有无明灭，隐隐迢迢，感人世酸辛苦楚，迷迷惘惘。远古人类浑朴怐愗，莫明宇宙所由构成之理，遂令全部生命堕入阴霾尘雾中而无以自拔。其后天才者巍峨杰出，恍然大悟人之所以为人不能“如鱼之泳于川，惟大气之所盘旋，如木之听荣枯于四时，蠢蠢傀傀，安其所不知”，于是渐次启发心智，仰观俯察，穷天地之象以言万物之齐；通古今之变以明事功之故；立人道之极以正性命之理：夫然后玄秘之宇宙乃可以托身，渺茫之人生始可以寄意。天才者独能于宇宙万象中寻出合理秩序，确定整齐规律，求得精当知识。“制割大理而宇宙理”，天才之所以自效于众人，其丰功伟烈永垂不朽，弥足令人澄怀起遐想也。

人类生命长途中如此一段幸运可藉下述之神话以相譬喻。古代希腊有巨灵名司冯克斯（Sphinx）[1]者，形态变化不可方物，其音容婉娈如处女，其羽翼轻艳如飞鸟，其利爪坚劲如鹰隼，常就舍贝斯近郊之山巅踞坐眄睐，遇行人之过其下者辄要之使解疑谜，意有不当，即尸裂而吞噬之。舍城居民遭难多且久，思所以弭其患，遂昭誓于众曰：有能解此谜锄此患者，当奉之为王。寻有一跛者名鄂迪蒲士[2]，心羡此重赏，遂挟其过人之才智，欣然趋近此巨灵，巨灵谝之曰：今有一物于此，初生时具四足，及长，折而为二，后又增益为三，终乃还其原状，复具四足，是幻变者究为何物？跛者稍一思索即置答曰：婴儿初学步，手足拊地而用四，及其长也，两足踽踽矣，年老龙钟，扶杖助行，宛如三足，衰耄将死，展转床席，则又手足并用，是必为人也无疑。大惑既解，鄂迪蒲士遂乘胜击毙此巨灵，履前誓而登王位焉。

初民混噩无知，颠倒于宇宙中惟大气之所盘旋而不能自持，百忧之所窟，众侮之所宅，憔悴屈辱，睫泪以哀生命之危殆，其情之苦酷似舍城众生之受厄于巨灵；然自科学诞生，哲学传世，天才者挟智慧以临宇宙，转觉宇宙昭昭朗朗，具足理路，不复能遗患生灵矣。诗云："昊天孔昭，我生靡乐。"今易其辞曰："昊天孔昭，我生弥乐。"当更能写象初民之心情也。

理智既孳，心神益旷，人类胸臆静摄万象，动合乾坤，于是乎思理有致，思理胜而性灵之华烂然矣。抒情则出之以美趣，赋物则披之以幽香，言事则造之以奇境，寄意则宅之以妙机。宇宙，心之鉴也；生命，情之府也；鉴能照映，府贵藏收，托心身于宇宙，寓美感于人生，猗欤盛哉。

---

① 司冯克斯（Sphinx），现通用译名斯芬克斯。——编者注

② 鄂迪蒲士，现通用译名俄狄浦斯。——编者注

兰生幽谷中，倒影还自照。
无人作妍媛，春风发微笑。

倪高士可谓解人！宇宙之清幽自然，生命之空灵芳洁，意境之玄秘神奇，情绪之圆融纯朴，都为此诗字字道破，了无余蕴。生命凭恃宇宙，宇宙衣被人生，宇宙定位而心灵得养，心灵缘虑而宇宙谐和；智慧之积所以称宇宙之名理也，意绪之流所以畅人生之美感也，斯二者均造极诣，则人我之烦惑狂乱可止，而悦心妍虑矣。此种胜境水仙神话最能传写。

希腊民族秉性懿美，其神话往往饶有诗意，而水仙之传说尤隽妙无与伦比。少年有名娜瑟散士（Narcissus）者，清明强毅，绰约多姿，居恒寄迹山林，游猎为乐，环而羡之者皆天仙绝色，独回声（Echo）仙媛缱绻多情，尤称心焉。一日，行猎途中，困于烈日，乃就芳菲池畔小憩，俯视忽见涟纹濯影，娅姹玲珑，自觉芳姿雪艳，娇丽融景，俯仰对鉴，冶梦伶忪，无何，随缘幻化，遂成一朵水仙，娉婷植立，随风舞影，临水散香，令人曼羡不置云。

宇宙绷束人生，如抱婴儿，心灵缀缬美感，若佩芬华，兴言及此，令人有“流情散芳芷”“空香为我盈”之妙，上述楔子既竟，殿以慢词一阕：

玉连环　述蒙庄大旨答问者

生缘何在，被无情造化推移万态，纵尽力难与分疏，更有何闲心为之憱倸，百计思量，且交付天风吹籁，到鸿沟割后，楚汉局终，谁为疆界。长空一丝烟霭，任翩翩蝶翅泠泠花外，笑万岁顷刻成虚，将鸠莺鲲鹏随机支配，回首江南，看烂漫春光如海，向人间到处逍遥，沧桑不改。

王船山鼓棹初集

二

今试比观三种生命情调以见其特殊美感之所托，请再以戏场所见为喻。

灯彩流翠，满场坐客屏息倾听台前序幕人语：

戏中人物	希腊人	近代西洋人	中国人
背　景	有限乾坤	无穷宇宙	荒远云野，冲虚绵邈
场　合	雅典万神庙	葛特式教堂	深山古寺
缀　景	裸体雕刻	油画与乐器	山水画与香花
题　材	摹略自然	戡天役物	大化流衍，物我相忘
主　角	爱婆罗	浮士德	诗人词客
表　演	讴歌	舞蹈	吟咏
音　乐	七弦琴	提琴钢琴	钟磬箫管
境　况	雨过天青	晴天霹雳	明月箫声
景　象	逼真	似真而幻	似幻而真
时　令	清秋	长夏与严冬	和春
情　韵	色在眉头，素雅朗丽	急雷过耳，震荡感激	花香入梦，纡余蕴藉

序幕人去，帷幔徐揭，三种人物步丝竹之幽韵，饰羽帔之冠裳，缉翩而出，其一为希腊人，其二为近代西洋人，其三为中国人，是时台上乐声渐觉紧凑，场中满度清风，有几缕心灵幽香散入客怀，幻作冥想。

综观上表，吾所欲揭橥之题旨已隐约吐露其梗概，兹且直言之，无庸譬喻矣。生命情府灵奥幽邃，其玄秘隐微之深处殊非外人所能窥见其万一，犹幸每种民族各具天才，妙能创制文化以宣扬其精神生活之内美，非然者，往古文化遗迹，固已早随时间旧流汩然幻灭，淹没无闻矣。善哉德人奚槃格罗（Spengler）[①]之言曰："文化者，乃心灵之全部表现，当其衍蔓孳生，虽顷刻成虚，然其迹象常寄托于人类意态业力中，隐受规律、数量、因果之支配，其理致有可得而言者；譬如史剧，文化实为世界全史中所演奏之一幕丽景，譬如美饰，文化宛若生命、情感及思理之画帧，一种生灵默察其内心经历，所能口说而心喻者，胥在乎是矣。"[②]

文化之全体结构至难言也，吾于本篇所欲探索者仅及其骨骼脉络耳。各民族之美感常系于生命情调，而生命情调又规抚其民族所托身之宇宙，斯三者如神之于影，影之于形，盖交相感应，得其一即可推知其余者也。今之所论，准宇宙之形象以测生命之内蕴，更依生命之表现以括艺术之理法，吾之为此，仅求逻辑次序之简便豁目，非谓生命之实质必外缘物象而内托艺技始能畅其机趣也。

希腊人之宇宙，一质实圆融之形体也：语其空间，则上下四方，其大有垠；语其时历，则往来今古，其序有尽；语其物类，则地水气火，全集如环。词人所谓"天似穹庐，笼盖四野，天苍苍，地茫茫，风吹草低见牛羊"，最能写象希腊人之宇宙。此种思想吾尝称之曰"拟物宇宙观"，以其极言世界形象之"具体而微"也。物之德丽于形，视之可尽其态；物之量定于位，抚之可得其体；物之质依于空间之流转，运之可见其归宿（如水流湿，火就

① 奚槃格罗（Spengler），现通用译名斯宾格勒。——编者注

② O.Spengler，*The Decline of The West*，Vol.I，p.180.

燥，清气上腾于天，浊尘下凝于地是也）；物之变寓于时间之往复，察之可识其洁齐：态极焉，体著焉，故常流转而形弗丧，往复而性犹全。希腊人之称物也，往往赞其全性，颂其完形，盖必如是其圆融无漏之轨度，始彰彰可考；宇宙（Cosmos）云者即具此轨度之全体境象也。吾人分疏希腊科学之体系，哲学之创获，其宇宙观念固未有能轶出此种类型之外者。横亘纪元前六五两世纪，希腊人据以说明宇宙之构造者厥为一种基本质料（Phusis），其名与义虽应各个思想家之特殊需要而展转变异，然究其实则同为一种独立不改周行不殆之元素，万物盈天地，皆由之而构成，舍此以外，更无真际矣。其后数理论、多元论及原子论应运而兴，稍稍纠正此单纯观念之失，然其思想之根柢固犹建立于此基本概念之上，确乎其不可改易也。

上所论究仅及宇宙所由构成之质，质之朴素无文者犹是粗物，必也雕琢成象，晖丽彩润，然后人之观察之者，始可照烛心智，滋生理解，摇荡性情，粲溢美感。宇宙之仪型宛如一建筑，其内外之结构可以三数范畴形容尽致：一、建筑材料；二、建筑基地；三、建筑学原理。物质，其材料也；空时，其基址也；全部构造所应遵守之数学法则，其建筑学原理也。希腊人所谓物质，坚实凝重，具体而微，已约如上述，无庸复赘，兹且撮出空间、时间及数学原理以摹拟其宇宙形象之美焉。

每种民族各有其文化，每种文化又各有其形态。吾人苟欲密察一种民族文化之内容，往往因中外异地，古今异时，不能尽窥其间所蕴蓄之生命活动及其意向，无已，则惟有考校其文化符号之性质而征知其意义焉。空间者文化之基本符号也，吾人苟于一民族之空间观念澈底了悟，则其文化之意义可思过半矣。“此种基本符号，贯注于各个人各社会各时代而为之矩矱，一切生命表现之风格悉于是取决焉。政治之体制，宗教之仪文，道德之理想，艺术（括图画音乐诗歌而言）之格调，推而至于各种科学之规范无一不附丽于此。”[1] 希腊人宇宙之质既极具体而微，故其宇宙之形亦随之而局促有限，盖空间该藏万物者也，万物之封阈已属狭小，而空间之广袤即阗阗易满，斯二者体合无违而后宇宙始臻和谐之妙境也。空间一词，在近代科学上纯为抽象理智摄持万象时所呈之形式，其结构至为繁赜而玄渺，然在希腊时代仅乃显示感觉经验之境相而已。“感觉现象参伍错综，必萃于空间而后其秩序始明，其分限乃显，是知空间者，万化中之久理也，繁事中之简象也。吾人执空间之定型以网罗变异百出之感相，则其历久不变之境界与系统昭然若揭矣。”[2] 希腊民族窥探宇宙之隐秘，往往挟具体空间以衡之，故其所能仰观俯察者仅此品物流行保合大和之昭明境相耳。天地交而万物通，其形象皆宅之于空间而后安，易曰：“观其所聚而天地万物之情可见矣。”其希腊人之谓乎。

希腊人空间之范围异常狭小，吾前已言之矣，其时间观念之内涵尤为薄弱，真乃令人诧异不置，夫以文化创获如此丰赡之民族竟于其本身生命活动所经历之时序淡漠无深切了解，宁非怪事耶？吾之为此言非谓希腊人无历史也（实则西洋历史科学导源于希腊之赫尔杜塔斯 Herodotus[3] 及苏色大地斯 Thucydides[4]），特其载籍所叙述之民族或个人生命经验仅为段段完整之事迹，至其发展之进程与递变之线索，则甚隐晦耳。若是而谓希腊人胸中缺

① O.Spengler, *The Decline of The West*, Vol.I, p.175.

② E.Cassirer, *Substance and Function*, p.68.

③ 赫尔杜塔斯（Herodotus），现通用译名希罗多德。——编者注

④ 苏色大地斯（Thucydides），现通用译名修昔底德。——编者注

乏时间意识，亦非过言已[①]。兹且胪举数事以为佐证：讴林坪竞技希腊人荡魄摇魂之盛会也，其年代多漶漫不可考；参预此会而获冠军奖者希腊民族之人豪也，其名姓常淹没而无闻；甚且于联邦条约之订定，亦只载明此约应于今后百年继续有效，至今年究为何年则未尝著录。他如域外殖民之始于何代，国内战争（如 Trojan war）之绵延几时，多不见诸历史明文。尤可异者，柏拉图稀世之大哲也，其真姓名犹多荒谬之传说，斯蒲粟婆斯（Speucippus）[②]实为柏氏之外甥，又久列其门墙，考其所作传志，竟谓柏氏系出爱婆罗天神。亚历山大功业煊赫一时之英雄也，及其身之犹在，已有人争播流言，谓其死也遂化身作酒神。希腊人之忽视时间固不仅于常识为然，若再就科学哲学论之，亦正复相同。希腊人素认永恒性为基本概念，而时间则从此推演而出。"希腊科学与哲学之于此层固视为理所当然者。万化流衍，自然界独巍然长存，不改其质。哲学之兴，舍利斯（Thales）[③]先于赫悦克莱脱斯（Heraclitos）[④]非细故矣。嗣是而后，此类事实纵为人所公认，而永恒不变之理为宇宙之基本迄无人致疑。巴门理第士（Parmenides）[⑤]哲学之主张如是，而希腊物质科学，准数学以立言，肯定自然之体统系由理想而又悠久之几何形象构成者，更自同情于此说。柏拉图继起，于希腊科学之故说信之尤笃，盖因柏氏既承受此种数学理论，更不能不厝'永恒'于真实法象世界，而置

① O.Spengler, *The Decline of The West*, I, pp.9—10; G.C.Field, *Plato and his Contemporaries*, p.2; B.Croce, *History, Its Theory and Practice*, pp.188—189.

② 斯蒲粟婆斯（Speucippus），现通用译名斯彪西波。——编者注

③ 舍利斯（Thales），现通用译名泰勒斯。——编者注

④ 赫悦克莱脱斯（Heraclitos），现通用译名赫拉克利特。——编者注

⑤ 巴门理第士（Parmenides），现通用译名巴门尼德。——编者注

时间于感觉幻境，然后再于两者之关系试求解说。是后物理学家如虑锡黼士（Leucippos）[①] 旦暮克利佗斯（Democritos）[②] 诸人之推论原子，固犹视此永恒真际为其学说之护符也。推而至于亚里士多德，其哲学之根柢虽基于大化流衍之一理，物种滋生之繁象，犹且不能舍万有之常德与久理而不言也。历久不变之宇宙恒于吾人直接观察中毕露其真相，研究希腊科学与哲学者设不于此等处潜心体会，求其的解，非愚则诬也。”[③]

吾于上文曾以建筑譬喻宇宙，希腊人之营构宇宙，材料必求其质实，间架必求其具体，然后始觉其形态庄严而稳重。吾人试一寻思其故，便知此种建筑原理实基于一种特殊数学观念焉。物之积也，依方位以呈形，物之成也，遵时序乃得久，考其所以然之理则惟数学能详之。征之载籍，希腊纪数方法约有三途：

一、排比字母以状其多寡，例如：

				a		aaa
		a	aa	aa	aaa	aaa
a	aa	aa	aa	aa	aaa	aaa

二、积叠圆点以辨其奇偶，例如：

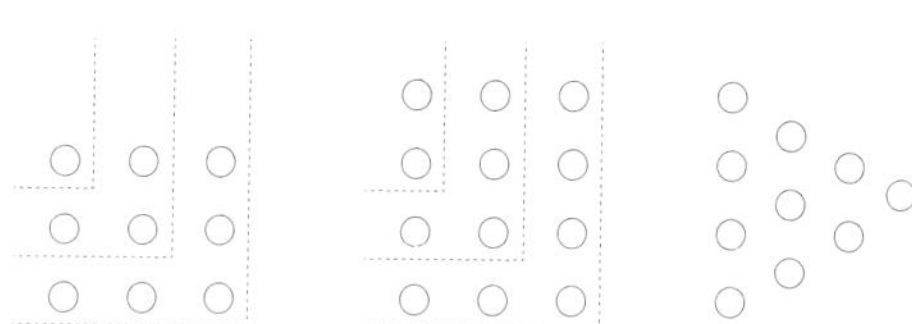

① 虑锡黼士（Leucippos），现通用译名路希伯斯。——编者注

② 旦暮克利佗斯（Democritos），现通用译名德谟克利特。——编者注

③ F.C.S. Northrop, “The Relation between Time and Eternity in the Light of Contemporary Physics” in *The Proceedings of The 7th International Congress of Philosophy*, pp. 100—101.

三、罗列线条以示其形象，例如欧克里（Euclid）[①] 之表数法。（亚奇塔斯 Archytas[②] 及欧道克萨斯 Eudoxes[③] 准面，体以表二次方及三次方亦同此理。）准是以言，可知希腊人推论数学之玄理，必拟之以实相，托之于实物，而后其义乃显。细玩上列计数诸法，其简略粗疏之弊固已了如指掌，盖依第一法，则零即不齿于数；准第二法，则惟有正数及整数始可思议；遵第三法，则无理数殆难设想矣。今夫数，因果必然性之象征也，万有之名理，世界之秩序，物类之条贯，物德之缀属，无往而不以此为依归，希腊宇宙范围之狭小，物质形态之具体，空间方位之窒碍，时间序次之简略，观其数学理论之执著迹象，其故盖可知矣。希腊数学，其对象仅为物体可扪之质,可见之形,乃遂囿于现前真相毕露之事实，故其范围异常狭小，其理趣备觉浅近，举此以言宇宙之结构，其空间之应尽于“有限”，时间之必滞于“现前”，势固使之然，理亦宜然也。

综上所说，希腊宇宙之底蕴具见于有限之形体，溯厥原由，盖因其构造单位为具体之物质，其纵横格局为有垠之空间，其历史途程为当前之时间，其组织原理为综合之数学。此种形体有限之宇宙，征之于亚里士多德物理学，酷似一只蒜头。地球位居圆中，其核心也；水气火等三界密密匝绕，其内层也；清空天体层层回护，其外皮也。极目以望，行星若爝火，恒星如繁萤，令人有“袖中藏日月掌上握乾坤”之感焉。

其次，请言近代西洋人之宇宙。

古代希腊宇宙为有限之形体，而近代西洋宇宙则为无穷之境

---

① 欧克里（Euclid），现通用译名欧几里得。——编者注

② 亚奇塔斯（Archytas），现通用译名阿尔库塔斯。——编者注

③ 欧道克萨斯（Eudoxes），现通用译名欧多克斯。——编者注

界。吾人试将此两种宇宙合而观之，自觉异趣横生。前者之成分，质亦一有限，空亦一有限，时亦一有限，数亦一有限。后者之含素，质亦一无穷，空亦一无穷，时亦一无穷，数亦一无穷。近代西洋宇宙应乎无穷者也。上古希腊人纵目瞰宇宙，自觉“地形连海尽，天影落江虚”，大有“独坐清天下”之妙趣；近代西洋人豪思寄宇宙，但感“苍茫云海间，长风几万里”，转生“惆怅意无穷”之远兴。

吾人综览近代西洋科学史，即可察知物质空时数论已经几度之变更，但每次变革之余，其趋势必渐脱具体之形迹而邻于抽象之理想。试以物质为例。当近代之初期，凯伯乐（Kepler）[①]、贾礼丽（Galileo）[②]、笛卡儿、霍布士诸人之视物体，固犹是颠扑不破之坚质也。降及牛顿，物体则已稍稍析为质实坚固之微尘（Particles），而此微尘复以其抽象之基本属性（惰性与体积）著称矣，此一变也。其后热力学成立，原子论崛起，前此所公认之坚固形体乃遂溶作原子之集聚，而原子复以其比重、比量及比价之抽象数学关系著称矣，此又一变也。迨化学分析之精进，凝固之“质”散为流荡之“能”，于是物之顽质顿成物之动力，物之形体竟是力之抽象系统矣，此又一变也。近百年来，电学次第发展，举凡前此所谓坚质顽体俱化作电力现象矣，此又一大变也。电力之谓何？质实之原子乎？空虚之“宇宙”乎？量子之根源乎？微粒之叠体乎？电波震幅之场合乎？之数者物质容或居其一，然究其极，“物质”将必为十分抽象之系统，可断言也。宇宙之构成如必造端乎物质，而物质之意义，犹且拘牵于形体，则近代西洋人之宇宙，就其近势论之，可谓“非物质”境界矣。罗素尝据现代物

---

① 凯伯乐（Kepler），现通用译名开普勒。——编者注

② 贾礼丽（Galileo），现通用译名伽利略。——编者注

理学之理义言之，谓物质已渐失其物质之素性，有味哉有味哉其言之矣！

西洋人所托身之宇宙渺无涯际，吾无以名之，强字之曰“无穷”可耳。歌德不云乎：

> Welch Schauspiel！ Ein Schauspiel nur！
> Wo Fass'ich dich，unendliche Natur？
> 乾坤渺无垠，生世浑如寄，晏息向君怀，驰情入幻意。

近代思想家自布鲁诺（Bruno）以来迄于斯宾诺萨[①]，其言宇宙也，辄指目之曰无穷系统，盖极状其范围之广，内蕴之富也。晚近天文物理复秉此意向，援用数学名理剖析空间，于是其小无内其大无垠之境况渐成科学上不可否认之事实。希腊人仰观天象，极目所见者至多不过五六种行星及五十六层恒星境界耳，其外直如无物矣。返观近代，天文家高踞观象台，挥大镜远瞩长空，即可得一千兆之繁星，设将镜之光度加强，其所可测者尚犹依次递增，据近顷之推算，恒星可测之全数多且三万兆，少亦三千兆，然此仅就星海近处言之耳，若银汉全境列星之数则又不止此矣。吾人测度无涯之霄汉，绝难准之以尺丈里，无已，则唯有拟之以光度年（light-years）耳。光之传速一秒钟约计十八万六千里，霄汉之全境如测之以光速，当历十万年而始极其广。是霄汉者广矣大矣，举以拟诸其他星云宇宙犹仅及其百万分之一（最近之星云昙距地约有八十五万光度年），近顷天文家哈伯尔（Hubble）[②]推测宇宙空间之半径已达一万万万光度年，是项臆计精确之程度虽尚不可

① 斯宾诺萨，现通用译名斯宾诺莎。——编者注

② 哈伯尔（Hubble），现通用译名哈勃。——编者注

知，然宇宙之苍茫无涯，准此可想见也。

罗素尝有言曰："时间之真实或无疑义，若有人焉，衡之以情，度之以理，恍然证知其不重要者，当可直入智慧之门。"[1] 斯言也，举以奉之希腊人，实为不刊之至理，然就西洋人观之，诬矣。近代科学自十七世纪以来，时间早已成为极重要之概念，吾人纵谓时间为智慧宫门之管钥，亦非过言也。贾礼丽[2] 之论物体运动也，已视时间为等速及加速之权衡，简此以言运动，都无的解；牛顿更推而广之，据以说明物质宇宙之全体动相，自是以后其意义益增重大，科学家类能言之，兹姑不赘。时间究有何义？执藏万物之玄体耶？贯串事变之缀系耶？抑权衡大化之智符耶？此等纯理问题难以玄斟，吾今所欲言者仅其无穷期耳。希腊人昧于时间之重要，故常无尊史之心，纪元前八世纪其先民祸福成败故事之可歌可泣者往往托之于神话，杂真伪以求之，其纲纪原委至难言也。洎乎近代，西洋人挟其悠远之时间意识以追思前古，觉爱琴海沿岸虽在纪元前二千五百年已有灿烂之文化，稽之十九世纪末年德人西立曼（H. Schliemann）[3] 及英人爱文思（A. Evans）[4] 相继发掘之城垣及宫殿遗迹，盖已信而有征。再就埃及而言，则尼罗河滩上所掘得之陶器，考其年代，竟可追溯至纪元前一万五千载以前。若依考古学之证据推之，人类寄迹大地当已有二十五万岁之历史。此等事实苟非西洋人其孰措意耶？然此区区者犹未能尽西洋人之时间意识也，试以地球为例，自有生物以来，已历三百余兆年，其自身之岁数当更不下一千二百兆矣。揆之太阳，前乎此

① B.Russell，*Mysticism and Logic*，PP.21—22.

② 贾礼丽，现通用译名伽利略。——编者注

③ 西立曼（H. Schliemann），现通用译名海因里希·施里曼。——编者注

④ 爱文思（A. Evans），现通用译名亚瑟·伊文思。——编者注

者业已绵延五千兆年，今而后历数至于“末日”，或尚不难展至五千万万年也。夫以渺小之太阳〔对繁星及星云而言，太阳仅是沧海之一粟，爱汀桐（A.S. Eddington）[①] 揣度宇宙之全部体积超过太阳之体积至 10^{22} 倍以上〕，犹能历久而至于如此，其他无量数恒星及星云演化所经之时序更是巧历不能尽其数矣。嗟尔近代西洋人，何故迷恋无穷时间若是之甚耶？罗素游心哲学，珍重自由，独于时间之奴役心灵，慄慄危惧，其故盖可深长思矣。

旷观近代西洋思想史，科学哲学虽时或异趣，然其视宇宙为一无穷之系统，则理无二致也。此无穷系统之内蕴，物象空间时间，不拘其性质为何，均有待于数学为之剖析，吾人苟欲了解西洋宇宙观，数学原理乃其捷径也。“物之实性具于数”，远在希腊，毕萨哥拉斯（Pythagoras）[②] 已曾道及，但其所谓数仅括具体物象而言之，故希腊人之数学，实物数学也，希腊之几何，具体“形学”也。准此以谭宇宙，则所谓天者积气之体耳，地者积形之块耳，物者貌相声色之储聚而止乎无所化者耳。近代数学则迥异乎是。善哉怀赫迪（A. N. Whitehead）[③] 之言曰：“吾人究心数理科学，所欲探索者数也，量也，几何也，降及近代，秩序之抽象观念也，纯净逻辑关系之种类也。数学之要义在舍一切个别物事而高谈玄理，执实物之貌相声色以衡数学真理，不尽其趣矣。是知纯粹数学者一极端抽象之理境也，任何物象苟具有某类关系者，其所遵守之纯粹抽象条件当必如是，则依同理，此类物象之具有他种关系者，亦将恪守他项纯粹抽象之条件。数学家所能言之理致尽在斯乎。”[④]

---

① 爱汀桐（A.S. Eddington），现通用译名爱丁顿。——编者注

② 毕萨哥拉斯（Pythagoras），现通用译名毕达哥拉斯。——编者注

③ 怀赫迪（A. N. Whitehead），现通用译名怀特海。——编者注

④ A.N.Whitehead，*Science and The Modern World*，pp.30—31.

准是以谭，近代科学所谓物质者，无量数微尘之抽象系统也；空间者，无量数空点或几何条件之抽象系统也；时序者，无量数刹那或事变关系之抽象系统也。物质空时数量之精义均有待于无穷分析之发挥，而后宇宙之玄秘始稍稍耀露于外。吾人握智符以言宇宙之常与变，舍数学其谁与归耶？近代数学自笛卡儿以来凡数变。算术演为代数，据变项以言常项也，具体形学化作解析几何，执抽象条件以括特殊形体也，他如历数有尽之整数变为分数、负数、虚数、级数、函数、无理数，欧克里几何之变为非欧克里几何，皆依抽象逻辑关系与秩序阐发名理以应乎无穷者也。

复次，请言中国人之宇宙。

中国人之宇宙究具如何性相耶？此种问题极难置答。间尝思之，西洋人与中国人虽同冒人名，而其所以为人之道则至不同。处于今而言上古，位于东而观西方，觉希腊人与欧洲人，其国族纵极差别，其地域纵极歧分，其品质纵极歧异，然其所以为人之义法则一，曰科学之理趣是也。希腊人与欧洲人文化生活之极诣，舍科学难言矣，哲学准于此，艺术依于此，典章制度莫能违乎此，是知“科学家”（义取叙述，非赞美也）者，希腊人与欧洲人之类型也。吾人苟就其科学理论以剖析其宇宙观念，虽不中，不远矣。返观中国，虽曰居同国，族同系，书同文，然其所以为人者则甚多方。中国人之类型，要而言之，可得三种：道家其一也，儒家其二也，杂家其三也。之三者生活之理想均非遵循于科学之一途，执科学之理趣以衡中国人，其真实价值终无由得见也。吾人对影自鉴，自觉其懿德不寄于科学理趣，而寓诸艺术意境。中国人之宇宙观念盖胎息于宇宙之妙悟中而略露其朕兆者也。庄子曰：“圣人者原天地之美而达万物之理。”可谓笃论矣。

希腊人与欧洲人据科学之理趣以思量宇宙，故其宇宙之构造常呈形体著明之理路，或定律严肃之系统，中国人播艺术之神思以经纶宇宙，故其宇宙之景象顿显芳菲蓊勃之意境。质言之，希腊人之宇宙一有限体质也，近代西洋人之宇宙一无穷体统也，中国人之宇宙一有限之体质而兼无穷之“势用”也。体质寓于形迹，体统寄于玄象，势用融于神思。科学立论，造端乎形迹，归依乎玄象，希腊人与欧洲人之窥探宇宙，盖准形迹以求其玄象者也；前者创始而后者圆成之，固犹属于相似之理境。艺术造诣，践迹乎形象，贯通乎神功，中国人之观察宇宙，盖材官万物以穷其妙用者也。准此以言，希腊人与近代西洋人之宇宙，科学之理境也，中国人之宇宙，艺术之意境也。科学理趣之完成不必违碍艺术之意境，艺术意趣之具足，亦不必损削科学之理境，特各民族心性殊异，故其视科学与艺术有畸重畸轻之别耳。中外宇宙观之不同，此其大较，至其价值如何论定，则见仁见智，存乎其人可也。

吾前云，中国人之类型有三，道家儒家与杂家是也。（道儒杂三家云者，非承班孟坚之故说，彼所谓儒与道有流而为杂家者，彼所谓名与法有应列入道与儒家者，刘知几曰：“班氏著志，牴牾者多。”此其一例也。）三者之中，道与儒气象瑰伟，俱为中国人中之龙，至于杂家则风度憍泄，卑之无甚高致也。道儒两家，妙能参透万象而得其势用，杂家转觉拘泥形迹，滞而不化者也。夫惟如是故道儒两家之宇宙观，多系于艺术表情之神思，杂家之宇宙观乃囿于阴阳五行之粗迹。前者本形上之天道与天理以状宇宙之神彩，后者执形下之气器以求宇宙之形体。中国思想系中如有科学，其理境乃若独为杂家所专有，然举以与儒道两宗之睿智大慧相较，殊觉浅近庸俗，已非第一义矣。

中国人之物质空间时间诸观念貌似具体而性实玄虚，故其发而为用也，遣有尽而趣于无穷。老子玄览万象，损其体，致其虚，而物无遁形。经不云乎：“道之为物，惟恍惟惚，惚兮恍兮，其中有象，恍兮惚兮，其中有物，窈兮冥兮，其中有精。”执大象以言万物之精，故能识其玄同，穷其奥妙，而无所遗焉。姚惜抱曰：“圣人返天地之始，故不系乎有之迹而常无焉以观其妙也，圣人循万物之母，故不因故迹而常有焉，日生不穷，心达乎万物之极际而观其徼焉。”(《老子章义》)夫觇象不滞于迹而神会其妙，观物不违其性而心通其徼，可谓参悟空虚，冥同大道，“游于物之所不得遁而皆存”矣。

儒家贞观万物，原亦设卦陈爻以喻天地山泽雷风水火之形，日月四时之态。(《易·说卦传》第七第八第十一章更推广卦象以括具体之物类，颇不应理，疑是汉人妄增者。)考其要旨，仅在立象以尽意，援爻以通情，玩占以观变。《系辞传》曰：“是故易者象也，象也者像也。彖者材也，爻也者效天下之动者也。”凡此云云皆舍宇宙之形迹以显其势用，所谓穷神知化，“妙万物而为言者也”。乾道变化，首出庶物，坤厚载物，含弘光大，天地交而万物通，其用也泰；天地感而万物化生，其用也咸；天地革而四时成，日月得天而能久照，四时变化而能久成，其用也应恒；推而至于万物，雷取其动，风取其挠，水取其润，火取其燥，山取其坚贞，泽取其虚受，莫不有妙用流寓其中焉。

儒道两家观察宇宙皆去迹存象，故能官天地府万物而洞见其妙用。准此以言宇宙，则一切质碍之体隐而弗彰，只余艺术空灵胜境“照灯三才晖丽万有”矣。降及秦汉，道之妙，儒之理，渐次颓废，于是阴阳五行之说杂乱并出，是后言宇宙者，乃遂滞于形迹，卑之无甚高论矣。阴阳之说，具见于儒道哲理之初，然其用极于刚柔之变化，固不若汉儒之执着形迹以为言也，五行之说虽原本于《尚书》(《尚书·洪范》近人颇有疑其为战国时人伪托者)，但其义甚鄙，儒道先哲多弃置弗论，唯汉儒竞相传播耳。此类“杂家”虽浅俗不能窥见宇宙之奥妙，然于中国人崇尚艺术神思之通性固犹未能尽去也。五行之为物虽若甚具体，然“杂家者流”亦且不能舍其势用而不谈也。试观下说，吾旨自明。

“五行者何谓也？谓金木水火土也，言行者欲言为天行气之义也。……水位在北方，北方者阴气在黄泉之下，任养万物，水之为言濡也，阴化沾濡，任生木。木在东方，东方者阴阳气始动，万物始生，木之为言触也，阳气动跃。火在南方，南方者阳在上，万物垂枝，火之为言委随也，言万物布施，火之为言化也，阳气用事，万物变化也。金在西方，西方者阴始起，万物禁止，金之为言禁也。土在中央者主吐含万物，土之为言吐也。……”（班固《白虎通》卷二《五行篇》）

总之，中国人之视宇宙多舍其形体而穷其妙用，纵有执着形质者，亦且就其体以寻绎其用，盖因体有尽而用无穷，惟趣于无穷始能表显吾人艺术神思之情蕴焉耳。

中国宇宙之玄虚已约如上述。兹且撮出空时之概念以圆成吾说焉。上下四方曰宇，往来今古曰宙，宇宙云者盖即中国人绵络天地之大象也，语其形体，则仰望可极于“云盖”，远瞩略尽于“四海”；语其绵延，则上溯仅达于黄帝（据载籍可考者而言），下穷且止于会元（邵康节以世运会元推天地始终之数，三十年为世，十二世为运，三十运计一万八百年为会，十二会计十二万九千六百年为元），其涯际与终始宜若有限矣，庸讵知夫是区区者殊不能囚囿中国人之想象也耶。中国人空间之形迹虽颇近似希腊人之有限，然其势用乃酷类近代西洋人之无穷，其故盖因中国人向不迷执宇宙之实体，而视空间为一种冲虚绵渺之意境。老子曰：“道冲，而用之或不盈，渊兮似万物之宗。”又曰：“三十辐共一毂，当其无，有车之用；埏埴以为器，当其无，有器之用；凿户牖以为室，当其无，有室之用。”体形于实而用寄于无，无也者乃妙道之行相，非寂然无有之谓也。举此以喻空间，但觉渊然而深，幽然而远，一虚无缥缈之景象也。谢宣城尝曰：“鉴之积也无厚，而给穷神之照；心之径也有域，而怀重渊之深。”空间譬如莹镜，其积形虽若甚小，及其流光照烛，则举天地以总收之，揽括无余矣；空间宛如心源，其积气虽若甚微，及其灵境显现，则赅万象以统摄之，障覆尽断矣。荀子曰：“人何以知道？曰心。心何以知？曰虚一而静，心未尝不藏也，然而有所谓虚，……不以所已藏害所将受谓之虚。……虚一而静谓之大清明，万物莫形而不见，莫见而不论，莫论而失位，……夫恶有蔽矣哉！”实者虚之，最为吾民族心智之特性，据此灵性以玄览万象，真乃词人所谓“酒美春浓花世界，得意人人千万态”矣。中国人托身空间，天与多情，万绪萦心，笙歌散梦，其意趣妙如欧阳永叔所云：

楚王台上一神仙，眼色相看意已传，
见了又休还似梦，坐来虽近远如天。

近水平波，其境至湫隘也，词人对之，遂觉：

行云却在行舟下，
空水澄鲜，
俯仰留连，
疑是湖中别有天。

候馆溪桥，其境至易遮断也，词人临之，便感：

离愁渐远渐无穷，
迢迢不断如春水。

危阑坐倚，其地至局促也，词人居之，乃想：

平芜尽处是春山，
行人更在春山外。

关山极目，其程至易尽也，词人眺之，转叹：

迢递望极关山，
波穿千里，
度日如岁难到。

希腊人之空间，主藏物体之界限也，近代西洋人之空间，“坐标”储聚之系统也，犹有迹象可求，中国人之空间，意绪之化境也，心情之灵府也，如空中音，相中色，水中月，镜中相，形有尽而意无穷，故论中国人之空间，须于诗意词心中求之，始极其妙。

春路雨添花，
花动一山春色，
行到小溪深处，
有黄鹂千百。

不忍残红犹在背，
翻疑梦里相逢，
遥怜南埭上孤蓬，
夕阳流水，
红满泪痕中。

红蓼花繁，黄芦叶乱，夜深玉露初零，霁天空阔，云淡楚江清，独棹孤篷小艇，悠悠过烟渚沙汀，金钩细，丝纶慢转，牵动一潭星。

诗人词客虽置身于弹丸之地，亦能发抒性灵，拓展心意，以充塞无涯虚境，吾人试一凝神抽绎上述诗域词境中所涵蓄之无穷情思，自觉吾言之非诬也。尝忆春日踽踽独行西湖九溪十八涧中，目染花痕，耳阒莺声，心满情愁，神滋意想，自觉穷天地之极际亦不足以位我一人，然身在两山深处，又不觉其境之狭小，盖当是时吾所寄托者非物质之界限，乃情绪意想所行之境耳。是知中国人之空间萦情寄意之所也，是亦一无穷矣。

中国人之时间观念莫或违乎易。系辞传曰："易与天地准，故能弥纶天地之道。"曷谓天地之道？曰生。所谓"天地絪缊""万物化生"是也。易曰："夫乾，其静也专，其动也直，是以大生焉；夫坤，其静也翕，其动也辟，是以广生焉。"又曰："乾坤其易之缊耶，乾坤成列而易立乎其中矣（天地设位而易行乎其中矣），乾坤毁则无以见易，易不可见，则乾坤或几乎息矣。"综此以言，天地之大德悉备于生生不已之易。举易以言天之经，地之义，人之纪，则智慧之门可得而入也。易之卦爻，存时以示变，易之精义，趣时而应变者也。故言天地演化之道，生命创进之理，必取象于易，孔颖达曰："易者变化之总名，改换之殊称，自天地开辟，阴阳运行，寒暑迭来，日月更出，孚萌庶类，亭毒群品，新新不停，生生相续，莫非资变化之力，换代之功。"易之总义粗具于是矣。然进而言之，易之妙用犹必待乎分析而其精蕴始可得而显也。郑康成赞易，得简易变易不易三义，清人焦里堂更执"交易"为全易大义。余则曰，趣时以言易，易之妙可极于"穷则变，变则通，通则久"之一义。时间之真性寓诸变，时间之条理会于通，时间之效能存乎久。生化无已，行健不息，谓之变，变之为言革也，革也者丧故取新也；转运无穷，往来相接，谓之通，通之为言交也，交也者绵延赓续也；丧而复得，存存不消，谓之久，久之为言积也，积也者更迭恒益也。时之化，形于渐而消于顿，其成也毁也，故穷，穷而能革，则屈往以信来，“刚健而不陷，其义不困穷”，“盖言天地之化不已也”。时之遁，隐于退而趋于进，其分也成也，故亢，亢而欲得，则藏往以彰来，变更返复，通而为一，“其生生而条理乎”。时之运，资于亡而系于存，其丧也得也，故恒，恒而能久，则前者未尝终，后者已资始，后先相续，至于无极，“范围天地之化而不过，曲成万物而不遗”，“引而伸之，触类而长之，天下之能事毕矣”。

生命之创进，其营育成化，前后交奏，其进退得丧，更迭相酬，其动静辟翕，展转比合，其蕤痿盛衰，错综互变，皆有周期，协然中律，正若循环，穷则返本。据生命之进程以言时间，则其纪序妙肖音律，深合符节矣。是故善言天施地化及人事之纪者必取象乎律吕，班孟坚曰：“夫阴阳登降运行，列为十二而律吕和矣。太极元气函三为一，极，中也，元，始也，行于十二辰：始动于子，参之于丑得三，又参之于寅得九，又参之于卯得二十七，又参之于辰得八十一，又参之于巳得二百四十三，又参之于午得七百二十九，又参之于未得二千一百八十七，又参之于申得六千五百六十一，又参之于酉得万九千六百八十三，又参之于戌得五万九千四十九，又参之于亥得十七万七千一百四十七，此阴阳合德，气钟于子，化生万物者也。故孳萌于子，纽牙于丑，引达于寅，冒茆于卯，振美于辰，已盛于巳，咢布于午，昧薆于未，申坚于申，留孰于酉，毕入于戌，该阂于亥，出甲于甲，奋轧于乙，明炳于丙，大盛于丁，丰楙于戊，理纪于己，敛更于庚，悉新于辛，怀任于壬，陈揆于癸，故阴阳之施化万物之终始既类旅于律吕，又经历于日辰，而变化之情可见矣。”（《汉书·律历志》）中国人测度时间之绵延壹禀于律吕，律吕之数推衍变化可至于六十，适符干支子母相叠之数，以之纪时，纪日，纪月，纪年，展转周还，终则有始，虽有巧历亦不能穷其极限也。（邵康节依辰、日、月、年、世、运、会、元，推天地始终之运，其言辰始元终，更迭轮转，亦颇能揭出时间之周期无穷性。）

旷观中国人之宇宙，其底蕴多属虚象灵境，颇乏实迹繁理，迹之著，理之成，均有赖于数而其纲纪始显，故希腊与近代西洋人宇宙之基础舍数学观念即末由确立，返观中国人之宇宙，乃大异乎是，其故果安在耶？吾前已推论，中国人之灵性不寄于科学理趣而寓诸艺术神思。科学之精义贵在几微密察，必有数焉以为之阶梯，而后宇宙之奥妙乃可得而详说也；艺术之妙机常托之于冥想，冥想行径，窅然空纵，苟有浓情，顿成深解，“真力弥满，万象在旁”，毋劳推步演算以求迹象之极际，而其中蕴蓄之理致已盎然充满，所谓“虚伫神素，脱然畦封”“超以象外，得其环中”是也。中国人领悟宇宙时之心情司空表圣最能曲予形容，得其妙境。

绝伫灵素，少回清真；如觅水影，如写阳春；
风云变态，花草精神；海之波澜，山之嶙峋；
俱似大道，妙趣同尘；离形得似，庶几斯人。

选自《国立中央大学文艺丛刊》，1931年第1卷，第1期。本文原刊最后有“待续”字样，似应有后续文章发表。方东美在《哲学三慧》前言中曾说：“吾尝端居幽思，觉哲学所造之境，应以批导文化生态为其主旨，始能潜入民族心灵深处，洞见其情与理，而后言之有物，所谓‘入乎其内者有深情，出乎其外者乃见显理也’。此意尝于‘生命情调与美感’（一部分已刊载《中央大学文艺丛刊》第一卷、第一期）中发之。惜属稿未竟，藏书已佚，秖今徒存空想而已。”据此可知，《生命情调与美感》后续没有继续刊发。目前学界多将此文作为《生命情调与美感》的全文看待。

导读

方东美（1899—1977），名珣，字东美，安徽桐城人，著名的哲学家、美学家，20世纪将传统生命美学进行现代转型的早期代表人物之一。他学贯中西，作品颇丰，代表性的有《科学哲学与人生》（1936）、《生命悲剧之二重奏》（1936）、《哲学三慧》（1938）、《中国人的人生观》（英文，1957）等。从“普遍生命”出发，方东美建构了一个生命美学体系，其生命美学并不是对具体的感性审美经验的探讨，也不是对艺术创作理法的分析，而是从真善美的价值入手，力图引导人们走向理想化的生存和自我超越的生命。方氏的美学体系以“普遍生命”为本体，以中西比较为基本架构，在整合中西资源的基础上，重新阐释宇宙生命系统及其价值内涵与精神意义，进而在新的生命系统中考察美与艺术，导向理想的人格发展目标，并提出了“人生是情理的集团”“超越形上学”“审美是生命的圆融之境”等一系列重要的审美价值理念。

在美育方面，方东美也是积极实践者。其教书育人五十三载，于三尺讲台之上以自身诗人般的情怀与对生命之美的感悟启发教育了无数的学子。1901年，“美育”被蔡元培引入中国，并被界定为“情感之应用”，中国近代美育由此开端。蔡元培之后，王国维对席勒和康德的美育思想进行了系统的介绍，认为美育的价值在于使人“为完全之人物”，并首先提出教育的宗旨在于培育德、智、体、美全面发展的人才。20世纪30年代，美育在蔡元培、王国维等人的积极推动下，逐渐成为中国社会关注的热点。与蔡元培、王国维等人不同，比起建构具有严谨学科形态的美学和完整知识体系的美育系统，方东美更倾心于探讨美与艺术的人生价值。因此，他从不受具体物象的限制，而是在其基础上不断地超拔提升，致力于以审美或艺术的砖石搭建一座通向人生玄妙洒脱境界的桥梁。本篇《生命情调与美感》可以带领我们迈入方东美美育思想的大门。

宇宙是世间万物休养生息的场所，上下四方的三维空间称为“宇”，古往今来变化的时间称为“宙”，宇宙是时间与空间的原始统会，也是民族文化的原始意象。不同文化的民族有着不同的时空观，从时空观入手来分析不同民族的文化特色是近代以来许多中国美学家的重要思路，方东美可谓其中一个代表。方东美一生最服膺两句话：乾坤一戏场，生命一悲剧。大千世界的形色景象，全体人类的欢欣苦楚，都能够于这乾坤戏场中舒展显现。于是，方东美别出心裁，将希腊人、近代欧洲人以及中国人的生命情调所托之时空和美感幻作了一场淋漓戏情，他也就借着这引人入胜的乾坤戏场，观感生命诗戏，参悟生命妙智。方东美在文首说明：“本文所欲论列者既非哲学上抽象思想，亦非艺术上特殊理论，其要旨乃在以‘坐客’幽情赏鉴乾坤戏场中几出生命诗戏之韵味而已。”换句话说，方东美在文中讨论的，并不是形而上的理论问题，而是想揭示宇宙中的生命境况所表现出的生命情调。

早在写此文之前，方东美便开始关注时空问题，但明确勾勒出宇宙、生命与美感的关系，是从此文开始的。“宇宙，心之鉴也；生命，情之府也；鉴能照映，府贵藏收，托心身于宇宙，寓美感于人生。”“各民族之美感常系于生命情调，而生命情调又规抚其民族所托身之宇宙，斯三者如神之于影，影之于形，盖交相感应，得其一即可推知其余者也。”可见，宇宙、生命、美感三者层层相依、环环相扣，这也是方东美书写此文的理论依据，“今之所论，准宇宙之形象以测生命之内蕴，更依生命之表现以括艺术之理法”。

首先拉开的是古希腊的戏幕。在古希腊的戏场中，其以“有限乾坤”为背景，因古希腊人的宇宙为一有限之形体，即从空间上讲，“上下四方，其大有垠”，从时间上讲，“往来今古，其序有尽”。词人笔下的“天似穹庐，笼盖四野，天苍苍，地茫茫，风吹草低见牛羊”，便是古希腊宇宙之写照。方东美在文中将古希腊的宇宙比喻为建筑，此建筑以物质为材料，以空时为基地，以数学原理为构造法则。在此基础上，方东美从物质、空时、数学原理三个维度对古希腊的宇宙进行了描述。

古希腊人眼中的物质是“坚实凝重，具体而微”的，即能视、能触、能感的具体事物。因此，古希腊人观察宇宙的眼光是朴素唯物主义的，他们以水、气、火等具体的物质来解释世界的本质，方东美称此为“拟物宇宙观”。基于物质的具体而微，古希腊人的空间也是实体空间，其范围异常狭小，上下四方可一目穷尽，方东美遂以“袖中藏日月掌上握乾坤”来形容希腊宇宙给人的感觉。希腊民族在这有限的空间之内，仰观天运，俯察地理，品万物流行，皆求之于具体的形象而心安。古希腊人的时间观念尤为淡薄，毫无尊史之感。方东美列举了古希腊历史上许多在时间上隐而不显的重大事件，如讴林坪（即奥林匹克）竞技、联邦条约订定、域外殖民等，以佐证古希腊人时间观念之欠缺。古希腊之所以会形成这样的时空观念，方东美认为这与古希腊的数学理论有很大的关系，“希腊数学，其对象仅为物质可扪之质，可见之形，乃遂囿于现前真相毕露之事实，故其范围异常狭小，其理趣备觉浅近，举此以言宇宙之结构，其空间之应尽于‘有限’，时间之必滞于‘现前’，势固使之然，理亦宜然也。”

古希腊人居于有限的时空，以实体性的思维观物，其时空观表现在生命情调与美感中，便是一种注重实质和谐的艺术风格。如毕达哥拉斯学派专于研究数量的和谐关系，在欧洲影响深远的“黄金分割”就是其提出的定理之一；古希腊的悲剧诗，讲求动作、空间与时间的统一律；在建筑上，古希腊人讲究上下左右前后的对称与和谐。在此和谐观念的基础上，古希腊人即便身处狭小的空间之中，也并无局促不安之感，反而在这整洁有限的宇宙之中，“产生一种所居而安，所乐而玩，识情明趣，妍虑悦心的感想”[①]。

近代欧洲人的时空观与古希腊人的时空观是大为不同的，古代希腊的宇宙为有限之形体，而近代欧洲人的宇宙为无穷之境界，其空间无限，时间无尽，让人产生“苍茫云海间，长风几万里”之感。近代欧洲无穷时空观的形成，与近代科学技术的迅速发展密切相关。方东美纵览近代西洋科学史，梳理了物质、空时、数论的变更线索，认为三者的变更趋势皆为“渐脱具体之形迹而邻于抽象之理想”。而在三者之中，“吾人苟欲了解西洋宇宙观，数学原理乃其捷径也”。因此，在方东美看来，将希腊有限的时空观引向近代欧洲无限的时空观的关键人物为笛卡尔。笛卡尔引发了数学上的变革，自他之后算术演为代数，具体形学化为解析几何，古希腊的整数、实数抽象化为分数、负数、函数、无理数等，这些抽象的逻辑关系被纳入对“时空”的分析当中，则近代科学所言的物质、空间与时间分别成为由无限的微尘、空点或几何条件、刹那或事变关系所构成的抽象系统。

时空观的变化势必会带来生命情调的改变，古希腊人居有限

① 方东美：《科学哲学与人生》，黎明文化事业股份有限公司，1980年版，第56页。

时空，产生“独坐清天下”的妙趣，近代欧洲人处无穷境界，产生“惆怅意无穷”的远兴。在近代欧洲人的戏幕中，其以“无穷宇宙”为背景，以“戡天役物”作为题材，以“浮士德”为主角，以“似真而幻”的景象表现“急雷过耳，震荡感激”的情韵，可以让我们概览近代欧洲人的生命情调。无穷的宇宙观激发了人们的探索欲望，带动了天文学、物理学、医学等现代科学的发展；在文学上激起文学家的无尽遐想，使其超越了经验的束缚，进入虚幻的境地。而另一方面，被分解为抽象的数量关系的时空，也激发了人们的征服欲和控制欲。人们将征服的矛头指向了大自然乃至宇宙，然而其内心试图把握与实际上无法把握时空的矛盾却将近代欧洲人带入了虚无主义的境地。寻不到安身立命之地的近代欧洲人，恰如歌德笔下的浮士德一样，心灵在不断的矛盾冲突中被撕裂，最后演绎为一场悲剧。

最后拉开的是中国人的戏幕。方东美对中国宇宙的描述一改对古希腊、近代欧洲人宇宙描述时以科学理趣为切入点的方法，而是从艺术意境去追溯中国人的宇宙观念，其理据在于“中国人播艺术之神思以经纶宇宙，故其宇宙之景象顿显芳菲蓊勃之意境”。在此基础上，方东美对中国宇宙的考察舍弃了数论的维度，仅从物质和空时两个维度进行，而在这两个维度中，又以空时为侧重。

中国人的时空，仰望则极于“云盖”，远瞩则尽于“四海”，上溯达于黄帝，下穷止于会元。其涯际与始终皆与古希腊的有限时空相似，但论其势用，却酷似近代欧洲人的无穷，因为中国人从不被具体的物象所拘泥，而是善于将有障碍、有形迹的东西“化作极空灵、极冲虚的现象，掩其实体，显其虚灵”[1]。方东美将

---

① 方东美：《中国人生哲学》，浙江人民出版社，2019 年版，第 19 页。

中国人这种不迷执于实体的特性概括为“实者虚之”，并以中国诗词为例详细分析了中国人是如何凭借“实者虚之”的方法在有限时空之中拓展出无穷之势用的。文中所列宋词节选自欧阳修的《瑞鹧鸪》《采桑子》《踏莎行》以及周邦彦的《霜叶飞·大石》，词人身处“近水平波”“候馆溪桥”“危阑坐倚”“关山极目”之境地，皆是有限空间，但词人身处这有限空间之中却并未生出局促之感，反而在低洼狭窄的近水之地，心觉这水波之中别有一番天地；在凭高望远看不见所思之人时，能想到“平芜尽处是春山，行人更在春山外”。可见，词人的心绪并未受到有限空间的束缚，反而能够越过空间的窒碍，生出无穷之意味。方东美在此点出，“中国人之空间，意绪之化境也，心情之灵府也”。中国人的空间不是如古希腊那般的物理空间，而是加入了主体情感的心灵空间，词人在“觉”“感”“想”“叹”之时，情感已不被物理空间所拘泥，所以诗人词客即便是身处弹丸之地，也能抒发性灵，拓展心意。方东美又以自身经历为证，其虽行于西湖九溪十八涧之有限空间中，但是当其将心绪由客观的物理时空转向“情绪意想所行之境”时，便“自觉穷天地之极际”。因此，中国人的空间是诗意的空间，是艺术的、审美的空间。

再说时间。《周易》是中国古代阐释时间的经典著作，“易曰：‘夫乾，其静也专，其动也直，是以大生焉；夫坤，其静也翕，其动也辟，是以广生焉’。”方东美由此指出，“天地之大德悉备于生生不已之易”。时间变化带来的是生生，即生命的不断创化，生生是天地之大德，是充满善性的过程。中国人的时间之所以能够承载生命的价值，与其运行规则有关。管子所言的“轮转而无穷”可以概括中国人时间的运行方式，它是回旋式的，不是直线式的，此种运行方式让人立足于现在的同时还可以回望过去、展望未来。中国人的时间也不同于近代欧洲人抽象的、虚幻的无穷时间，而是具体的、经验的时间，在这时间的进程中我们可以感受到春萌夏长秋收冬藏的生命历程。同时，时间又在不断的回旋轮转中将自身延伸至无穷，也让生命的创化过程行健不息。创生的过程是有节奏的，时间作为生命律动的象征也是充满乐感的。“据生命之进程以言时间，则其纪序妙肖音律，深合符节矣。是故善言天施地化及人事之纪者必取象乎律吕，班孟坚曰：‘夫阴阳登降运行，列为十二而律吕和矣’。”因此，中国人的时间是充满善性的，亦是具有艺术性的。时间和空间的统会构成了中国的宇宙，方东美将时间和空间分开来进行论述，是因为他认识到时间和空间有着不同的属性，两者在建构宇宙的过程中承担着不同的职能。时间是生命的代言，肩负着创进的价值，所以与道德有关；空间用以载生，生命在空间中实现超越，所以与美有关。时间化育生命，空间承载生命，同时，时间与空间又参与着美善价值的建构。所以，方东美认为，中国人的宇宙从不曾出现价值断裂的现象。可以说，中国的宇宙是生命大化流行的境界，是美善合一的系统。

宇宙观不同，中国人的生命情调以及由生命情调表现出的艺术美感自然也与古希腊人、近代欧洲人所不同。中国人生于自然宇宙之中，头顶创生之天，脚立广生之地，个体生命与宇宙生命化而为一、交融互摄。“宇宙之至善纯美挟普遍生命以周行，旁通统贯于各个人；个人之良心仁性顺积极精神而创造，流溢扩充于全宇宙。”[1]因此，在生生创化的自然宇宙的影响和熏陶下，中国人能够与天地合德、与大道同行，能够参天地之化育，在旷观宇宙的同时做到忠恕体物，与天地万物实现和谐共生。由此，中国人身处天、地、人三位一体的大系统中，一方面能够通过对

① 方东美：《中国人生哲学》，浙江人民出版社，2019年版，第110页。

宇宙生命的摄取来实现自我生命的充实，另一方面又通过对自我生命的扩充来实现对宇宙生命的增进。方东美将中国人的这种生命精神称为“情理圆融”，并解释道：“生命凭恃宇宙，宇宙衣被人生，宇宙定位而心灵得养，心灵缘虑而宇宙谐和，智慧之积所以称宇宙之名理也，意绪之流所以畅人生之美感也。”在对这种天人和谐关系体认的基础上，中国的艺术中也灿溢着生命的活力与美感，其并不着意于摹写事物的真实样态，而是表现事物的生命气韵以求传神。方东美盛赞元朝画家倪瓒，倪瓒在《清閟阁全集·跋画竹》中认为，画竹之时最应该关注的不是竹叶的疏密与枝干的直斜，而是竹子的生命情调与内心结合的气韵。

值得注意的是，虽然方东美在文中对古希腊和近代欧洲人的宇宙只是进行了描述性的分析，也有“中外宇宙观之不同，此其大较，至其价值如何论定，则见仁见智，存乎其人可也”这般的论述，但实际上其目的在于对中国宇宙的肯定与强调。究其原因，当与20世纪上半叶中华民族内忧外患的社会背景有关。面对西方文化的强烈冲击，有相当一部分中国知识分子走上了批判传统、崇拜西学的道路，方东美不满于中国传统文化被一味批判的现状，将自身强烈的民族身份认同感糅进学术创作中，力图在中西比较中凸出中国传统文化的优势，挽救中国文化日益被忽视的颓势。于是，在方东美看来，中国人身处的生生不已、美善统会的宇宙是最好的宇宙，在中国宇宙熏陶下的人格是理想的人格。而又因为人与宇宙的交融互摄关系，美、善等价值对于人来说都是先验存在，而非后天教育形成的结果。人生的实际就是一个价值统一体，各个价值之间相互促发、提携，维护着生命的圆满。后期教育的目的便在于让人生这种完满的状态得以恢复和呈现，这是方东美教育思想的独特之处。

《庄子·知北游》中言：“圣人者原天地之美而达万物之理。”

方东美常常引用此句，并认为这是对中国古人审美认知方式的准确概括。同时，此句话也是方东美所主张的让人的生命在创化历程中尽可能发挥出一切潜能所应该遵循的理路，即通过美的体悟来通达万物之理。这里的“美”是包括诗歌、戏剧、绘画、建筑等各类艺术形式的，也就是说，方东美认为，艺术可以带领我们走向完满的生命世界。艺术何以能够有如此功能？其依据在于“一切艺术都是从体贴生命之伟大处来的”[①]。这种美育观点认为，审美对于人生的影响不仅作用在精神层面，还体现为它能够引导人类的认知行为乃至审美地阐释人类的知识体系。方东美“以美启真”的观念沟通了审美与科学，打开了知识体系一向对审美紧闭的大门，而人们也就通过这扇门得以窥见生命的真谛。

20 世纪 30 年代，中国的美育理论要么让审美承担着过多的社会改革的重担，要么将审美处于道德与宗教之外的境地，审美与社会、审美与人生之间的天平始终难以平衡。在此意义上，方东美的美育观念认为审美既能够达理，又能够带领人生走向理想的境界，恰恰能弥补当时知识界美育观的不足。自始至终，方东美的美育观念强调的都是形上与形下、审美与科学的统一，呈现出的是一种圆融的思维。尽管方东美的思想带有理想化的色彩，但他的圆融思维为我们勾勒出了理想生命的轮廓，特别是在现代人对生存意义感到迷茫与陷入价值困境的今天，其美育思想的意义会更加凸显。

王敏撰写

① 方东美：《中国人生哲学》，浙江人民出版社，2019 年版，第 63 页。

15 谈美感教育

朱光潜

世间事物有真善美三种不同的价值，人类心理有知情意三种不同的活动。这三种心理活动恰和三种事物价值相当：真关于知，善关于意，美关于情。人能知，就有好奇心，就要求知，就要辨别真伪，寻求真理。人能发意志，就要想好，就要趋善避恶，造就人生幸福。人能动情感，就爱美，就欢喜创造艺术，欣赏人生自然中的美妙境界。求知、想好、爱美，三者都是人类天性；人生来就有真善美的需要，真善美具备，人生才完美。

教育的功用就在顺应人类求知、想好、爱美的天性，使一个人在这三方面得到最大限度的调和的发展，以达到完美的生活。“教育”一词在西文为Education，是从拉丁动词Educare来的，原义是“抽出”，所谓“抽出”就是“启发”。教育的目的在“启发”人性中所固有的求知、想好、爱美的本能，使它们尽量生展。中国儒家的最高的人生理想是“尽性”。他们说：“能尽人之性则能尽物之性，能尽物之性则可以参天地之化育。”教育的目的可以说就是使人“尽性”“发挥性之所固有”。

物有真善美三面，心有知情意三面，教育求在这三方面同时发展，于是有智育、德育、美育三节目。智育叫人研究学问，求知识，寻真理；德育叫人培养良善品格，学做人处世的方法和道理；美育叫人创造艺术，欣赏艺术与自然，在人生世相中寻出丰富的兴趣。三育对于人生本有同等的重要，但是在流行教育中，只有智育被人看重，德育在理论上的重要性也还没有人否认，至于美育则在实施与理论方面都很少有人顾及。二十年前蔡孑民先生一度提倡过“美育代宗教”，他的主张似没有发生多大的影响。

还有一派人不但忽略美育，而且根本仇视美育。他们仿佛觉得艺术有几分不道德，美育对于德育有妨碍。希腊大哲学家柏拉图就以为诗和艺术是说谎的，逢迎人类卑劣情感的，多受诗和艺术的熏染，人就会失去理智的控制而变成情感的奴隶，所以他对诗人和艺术家说了一番客气话之后，就把他们逐出“理想国”的境外。中世纪耶稣教徒的态度很类似。他们以倡苦行主义求来世的解脱，文艺是现世中一种快乐，所以被看成一种罪孽。近代哲学家卢梭是平等自由说的倡导者，照理应该能看得宽远一点，但是他仍是怀疑文艺，因为他把文艺和文化都看成朴素天真的腐化剂。托尔斯泰对近代西方艺术的攻击更丝毫不留情面，他以为文艺常传染不道德的情感，对于世道人心影响极坏。他在《艺术论》里说：“每个有理性有道德的人应该跟着柏拉图以及耶回教师，把这问题从新这样决定：宁可不要艺术，也莫再让现在流行的腐化的虚伪的艺术继续下去。”

这些哲学家和宗教家的根本错误在认定情感是恶的，理性是善的，人要能以理性镇压感情，才达到至善。这种观念何以是错误的呢？人是一种有机体，情感和理性既都是天性固有的，就不容易拆开。造物不浪费，给我们一份家当就有一份的用处。无论情感是否可以用理性压抑下去，纵是压抑下去，也是一种损耗，一种残废。人好比一棵花草，要根茎枝叶花实都得到平均的和谐的发展，才长得繁茂有生气。有些园丁不知道尽草木之性，用人工去歪曲自然，使某一部分发达到超出常态，另一部分则受压抑摧残。这种畸形发展是不健康的状态，在草木如此，在人也是如此。理想的教育不是摧残一部分天性而去培养另一部分天性，以致造成畸形的发展；理想的教育是让天性中所有的潜蓄力量都得尽量发挥，所有的本能都得平均调和发展，以造成一个全人。所谓"全人"除体格强壮以外，心理方面真善美的需要必都得到满足。只顾求知而不顾其他的人是书虫，只讲道德而不顾其他的人是枯燥迂腐的清教徒，只顾爱美而不顾其他的人是颓废的享乐主义者。这三种人都不是全人而是畸形人，精神方面的驼子跛子。养成精神方面的驼子跛子的教育是无可辩护的。

美感教育是一种情感教育。它的重要，我们的古代儒家是知道的。儒家教育特重诗，以为它可以兴观群怨；又特重礼乐，以为"礼以制其宜，乐以导其和"。《论语》有一段话总述儒家教育宗旨说："兴于诗，立于礼，成于乐。"诗、礼、乐三项可以说都属于美感教育。诗与乐相关，目的在怡情养性，养成内心的和谐（Harmony）；礼重仪节，目的在使行为仪表就规范，养成生活上的秩序（Order）。蕴于中的是性情，受诗与乐的陶冶而达到和谐；发于外的是行为仪表，受礼的调节而进到秩序。内具和谐而外具秩序的生活，从伦理观点看，是最善的；从美感观点看，也是最美的。儒家教育出来的人要在伦理和美感观点都可以看得过去。

这是儒家教育思想中最值得注意的一点。他们的着重点无疑地是在道德方面，德育是他们的最后鹄的，这是他们与西方哲学家宗教家柏拉图和托尔斯泰诸人相同的。不过他们高于柏拉图和托尔斯泰诸人，因为柏拉图和托尔斯泰诸人误认美育可以妨碍德育，而儒家则认定美育为德育的必由之径。道德并非陈腐条文的遵守，而是至性真情的流露。所以德育从根本做起，必须怡情养性。美感教育的功用就在怡情养性，所以是德育的基础工夫。

严格地说，善与美不但不相冲突，而且到最高境界，根本是一回事。它们的必有条件同是和谐与秩序。从伦理观点看，美是一种善；从美感观点看，善也是一种美。所以在古希腊文与近代德文中，美善只有一个字，在中文和其他近代语文中，“善”与“美”二字虽分开，仍可互相替用。真正的善人对于生活不苟且，犹如艺术家对于作品不苟且一样。过一世生活好比做一篇文章，文章求恰心贵当，生活也须求恰心贵当。我们嫌恶行为上的鄙卑龌龊，不仅因其不善，也因其丑，我们赞赏行为上的光明磊落，不仅因其善，也因其美。一个真正有美感修养的人必定同时也有道德修养。

美育为德育的基础，英国诗人雪莱在《诗的辩护》里也说得透辟。他说：“道德的大原在仁爱，在脱离小我，去体验我以外的思想行为和体态的美妙。一个人如果真正做善人，必须能深广地想象，必须能设身处地替旁人想，人类的忧喜苦乐变成他的忧喜苦乐。要达到道德上的善，最大的途径是想象；诗从这根本上做工夫，所以能发生道德的影响。”换句话说，道德起于仁爱，仁爱就是同情，同情起于想象。比如你哀怜一个乞丐，你必定先能设身处地想象他的痛苦。诗和艺术对于主观的情境必能“出乎其外”，对于客观的情境必能“入乎其中”，在想象中领略它，玩索它，所以能扩大想象，培养同情。这种看法也与儒家学说暗合。儒家在诸德中特重“仁”，“仁”近于耶稣教的“爱”、佛教的“慈悲”，是一种天性，也是一种修养。仁的修养就在诗。儒家有一句很简赅深刻的话：“温柔敦厚诗教也。”诗教就是美育，温柔敦厚就是仁的表现。

美育不但不妨害德育而且是德育的基础，如上所述。不过美育的价值还不仅在此。西方人有一句恒言说：“艺术是解放的，给人自由的。”（Art is liberative.）这句话最能见出艺术的功用，也最能见出美育的功用。现在我们就在这句话的意义上发挥。从哪几方面看，艺术和美育是“解放的，给人自由的”呢？

第一是本能冲动和情感的解放。人类生来有许多本能冲动和附带的情感，如性欲、生存欲、占有欲、爱、恶、怜、惧之类。本自然倾向，它们都需要活动，需要发泄。但是在实际生活中，它们不但常彼此互相冲突，而且与文明社会的种种约束如道德宗教法律习俗之类不相容。我们每个人都知道，本能冲动和欲望是无穷的，而实际上有机会实现的却寥寥有数。我们有时察觉到本能冲动和欲望不大体面，不免起羞恶之心，硬把它们压抑下去；有时自己对它们虽不羞恶而社会的压力过大，不容它们赤裸裸地暴露，也还是被压抑下去。性欲是一个最显著的例。从前哲学家宗教家大半以为这些本能冲动和情感都是卑劣的、不道德的、危险的，承认压抑是最好的处置。他们的整部道德信条有时只在理智镇压情欲。我们在上文指出这种看法的不合理，说它违背平均发展的原则，容易造成畸形发展。其实它的祸害还不仅此。弗洛伊德（Freud）派心理学告诉我们，本能冲动和附带的情感仅可暂时压抑而不可永远消灭，它们理应有自由活动的机会。如果勉强被压抑下去，表面上像是消灭了，实际上在潜意识里凝聚成精神的疮疖，为种种变态心理和精神病的根源。依弗洛伊德看，我们现代文明社会中人因受道德宗教法律习俗的裁制，本能冲动和情感常难得正常的发泄，大半都有些“被压抑的欲望”所凝成的“情意综”（Complexes）。这些情意综潜蓄着极强烈的捣乱力，一旦爆发，就成精神上种种病态。但是这种潜力可以藉文艺而发泄，因为文艺所给的是想象世界，不受现实世界的束缚和冲突，在这想象世界中，欲望可以用“望梅止渴”的办法得到满足。文艺还把带有野蛮性的本能冲动和情感提到一个较高尚较纯洁的境界去活动，所以有升华作用（Sublimation）。有了文艺，本能冲动和情感才得自由发泄，不致凝成疮疖酿精神病，它的功用有如机器方面的“安全瓣”（Safety volve）。弗洛伊德的心理学有时近于怪诞，但实含有一部分真理。文艺和其他美感活动给本能冲动和情感以自由发泄的机会，在日常经验中也可以得到证明。我们每当愁苦无聊时，费一点工夫来欣赏艺术作品或自然风景，满腹的牢骚就马上烟消云散了。读古人痛快淋漓的文章，我们常有“先得我心”的感觉。看过一部戏或是读过一部小说以后，我们觉得曾经紧张了一阵是一件痛快事。这些快感都起于本能冲动和情感在想象世界中得解放。最好的例子是哥德[①]著《少年维特之烦恼》的经过。他少时爱过一个已经许人的女子，心里痛苦已极，想自杀以了一切。有一天他听到一位朋友失恋自杀的消息，想到这事和他自己的境遇相似，可以写成一部小说。他埋头两礼拜，写成《少年维特之烦恼》，把自己心中怨慕愁苦的情绪一齐倾泻到书里，书成了，他的烦恼便去了，自杀的念头也消了。从这实例看，文艺确有解放情感的功用，而解放情感对于心理健康也确有极大的裨益，我们通常说一个人情感要有所寄托，才不致苦恼烦闷，文艺是大家公认为寄托情感的最好的处所，所谓“情感有所寄托”还是说它要有地方可以活动，可得解放。

其次是眼界的解放。宇宙生命时时刻刻在变动进展中，希腊哲人有“濯足急流，抽足再入，已非前水”的譬喻。所以在这种变动进展的过程中每一时每一境都是个别的、新鲜的、有趣的。美感经验并无深文奥义，它只在人生世相中见出某一时某一境特别新鲜有趣而加以流连玩味，或者把它描写出来。这句话中“见”字最紧要。我们一般人对于本来在那里的新鲜有趣的东西不容易“见”着。这是什么缘故呢？不能“见”必有

① 歌德。——编者注

所蔽。我们通常把自己囿在习惯所画成的狭小圈套里，让它把眼界“蔽”着，使我们对它以外的世界都视而不见，听而不闻。比如我们如果囿于饮食男女，饮食男女以外的事物就见不着；囿于奔走钻营，奔走以外的事就见不着。有人向海边农夫称赞他的门前海景美，他很羞涩地指着屋后菜园说：“海没有什么，屋后的一园菜倒还不差。”一园菜囿住了他，使他不能见到海景美。我们每个人都有所囿，有所蔽，许多东西都不能见，所见到的天地是非常狭小的，陈腐的，枯燥的。诗人和艺术家所以超过我们一般人者就在情感比较真挚，感觉比较锐敏，观察比较深刻，想象比较丰富。我们“见”不着的他们“见”得着，并且他们“见”得到就说得出，我们本来“见”不着的他们“见”着说出来了，就使我们也可以“见”着。像一位英国诗人所说的，他们“借他们的眼睛给我们看”（They lend their eyes for us to see）。中国人爱好自然风景的趣味是陶谢王韦诸诗人所传染的。在 Turner[①] 和 Whistler[②] 以前，英国人就没有注意到泰晤士河上有雾。Byron[③] 以前，欧洲人很少赞美威尼斯。前一世纪的人崇拜自然，常咒骂城市生活和工商业文化，但是现代美国俄国的文学家有时把城市生活和工商业文化写得也很有趣。人生的罪孽灾害通常只引起忿恨，悲剧却教我们于罪孽灾祸中见出伟大壮严；丑陋乖讹通常只引起嫌恶，喜剧却教我们在丑陋乖讹中见出新鲜的趣味。Rembrandt[④] 画过一些疲癃残疾的老人以后，我们见出丑中也还有美。象征诗人出来以后，许多一纵即逝的

---

① 特纳。——编者注

② 惠斯勒。——编者注

③ 拜伦。——编者注

④ 伦勃朗。——编者注

情调使我们觉得精细微妙，特别值得留恋。文艺逐渐向前伸展，我们的眼界也逐渐放大，人生世相越显得丰富华严。这种眼界的解放给我们不少的生命力量，我们觉得人生有意义，有价值，值得活下去。许多人嫌生活枯燥，烦闷无聊，原因就在缺乏美感修养，见不着人生世相的新鲜有趣。这种人最容易堕落颓废，因为生命对于他们失去意义与价值。“哀莫大于心死”，所谓“心死”就是对于人生世相失去解悟与留恋，就是不能以美感态度去观照事物。美感教育不是替有闲阶级增加一件奢侈，而是使人在丰富华严的世界中随处吸收支持生命和推展生命的活力。朱子有一首诗说：“半亩方塘一鉴开，天光云影共徘徊，问渠那得清如许？为有源头活水来。”这诗所写是一种修养的胜境。美感教育给我们的就是“源头活水”。

第三是自然限制的解放。这是德国唯心派哲学家康德、席勒、叔本华、尼采诸人所最着重的一点，现在我们用浅近语来说明它。自然世界是有限的，受因果律支配的，其中毫末细故都有它的必然性，因果线索命定它如此，它就丝毫移动不得。社会由历史铸就，人由遗传和环境造成。人的活动寸步离不开物质生存条件的支配，没有翅膀就不能飞，绝饮食就会饿死。由此类推，人在自然中是极不自由的。动植物和非生物一味顺从自然，接受它的限制，没有过分希冀，也就没有失望和痛苦。人却不同，他有心灵，有不可餍的欲望，对于无翅不飞绝食饿死之类事实总觉有些歉然。人可以说是两重奴隶，第一服从自然的限制，其次要受自己的欲望驱使。以无穷欲望处有限自然，人便处处觉得不如意，不自由，烦闷苦恼都由此起。专就物质说，人在自然面前是很渺小的，它的力量抵不住自然的力量，无论你有如何大的成就，到头终不免一死，而且科学告诉我们，人类一切成就到最后都要和诸星球同归于毁灭，在自然圈套中求征服自然是不可能的，好比孙悟空跳来跳去，终跳不出如来佛的掌心。但是在精神方面，人可以跳开自然的圈套而征服自然，他可以在自然世界之外另在想象中造出较能合理慰情的世界。这就是艺术的创造。在艺术创造中人可以把自然拿在手里来玩弄，剪裁它，锤炼它，从新给以生命与形式。每一部文艺杰作以至于每人在人生自然中所欣赏到的美妙境界都是这样创造出来的。美感活动是人在有限中所挣扎得来的无限，在奴隶中所挣扎得来的自由。在服从自然限制而汲汲于饮食男女的寻求时，人是自然的奴隶；在超脱自然限制而创造欣赏艺术境界时，人是自然的主宰。换句话说，就是上帝。多受些美感教育，就是多学会如何从自然限制中解放出来，由奴隶变成上帝，充分地感觉人的尊严。

爱美是人类天性，凡是天性中所固有的必须趁适当时机去培养，否则像花草不及时下种及时培植一样，就会凋残萎谢。达尔文在自传里懊悔他一生专在科学上做工夫，没有把他年轻时对于诗和音乐的兴趣保持住，到老来他想用诗和音乐来调剂生活的枯燥，就抓不回年轻时那种兴趣，觉得从前所爱好的诗和音乐都索然无味。他自己说这是一部分天性的麻木。这是一个很好的前车之鉴。美育必须从年轻时就下手，年纪愈大，外务日纷繁，习惯的牢笼愈坚固，感觉愈迟钝，心里愈复杂，欣赏艺术力也就愈薄弱。我时常想，无论学哪一科专门学问，干哪一行职业，每个人都应该会听音乐,不断地读文学作品,偶尔有欣赏图画雕刻的机会。在西方社会中这些美感活动是每个受教育者的日常生活中的重要节目。我们中国人除专习文学艺术者以外，一般人对于艺术都漠不关心。这是最可惋惜的事，它多少表示民族生命力的低降与精神的颓靡。从历史看，一个民族在最兴旺的时候，艺术成就必伟大，美育必发达。史诗悲剧时代的希腊、文艺复兴时代的意大利、莎士比亚时代的英国、哥德和贝多芬时代的德国都可以为证。我们中国人古代对于诗乐舞的嗜好也极普遍。《诗经》《礼记》《左传》诸书所记载的歌乐舞的盛况常使人觉得仿佛是置身近代欧洲社会。孔子处周衰之际，特致慨于诗亡乐坏，也是见到美育与民族兴衰的关系密切。现在我们要想复兴民族，必须恢复周以前歌乐舞的盛况，这就是说，必须提倡普及的美感教育。

选自《谈修养》，中周出版社，1943 年版。

导读

朱光潜（1897—1986），安徽桐城人，中国现当代著名的美学家、文艺理论家、翻译家、教育家。作为20世纪中国最重要的美学家之一，他的美学思想博大精深，具有深厚的中西文化的根基，不仅根植于传统的中华文化土壤，对儒家经典与老庄佛学都有所涉及，也引进了众多西方美学流派，受到康德、克罗齐、尼采、叔本华等哲学家的影响，还融合了美学、哲学、心理学、生理学等多种学科知识。正如朱光潜在回顾自己的学术经历时所谈到的那样："我原来的兴趣中心第一是文学，其次是心理学，第三是哲学。因为喜欢文学，就被逼到研究批评的标准、艺术与人生、艺术与自然、内容与形式、语文与思想等问题。因为喜欢心理学，我就被逼到研究想象与情感的关系、创造与欣赏的心理活动以及文艺趣味上的个别差异。因为喜欢哲学，我就被逼到研究康德、黑格尔和克罗齐诸人讨论美学的著作。这样一来，美学就成为我喜欢的几门学问的联络线索了。"[①] 在中国传统与西方文化的双重背景下，朱光潜先生汲取百家思想的精华同时加以创新，最终成一家之言。

① 朱光潜：《我学美学的经历和一点经验教训》，见《朱光潜全集》（第10卷），安徽教育出版社，1993年版，第569—570页。

朱光潜的美学思想与人生有着密切的联系，他推崇“情趣”，并且将“人生的艺术化”作为其美学思想的理想目标，具有鲜活的实践倾向。正如他在《谈美》中所言：“艺术是情趣的表现，而情趣的根源就是人生。反之，离开人生便无所谓艺术，因为艺术是情趣的表现，而情趣的根源就在人生。”[①] 朱光潜先生一生从未停止过对学术的探索，从美感经验论到美是主客观的统一，再到实践美学，他的美学理论一直在不断地更新完善，创作了《文艺心理学》《谈美》《诗论》《西方美学史》等著名的美学著作，为我国现代美学的发展奠定了坚实的基础。

朱光潜专门论述美育的著作并不多，他的美育思想蕴涵在其美学著作中，是其美学思想中的重要组成部分。阎国忠先生曾道：“朱光潜虽以绝大部分精力讨论文艺创造与欣赏问题，但其真正的落脚点却在审美教育，他的著述，从《给青年的十二封信》开始，几乎篇篇都没有离开审美教育。”[②] 他曾提出“五育并重、美育为基”的主张，倡导教育以发展“全人”为宗旨，还吸收了席勒的人本主义美育观，强调美育对现实人生的美化作用，重视审美教育中情感与艺术的价值关系、美育“怡情养性”的功能。他的“人生艺术化”、美育“解放说”等美育观点在当代也绽放出巨大的生命力，对我国当代美育建设具有重要的借鉴意义。在本篇《谈美感教育》中，朱光潜就对“全人”、美育与德育的关系以及美育对人的意义和价值等问题进行了重点阐述。

① 朱光潜：《〈谈美〉序》，见《朱光潜全集》（第 2 卷），安徽教育出版社，1987 年版，第 100 页。

② 阎国忠：《朱光潜美学思想及其理论体系》，安徽教育出版社，1994 年版，第 159 页。

一、“尽性全人”的教育观

在文章开头，朱光潜借用康德关于知情意的三分法，指出“人类心理有知情意三种不同的活动”，它们与“真善美”三种价值是相当的。“求知、想好、爱美，三者都是人类天性；人生来就有真善美的需要，真善美具备，人生才完美。”这三种天性分别对应了智育、德育、美育三种教育方式，由此可看出，朱光潜追求的是人的全面发展的教育观，他将真善美放置于人生的背景之中，从人生的整体角度来论述审美活动，将美育赋予了与智育、德育相等的地位。随后他指出了教育的功用，“教育的功用就在于顺应人类求知、想好、爱美的天性，使一个人在这三方面得到最大限度的调和的发展，以达到完美的生活”，“教育”一词具有“启发”意义，因此它的目的在于启发人类这种天性并使它们在人身上得以和谐发展，这种启发性与儒家最高的人生理想“尽性”有异曲同工之妙。因此理想的教育就应该是包含了德、智、体、美等项目的全面教育，通过全方位的教育来发挥人体内的力量本能。

朱光潜同时指出在我国长期发展过程中，美育并没有获得足够的重视，经常会产生过于重视智育、忽视或否认美育的现象，甚至古往今来许多哲学家和宗教家也对美育持一种仇视的态度。朱光潜对历史上这些主智派持批判态度，他举了柏拉图、卢梭等人仇视美育的例子，认为这些哲学家与教育家轻视文艺的原因在于他们没有正确地看待理性与情感，固执地将理性看作是善的，情感为恶的，而朱光潜“尊崇理性和意志，却也不菲薄情感和想象”，为情感与美育做了辩护。他认为理性与情感作为我们天性中固有的成分，都有存在的必要，不能以一方来压制另一方，只有二者均衡发展，才能发展为“全人”。园丁如果不尽草木之性，过度以人工歪曲自然会导致花草树木畸形发展，花草树木要和谐发展，方能生长得繁茂，而人亦是如此，“不是摧残一部分天性而去培养另一部分天性，以致造成畸形的发展”，讲述了均衡发展的重要性。

朱光潜认为理想的教育应该让本能得以平均调和发展，并提出了“全人”的概念，重视了美育的独立地位。朱光潜在这里引入的“全人”概念，指的是身体强壮，同时心理上真善美都满足的人，如果不能全都满足，就是畸形人，体现了朱光潜对于全面发展教育问题的思考。全人除了体格强壮之外，真善美的需要都要得到满足，只顾求知的人是书虫，只讲道德的人是枯燥迂腐的清教徒，只顾爱美的人是颓废的享乐主义者，他们都是精神方面的驼子跛子。在近代美育发展历程中，王国维、蔡元培等也提出过与“全人”相关的概念。王国维在《论教育之宗旨》中，曾提出“完全之人物”的概念，将德育、智育、美育并举，但除了看到美育具有调和感情的作用外，他更多是将美育看作发展德育、智育、体育的手段和辅助。蔡元培也曾提出过“健全人格”的概念，将健全人格分为德育、智育、体育、美育，认为美育具有促进创造力发展的作用。在《谈美感教育》一文中，朱光潜虽然也将美育看作实现德育的一种途径，但也注意到了美育对人的解放作用。

二、美育是德育的基础

朱光潜从“美感教育是一种情感教育”出发，对美育与道德的关系从两方面加以总结：其一，美从根本上就是善；其二，美育为德育的基础，是德育的必由之径。

通过以“礼乐”精神为核心的儒家美育思想，朱光潜论述了美育与德育的关系，他说诗、乐、礼同属于美感教育，诗与乐相关，目的都在于怡情养性，养成内心的和谐，礼则使外表规范，形成秩序，而这种“内具和谐而外具秩序的生活，从伦理观点看，是最善的；从美感观点看，也是最美的”，由此得出了“善与美不但不相冲突，而且到最高境界，根本是一回事”的结论。比起柏拉图、托尔斯泰等人对美育的否定态度，朱光潜对儒家教育思想明显更为认可，认为虽然儒家教育中重点和目的放在德育方面，但并没有排斥美育的作用，认为“美育是德育的必由之径”，在朱光潜眼中，这也是儒家教育高于柏拉图诸人的地方。席勒曾说：“道德的人只能从审美的人发展而来，不能由自然状态中产生。”[①]可见要想实现德育的目的，应该从美育出发实现这种过渡。我们评价一个人时，不能只关注他的外貌，更重要的是评价他的道德品质，“一个真正有美感修养的人必定同时也有道德修养”。如法国作家雨果《巴黎圣母院》中的敲钟人伽西莫多，虽然外貌极其丑陋，但其丑陋的外表之下却拥有一颗美丽善良的心，展现出互助友爱与舍己为人的人性美德，这里的美与丑就已然与表象无关了。

朱光潜还引用了雪莱在《诗的辩护》里的观点，进一步论述了美育不仅对德育没有妨碍作用，而且还是德育的基础。“道德起于仁爱，仁爱就是同情，同情起于想象”，在这里“想象”是沟通德育与美育的一种很重要的中介。“想象”是艺术审美中不可或缺的因素，无论是艺术家的创作，还是欣赏者的欣赏，都需要一种创造性的想象，通过领略艺术之美，人们更容易发挥想象的作用，领略人生的奥妙。对于德育来说，想象也是培养同情、养成道德的重要途径，只有对人生有着深刻的体悟，才能建立道德。

① 席勒：《美育书简》，徐恒醇译，中国文联出版公司，1984 年版，第 118 页。

在《谈恻隐之心》中，朱光潜认为许多成人残酷的很大原因就在于他们感觉迟钝，想象平凡，除了天性的原因，“风俗习惯的渲染和教育的熏陶也有关系”[①]。而文艺恰恰能够丰富人们的想象，培养同情，促进道德的形成，因此在教学中渗透进美育的因素，发挥艺术的价值，不仅能够提高学生的审美修养，还能健全人格，对德育的实施也能起到事半功倍的作用。

美感教育的功能就在于怡情养性。培养良好的道德人格，要从怡情养性做起。例如音乐作为一种表达情感的艺术，能够通过丰富蕴藉的情感因素引起人们的想象与共鸣。徜徉于优秀的音乐中，人们往往能够更加细腻地感受生活。在当下美育教学中，应该将情感因素渗入其中，在提高学生审美欣赏力的同时实现德育的目标。如在音乐课堂中教师引导学生欣赏富有教育意义的音乐，通过体悟其中的旋律、情感，在艺术的熏陶中帮助学生树立正确的世界观、人生观、价值观，塑造高尚的道德情感。

三、美育的价值

除了将美育看作是德育的基础之外，朱光潜还看到了美育更加深刻的生命哲学意义，“艺术是解放的，给人自由的”，即美育对本能冲动、对人的眼界与自然限制都具有一种解放作用。

（一）本能冲动与情感的解放

朱光潜从精神分析学的角度，指出人类社会中存在许多的本能冲动，它们在生活中常常受到道德、法律等的约束，如果不加节制地予以释放，可能违反法律道德，若是一味压抑则可能使人积郁成疾，心情难以舒畅。许多哲学家宗教家认为这些本能冲动

---

① 朱光潜：《谈恻隐之心》，见《朱光潜全集》（第 4 卷），安徽教育出版社，1988 年版，第 65 页。

是卑劣的,需要受到压抑,但朱光潜却认为这种冲动不能完全消除,如果过度压抑容易造成一种畸形的发展，产生更大的祸患。他引用了弗洛伊德心理学的观点,认为这种压抑会形成一种“情意综”,一旦爆发就会形成精神上的种种病态。现实世界中人们总是会被各种欲望所包围，既不能肆意发泄，也不能完全压制，该如何合理地排解这种冲动呢?

朱光潜以文艺为我们指明了道路，指出文艺和美感活动就是使这种冲动得以发泄的途径，它们发挥着如机器中“安全瓣”之类的作用，使主体的情感得以升华，达到更加高尚的境界。朱光潜对弗洛伊德心理学中此观点持认同态度，并以歌德的《少年维特之烦恼》为例进行了生动阐述。歌德通过写作抒发了自己心中的怨慕愁苦的情绪，使得自己的情感得以寄托，改变了想要自杀的想法。这是因为“文艺所给的是想象世界，不受现实世界的束缚和冲突”，它能将这种野蛮的本能冲动带到更加高尚纯洁的境界中去。在现实生活中，文艺对于寄托情感的作用也是为人们所认可的，在我们愁苦烦闷的时候，寄情于艺术能够帮助我们的内心恢复舒适与平静，古代许多诗人在遭贬谪之后往往选择吟诗作对的方式抒发自己内心的苦闷，在酣畅淋漓的艺术创作中释放自我。朱光潜提出的以美育来解放情感的方式，是有很强的现实意义的，身处快节奏的现代社会，人们面临较之以往更大的压力，如果不能选择合适的方式加以排解，会产生更大的精神危机，因此以美育来疏导本能冲动很有必要。

（二）眼界的解放

美育除了解放情感之外，还能解放人们的眼界，这里的眼界是与审美趣味和审美能力相联系的，即“在人生世相中见出某一时某一境特别新鲜有趣而加以流连玩味”。在生活中，我们每个人都会囿于某种习惯所形成的狭小圈套里，而诗人和艺术家却可以跨越这种局限，看见一种我们所看不到的天地。朱光潜认为造成这种情况的原因就在于诗人和艺术家眼界的开阔，能见我们所不能见，更加敏锐地体会到人生中的趣味。这里体现出朱光潜“人生的艺术化”的理论，他认为“艺术是情趣的活动”，将人分为艺术家与俗人，前者情趣丰富，且到处寻求趣味，后者对许多事物都没有趣味，终日与蝇蛆争温饱。

许多人在生活中找不到乐趣，很大原因就在于缺乏美感修养，难以发现人生的美，而艺术家却往往是具有丰富情趣的人，这是因为“艺术是情趣的活动，艺术的生活也就是情趣丰富的生活，文艺能促进眼界的解放，使人在人生世相中发展美感与趣味”。艺术家善于通过文艺来获得“源头活水”，获得生命的滋养。朱光潜以“半亩方塘一鉴开，天光云影共徘徊。问渠那得清如许，为有源头活水来”来形容美感教育所带来的修养胜境，以“源头活水”来比喻美感教育，贴切地显示了美感教育对于眼界解放的功用，这里的眼界解放实际上与趣味观相联系。

关于教育对于眼界解放的作用，朱光潜曾以文学趣味为例进行了阐述，即“文学的修养可以说是文学趣味的修养”，具备高超文学修养的人更能体悟到文学中的趣味。关于如何增强文学的修养，朱光潜先生亦有所提及：“我们应该做的功夫是根据固有的资禀性情而加以磨砺陶冶，扩充身世经历而加以细心的体验，接受多方的传统习尚而求截长取短，融会贯通。这三层功夫就是普通所谓学问修养。”[①] 文学方面如此，审美又何尝不是呢？在普通人眼中，一朵花、一片云可能没有什么特别之处，但是在艺术家的眼中，却能仰观宇宙之大，俯察品类之盛，见一叶而知秋，

① 朱光潜：《文学的趣味》，见《朱光潜全集》（第4卷），安徽教育出版社，1988年版，第175页。

窥一斑而见全豹，感受到世界中别样的趣味与情感，甚至可以从中领悟到生命与宇宙的真谛。经过美感与艺术的陶冶，人们在浮尘俗世中也能躲避喧嚣，发现生命中的意趣与美好，这便是美育对人的价值所在。

（三）自然限制的解放

在此处，朱光潜借用康德、席勒、尼采、叔本华都着重的“自然限制”的观点，指出自然世界受到因果律与必然性的限制，人在自然中是不自由的。人在自然界中“第一服从自然的限制，其次要受自己的欲望驱使。以无穷欲望处有限自然，人便处处觉得不如意，不自由，烦闷苦恼都由此起”。人无法打破外界对人的限制，只能顺势而为，合理利用，也无法完全克制自己内心的欲望，受到双重奴役。正是因为如此，人在很多时候都是无能为力的，但是在精神上，却可以通过艺术与想象塑造出一种美妙的境界，摆脱自然的限制与物质社会的牵绊，获得心灵上的自由，成为自然的主宰。艺术是如何使人摆脱双重奴役、获得自由的，朱光潜提出艺术是“无所为而为”的观点，“在有所为而为时，人是环境需要的奴隶，在无所为而为时，人是自己心灵的主宰”[①]。通过在艺术中实现理想，转移世俗中的欲望，宣泄烦闷情绪，弥补自然的缺陷，也体现了朱光潜思想中“超脱”的特点。

朱光潜曾在《消除烦闷与超脱现实》一文中将人类烦闷的本质归结为“不能调和的理想和现实的冲突”，认为通过满足欲望来解决烦闷是不可行的，因为欲望层出不穷，没有止境，环境也不易征服，因此他提出了通过宗教、婴儿、美术来超脱现实的方法，其中美术便是审美教育的途径。“譬如在实际上看见一个美人，

① 朱光潜：《文艺与道德（二）：理论的建设》，见《朱光潜美学文集》（第1卷），上海文艺出版社，1982年版，第129页。

占有欲就蠢蠢欲动。但是看雷阿那多·达·芬奇画的《蒙娜丽莎》，如果曾经受过美术的陶冶，那时心神只像烟笼寒水迷离恍惚，把世界上一切悲欢苦乐遗忘净尽了，还有什么欲望？”

《论语》记载颜回居住于陋巷中，“一箪食，一瓢饮，在陋巷，人不堪其忧，回也不改其乐”，即使身处陋室，过着清贫的、他人无法忍受的生活，颜回也能怡然自乐。这便是他内心充实、精神丰富的缘故，能够超脱于现实的世俗欲望，徜徉于他所追求的精神享受中。只有实现心灵的自由，我们才能够成为自己的上帝，获得真正的自由与解放。

在文章最后，朱光潜对我国大多数国民对艺术的漠视态度表现出深深的惋惜与慨叹，以史诗悲剧时代的希腊、文艺复兴时代的意大利等为例分析了美育的发达程度与民族兴衰的密切关系，指出了普及美感教育的重要性与紧迫性。人类天性的培养必须要趁适当时机，在朱光潜看来，年轻时期是发展美育的最好时机，因为随着年龄的增长，人们会更容易陷入习惯的牢笼，对艺术的感觉也会更加迟钝，艺术欣赏能力也就会愈薄弱。这也提示我们在推行美育的过程中要尽早实施，充分利用孩子反应最灵敏、对新鲜事物兴趣最浓厚的关键时期，如此才能让美育发挥出更大的效果，保持住对于艺术的兴趣。同时，他还提出应使审美教育成为一种日常生活活动，这也与他“人生艺术化”的理念相符合，只有将审美教育落实到人的生活中去，使审美浸入人的生活，才能在人生历程中实现审美教育的目标。

四、小结

朱光潜的美育思想融合了儒家传统教育思想与西方的美育思想，强调“全人”的教育理念，具有“出世—入世”二极性的人生态度[1]。朱自清在《文艺心理学》的序言中提及，朱光潜提倡“人生的艺术化”就是提倡一种既认真又豁达、融真善美为一体的艺术态度，“这种艺术的态度便是‘美育’的目标所在”。这种艺术化的人生就是人生的至高境界。他所提创的美育理论，不仅为我们留下了宝贵的知识财富，他对于学术探索永不止步的知行合一的精神更加值得我们学习。在本篇文章中，朱光潜提出的美育理论对我们当代美育的建设也有很强的借鉴意义。

朱光潜在当时提出“全人”观点，将美育与智育、德育并重，很大程度上是不满民国时期不良的社会风气与混乱的教育体系。为了实现自己教育救国的梦想，他认为这种背景下社会上的青年人缺乏应有的朝气，因此提出了“五育并重，美育为基”的教育主张。在弘扬中华美育精神，倡导“以美育人、以美化人、以美培元”的当代社会，朱光潜的“全人”教育思想也仍然闪烁着明亮的光辉。他在本文中对“怡情养性”的美感教育的倡导，对于我们当下所提倡的德智体美劳全面发展的素质教育、加强美育的渗透作用具有重要意义。这同时也启发我们应该辩证地看待情感与理性的关系，当代社会，科技的迅速发展为我们的生活创造了巨大的物质财富，人们常常以理性代替情感与个性化创造，但如果只讲理性，人生就会失去生机与活力，如微澜死水般无趣。

在论述美育与德育的关系问题时，朱光潜提到了一个重要的词语——想象。不仅文学艺术需要想象，从本文中我们还可以看到想象对于美育与德育的沟通作用。这种想象能力也是当下教育学生需要掌握的一种思维模式，中小学生处于思维最为活跃、想象力最为丰富的阶段，而当前很多的教育模式只注重知识的传授，

① 劳承万：《论朱光潜的美学体系及其当代意义》，《湛江师范学院学报（哲学社会科学版）》，1997 年第 3 期。

扼杀了学生的这种想象天分。因此选择合适的方式引导学生的想象能力也有助于学生综合素质的提高，在当代美育中，我们也应通过艺术或美的事物，如对学生写诗、画画或音乐等兴趣加以引导，让他们的想象力能够尽情翱翔，也就提高了他们对世界的感悟能力与审美趣味。

他还看到艺术对人的心灵的解放作用，认为通过美育人们能够摆脱物质世界与内心欲望对人的限制，获得自由的境界。在美育中，坚持对艺术化的追求，有助于提高青少年的认识能力、审美能力，培养学生豁达的心胸与处世态度，在心情受到压抑时加以自我调节。同也启发我们，不应停止对“人生的艺术化”的追求，争做有情趣有品格的人，不做“庸人”。想要实现这个目标，就不能只顾眼前利益，太过拘泥于利益得失，应“以出世态度做入世精神”，对生活进行“无所为而为”的玩索，才能抓住生活中的意趣，体会到旁人难以体会的愉悦与美感，扩充自己的眼界，摆脱欲望与本能冲动的禁锢，实现真正的自由。正如朱光潜先生所呼吁的那样：“慢慢走，欣赏啊！”

丁丹丹撰写

16 美从何处寻？

宗白华

啊，诗从何处寻？
在细雨下，点碎落花声，
从微风里，飘来流水音，
在蓝空天末，摇摇欲坠的孤星！

——《流云小诗》

尽日寻春不见春，
芒鞋踏遍陇头云，
归来笑拈梅花嗅，
春在枝头已十分。

——［宋］罗大经：《鹤林玉露》中载某尼悟道诗

诗和春都是美的化身，一是艺术的美，一是自然的美。我们都是从目观耳听的世界里寻得她的踪迹。某尼悟道诗大有禅意，好像是说“道不远人”，不应该“道在迩而求诸远”。好像是说：“如果你在自己的心中找不到美，那么，你就没有地方可以发现美的踪迹。”

然而梅花仍是一个外界事物呀，大自然的一部分呀！你的心不是“在”自己的心的过程里，感觉、情绪、思维里找到美而只是“通过”感觉、情绪、思维找到美，发现梅花里的美。美对于你的心，你的“美感”是客观的对象和存在。你如果要进一步认识她，你可以分析她的结构、形象、组成的各部分，得出“谐和”的规律，“节奏”的规律，表现的内容，丰富的启示，而不必顾到你自己的心的活动，你越能忘掉自我，忘掉你自己的情绪波动，思维起伏，你就越能够“漱涤万物，牢笼百态”（柳宗元语），你就会像一面镜子，像托尔斯泰那样，照见了一个世界，丰富了自己，也丰富了文化。人们会感谢你的。

那么，你在自己的心里就找不到美了吗？我说，我们的心灵起伏万变，经常碰到情感的波涛，思想的矛盾，当我们身在其中时，恐怕尝到的是苦闷，而未必是美。只有莎士比亚或巴尔扎克把它形象化了，表现在文艺里，或是你自己手之舞之，足之蹈之，把你的欢乐表现在舞蹈的形象里，或把你的忧郁歌咏在有节奏的诗歌里，甚至于在你的平日的行动里、语言里，一句话说来，就是你的心要具体地表现在形象里，那时旁人会看见你的心灵的美，你自己也才真正的切实地具体地发现你的心里的美。除此以外，恐怕不容易吧！你的心可以发现美的对象（人生的，社会的，自然的），这“美”对于你是客观的存在，不以你的意志为转移。（你的意志只能主使你的眼睛去看她或不去看她，而不能改变她。你能训练你的眼睛深一层地去认识她，却不能动摇她。希腊伟大的艺术不因中古时代的晦暗而减少它的光辉。）

宋朝某尼虽然似乎悟道，然而她的觉悟不够深，不够高，她不能发现整个宇宙已经盎然有春意，假使梅花枝上已经春满十分了。她在踏遍陇头云时是苦闷的，失望的。她把自己关在狭窄的心的圈子里了。只在自己的心里去找寻美的踪迹是不够的，是大有问题的。王羲之在《兰亭序》里说：“仰观宇宙之大，俯察品类之盛，所以游目骋怀，极视听之娱，信可乐也。”这是东晋大书法家在寻找美的踪迹。他的书法传达了自然的美和精神的美。

不仅是大宇宙，小小的事物也不可忽视。诗人华滋沃斯[1]曾经说过：“一朵微小的花对于我可以唤起不能用眼泪表达出的那样深的思想。”

达到这样的、深入的美感，发见这样深度的美，是要在主观心理方面具有条件和准备的。我们的感情是要经过一番洗涤，克服了小己的私欲和利害计较。矿石商人仅只看到矿石的货币价值，而看不见矿石的美和特性。我们要把整个情绪和思想改造一下，移动了方向，才能面对美的形象，把美如实地和深入地反映到心里来。再把它放射出去，凭借物质创造形象给表达出来，才成为艺术，中国古代曾有人把这个过程唤做“移人之情”或“移我情”。琴曲《伯牙水仙操》的序上说：

> 伯牙学琴于成连，三年而成。至于精神寂寞，情之专一，未能得也。成连曰：“吾之学不能移人之情，吾师有方子春在东海中。”乃赍粮从之，至蓬莱山，留伯牙曰：“吾将迎吾师！”划船而去，旬日不返。伯牙心悲，延颈四望，但闻海水汩没，山林窅冥，群鸟悲号。仰天叹曰：“先生将移我情！”乃援操而作歌云：“繄洞庭兮流斯护，舟楫逝兮仙不还，移形素兮蓬莱山，歍钦伤宫仙不还。”

伯牙由于在孤寂中受到大自然强烈的震撼，生活上的异常遭遇，整个心境受了洗涤和改造，才达到艺术的最深体会，把握到音乐的创造性的旋律，完成他的美的感受和创造。这个“移情说”比起德国美学家栗卜斯[2]的“情感移入论”似乎还更深刻些，因

① 华滋沃斯，现通用译名华兹华斯。——编者注

② 栗卜斯，现通用译名立普斯。——编者注

为它说出现实生活中的体验和改造是“移情”的基础呀！并且“移易”和“移入”是不同的。

这里我所说的“移情”应当是我们审美的心理方面的积极因素和条件，而美学家所说的“心理距离”“静观”，则构成审美的消极条件。女子郭六芳有一首诗《舟还长沙》说得好：

侬家家住两湖东，十二珠帘夕照红，
今日忽从江上望，始知家在画图中。

自己住在现实生活里，没有能够把握到它的美的形象。等到自己对自己的日常生活有相当的距离，从远处来看，才发现家在画图，溶在自然的一片美的形象里。

但是在这主观心理条件之外也还需要客观的物的方面的条件。在这里是那夕照的红和十二珠帘的具有节奏与和谐的形象。宋人陈简斋的海棠诗云：“隔帘花叶有辉光。”帘子造成了距离，同时它的线纹的节奏也更能把帘外的花叶纳进美的形象，增高了它的光辉闪灼，呈显出生命的华美，就像一段欢愉生活嵌在素朴而具有优美旋律的歌词里一样。

这节奏，这旋律，这和谐等等，它们是离不开生命的表现，它们不是死的机械的空洞的形式，而是具有内容，有表现，有丰富意义的具体形象。形象不是形式，而是形式和内容的统一，形式中每一个点、线、色、形、音、韵，都表现着内容的意义、情感、价值。所以诗人艾里略说：“一个造出新节奏的人，就是一个拓展了我们的感性并使它更为高明的人。”又说：“创造一种形式并不是仅仅发明一种格式、一种韵律或节奏，而也是这种韵律或节奏的整个合式的内容的发觉。莎士比亚的十四行诗并不仅是如此这般的一种格式或图形，而是一种恰是如此思想感情的方式”，而具有理想的形式的诗是“如此这般的诗，以致我们看不见所谓诗，而但注意着诗所指示的东西”（《诗的作用和批评的作用》）。这里就是“美”，就是美感所受的具体对象。它是通过美感来摄取的美，而不是美感的主观的心理活动自身。就像物质的内部构和规律是抽象思维所摄取的，但自身却不是抽象思维而是具体事物。所以专在心内搜寻是达不到美的踪迹的。美的踪迹要到自然、人生、社会的具体形象里去找。

但是心的陶冶，心的修养和锻炼是替美的发见和体验作准备的。创造“美”也是如此。捷克诗人里尔克在他的《柏列格的随笔》里一段话精深微妙，梁宗岱曾把它译出，介绍如下：

> ……一个人早年作的诗是这般乏意义，我们应该毕生期待和采集，如果可能，还要悠长的一生；然后，到晚年，或者可以写出十行好诗。因为诗并不像大家所想象，徒是情感（这是我们很早就有了的），而是经验。单要写一句诗，我们得要观察过许多城许多人许多物，得要认识走兽，得要感到鸟儿怎样飞翔和知道小花清晨舒展的姿势。得要能够回忆许多远路和僻境，意外的邂逅，眼光望它接近的分离，神秘还未启明的童年，和容易生气的父母，当他给你一件礼物而你不明白的时候（因为那原是为别一人设的欢喜）和离奇变幻的小孩子的病，和在一间静穆而紧闭的房里度过的日子，海滨的清晨和海的自身，和那与星斗齐飞的高声呼号的夜间的旅行——而单是这些犹未足，还要享受过许多夜不同的狂欢，听过妇人产时的呻吟，和堕地便瞑目的婴儿轻微的哭声，还要曾经坐临终人的床头和死者的身边，在那打开的、外边的声音一阵阵拥进来的房里。可是单有记忆犹未足，还要能够忘记它们，当它们太拥挤的时候，还要有很大的忍耐去期待

它们回来。因为回忆本身还不是这个，必要等到它们变成我们的血液、眼色和姿势了，等到它们没有了名字而且不能别于我们自己了，那么，然后可以希望在极难得的顷刻，在它们当中伸出一句诗的头一个字来。

这里是大诗人里尔克在许许多多的事物里、经验里，去踪迹诗，去发现美，多么艰辛的劳动呀！他说：诗不徒是感情，而是经验。现在我们也就转过方向，从客观条件来考察美的对象的构成。改造我们的感情，使它能够发现美，中国古人曾经把这唤做“移我情”，改变着客观世界的现象，使它能够成为美的对象，中国古人曾经把这唤做“移世界”。

“移我情”“移世界”，是美的形象涌现出来的条件。

我们上面所引长沙女子郭六芳诗中说过“今日忽从江上望，始知家在画图中”，这是心理距离构成审美的条件。但是“十二珠帘夕照红”却构成这幅美的形象的客观的积极的因素。夕照，月明，灯光，帘幕，薄纱，轻雾，人人知道是助成美的出现的有力的因素，现代的照相术和舞台布景知道这个而尽量利用着。中国古人曾经唤做“移世界”。

明朝文人张大复在他的《梅花草堂笔谈》里记述着：

邵茂齐有言，天上月色能移世界，果然！故夫山石泉涧，梵刹园亭，屋庐竹树，种种常见之物，月照之则深，蒙之则净，金碧之彩，披之则醇，惨悴之容，承之则奇，浅深浓淡之色，按之望之，则屡易而不可了。以至河山大地，邈若皇古，犬吠松涛，远于岩谷，草生木长，闲如坐卧，人在月下，亦尝忘我之为我也。今夜严叔向，置酒破山僧舍，起步庭中，幽华可爱，旦视之，酱盎粉然，瓦石布地而已，戏书此以信茂齐之语，时十月十六日，万历丙午三十四年也。

月亮真是一个大艺术家，转瞬之间替我们移易了世界，美的形象，涌现在眼前。但是第二天早晨起来看，瓦石布地而已。于是有人得出结论说：美是不存在的。我却要更进一步推论说，瓦石也只是无色无形的原子或电磁波，而这个也只是思想的假设，我们能抓住的只是一堆抽象数学方程式而已。什么究竟是真实的存在？所以我们要回转头来说，我们现实生活里直接经验到，不以我们的意志为转移的，丰富多彩的，有声有色有形有相的世界就是真实存在的世界，这是我们生活和创造的园地。所以马克思很欣赏近代唯物论的第一个创始者培根的著作里所说的物质以其感觉的诗意的光辉向着整个的人微笑（见《神圣家族》），而不满意霍布士的唯物论里“感觉失去了它的光辉而变为几何学家的抽象感觉，唯物论变成了厌世论”。在这里物的感性的质、光、色、声、热等不是物质所固有的了，光、色、声中的美更成了主观的东西。于是世界成了灰白色的骸骨，机械的死的过程。恩格斯也主张我们的思想要像一面镜子，如实地反映这多彩的世界。美是存在着的！世界是美的，生活是美的。它和真和善是人类社会努力的目标，是哲学探索和建立的对象。

美不但是不以我们的意志为转移的客观存在，反过来，它影响着我们，它教育着我们，提高生活的境界和意趣。它的力量大极了，它也可以倾国倾城。希腊大诗人荷马的著名史诗《伊利亚特》歌咏希腊联军围攻特罗亚九年，为的是夺回美人海伦，而海伦的美叫他们感到九年的辛劳和牺牲不是白费的。现在引述这一段名句：

特罗亚长老们也一样的高踞城雉，

当他们看见了海伦在城垣上出现，
老人们便轻轻低语，彼此交谈机密：
“怪不得特罗亚人和坚胫甲阿开人，
为了这个女人这么久忍受苦难呢，
她看来活像一个青春长住的女神。
可是，尽管她多美，也让她乘船去吧，
别留这里给我们子子孙孙作祸根。”

（缪朗山译《伊利亚特》）

荷马不用浓丽的词藻来描绘海伦的容貌，而从她的巨大的惨酷的影响和力量轻轻地点出她的倾国倾城的美。这是他的艺术高超处，也是后人所赞叹不已的。

我们寻到美了吗？我说，我们或许接触到美的力量，肯定了她的存在，而她的无限的丰富内含却是不断地待我们去发现。千百年来的诗人艺术家已经发现了不少，保藏在他们的作品里，千百年后的世界仍会有新的表现。“第一个造出新节奏来的人，就是拓展了我们的感情并使它更为高明的人！”

选自《新建设》，1957 年第 6 期。

导读

宗白华（1897—1986），字伯华，原名之櫆，江苏常熟人，是我国现当代著名的美学家、哲学家和诗人，主要作品有《中西画法所表现之空间意识》（1936）、《〈论世说新语〉和晋人的美》（1941）、《中国诗画中所表现的空间意识》（1949）、《美从何处寻？》（1957）等。宗白华的美学理论融贯东西，他既读康德，也通魏晋，写流云小诗，习晋唐书法，但他的中西会通始终是站在中国文化精神的基点上，展现出的是一种中国式的思考。20世纪30年代，为宗白华美学研究的初期，彼时时局动荡，战乱频繁，他有感于生命的稍纵即逝，在德国生命哲学和魏晋玄学的影响下，注重生命美学精神；30年代到50年代，宗白华的学术目光由“西”而“中”，从注重康德、叔本华、尼采等西方美学家转向中国审美主义，走上体验美学的道路；50年代之后，宗白华的美学逐渐开始由“体验”向“散步”转变，由注重人格精神美以期治疗现代病转向翻译康德的《判断力批判》。概观宗白华的美学思想，其以具体的诗歌、书法、绘画的艺术体验为研究的切入点，以中西美学的比较为研究方法，以散步式的思想和语言为呈现形式，最终定位于人生艺术化的追求。这是宗白华站在中国文化本位的立场上，对中国古典美学进行的现代性转化，为中国美学的现代转型提供了可供借鉴的范式。

美育，是美学的行动，是美学理论走向实践的桥梁。宗白华的美学并没有仅仅停留在理论的层面，而是审美与人生实践的结合。因此宗白华对美学的研究，实际上也是他的美育实践。艺术教育是宗白华审美教育的核心，面对五四时代弥漫于青年中的烦闷和厌世情绪，宗白华高举艺术人生观的大旗，试图以艺术教育来进行国民精神与情感的重建，并将人的艺术素养的养成、审美人格的生成视为审美教育的最终追求。他欣赏晋人的率真深情与歌德的自强不息，认为中国之少年应当“具科学研究的眼光，抱真诚高洁的心胸，怀独立不屈的意志”[①]。本篇《美从何处寻？》最初于1957年发表于《新建设》，是宗白华注重审美人格生成之美育思想的代表作。

一、美从何处寻

当我们谈及“美”时，总绕不开对“美是什么”的追问。希腊大哲柏拉图认为，美是永恒且绝对的“理念”；在德国哲学家黑格尔眼中，美是“理念的感性显现”；意大利哲学家克罗齐认为，“美是直觉，是表现”。对于“美是什么”，宗白华在《美从何处寻？》一文中进行了他自己的思考。

宗白华选择了自作的《流云小诗》和《鹤林玉露》中记载的某尼悟道诗作为文章开篇，发出了“美从何处寻”的设问。两首诗的主题分别在于寻诗与寻春，诗和春都是美的化身，前者为艺术之美，后者为自然之美。因此，作者真正所寻之物为诗与春背后的美。诗从何处寻？作者在《流云小诗》中写到，诗在细雨落花声中，在微风流水声中，在蓝空天末的孤星中。诗即美也，也

① 宗白华：《致〈少年中国〉编辑诸君书》，见《宗白华全集》（第1卷），安徽教育出版社，1996年版，第52页。

就是说人们能够在目观耳听的世界中寻得美的踪迹。然而，宋代某尼在寻春悟道之时所遵循的却并非此理。她踏破了芒鞋，入岭穿云，却始终寻春不得，待到她败兴而归，拈起枝头的梅花轻嗅之时，才恍然发现自己所寻之春，其实就在自己的庭院内，所谓道不远人，正是此意。不难看出，宗白华所引用的这两首小诗，虽然实质上都在寻美，但其寻找方式却是一个外寻，一个内求。某尼悟道诗虽颇具禅意，但诗中所主张的不应该"道在迩而求诸远"的观点并不被宗白华所认同。

宗白华在文中说，"你的心不是'在'自己的心的过程里，感觉、情绪、思维里找到美"。梅花是自然界中存在的客观事物，对于心来说，它是让人产生美感的客观对象和存在，若是想要进一步认识这朵让你产生美感的梅花，"你可以分析她的结构、形象、组成的各部分"。文中所说的"结构""形象""组成的各部分"是指对梅花外在形态的研究，而这一系列研究"不必顾到你自己的心的活动"。如此说来，自己的心里就没有美存在了吗？在宗白华看来，我们内心的情感波动只有通过外化的方式才能成为美的对象，也就是说要将你心中的快乐融进舞蹈里，将你心中的忧郁吟在诗歌里，将你心中的所思所想表现在行动或语言里，你心灵的美才会被他人所欣赏。

无论是大自然中的梅花，还是内心情感外化而成的舞蹈、诗歌，它们身为美的对象，都是客观的存在，且不因个人的意志为转移，正如宗白华在文中强调的"你的意志只能主使你的眼睛去看她或不去看她，而不能改变她"。基于此，宗白华批评宋朝某尼只在心中寻美的方法，主张"美的踪迹要到自然、人生、社会的具体形象里去找"。在此，宗白华引用了王羲之的《兰亭序》与英国诗人华兹华斯的诗，华兹华斯笔下能够唤起主体美感的微小的花与王羲之笔下的大宇宙两相呼应，大到苍茫宇宙，小到一花一叶，处处留心皆是美。

二、美是主客观的统一

宗白华认识到美具有客观性的一面，明确指出美的对象是自然、社会与人生。同时，他也注意到审美主体在审美活动中的重要作用，“你的心可以发现美的对象”。梅花是美的，但让人产生美感的不是自然意义上作为物象的梅花，而是审美主体心中作为意象的梅花。物象之梅在主体的心灵上留下印痕，渗入主体的感觉、情绪、思维等因素，才成为意象之梅，从而成为审美对象。所以，由一朵小花所唤起的情思并非偶然，要想“达到这样的、深入的美感，发见这样深度的美，是要在主观心理方面具有条件和准备的”。这便涉及宗白华的“移情”说。

理解宗白华的“移情”说，要回溯到他早年以同情之心去领会世界的主张。宗白华曾写过一首小诗，其在诗中对“同情”的感觉做了阐释：“想要了解‘光’吗？你可曾同那疏林透射的斜阳共舞？你可曾同那黄昏初现的冷月齐颤？你可曾同那蓝天闪闪的星光合奏？”[①] 宗白华认为，人与自然之间的生命情感是能够共通的，山水树云、月光星辰，都是人们有知觉、有感情的同胞。因此，要想领悟如“光”般的世间万象，便要与世间万物进行生命灵魂的交流。在此基础上，宗白华将这种“同情”的意识拓展到艺术与人生，并认为：“美感的动机，起于同感。”[②] 然而，“同情”说过于宽泛，并没有对同情心理与审美感受之间的关系

① 宗白华：《艺术生活——艺术生活与同情》，见《宗白华全集》（第1卷），安徽教育出版社，1996年版，第316页。

② 宗白华：《艺术生活——艺术生活与同情》，见《宗白华全集》（第1卷），安徽教育出版社，1996年版，第317页。

进行深入分析，于是在《美从何处寻？》一文中，宗白华在其“同情”说的基础上提出了“移情”说。

“移我情”，是美感涌现的主观方面的条件，宗白华是这样理解“移我情”的：“我们要把整个情绪和思想改造一下，移动了方向，才能面对美的形象，把美如实地和深入地反映到心里来。再把它放射出去，凭借物质创造形象给表达出来，才成为艺术。”“移我情”出自琴曲《伯牙水仙操》的序，宗白华便以伯牙学琴为例进一步阐释“移我情”的内涵。伯牙学琴三年，却始终难成“精神寂寞，情之专一”的境界，直到其师成连以迎接老师为由划船而去，将其独自留于蓬莱山，伯牙心中生悲，又闻“海水汩没，山林窅冥，群鸟悲号”，心中豁然开悟，仰天慨叹“先生将移我情”，随即操琴而歌，著成妙曲。大自然的震撼与生活上异常的遭遇洗涤和改造了原本心系凡尘俗世的伯牙的心境，使得伯牙实现了他美的感受和创造。

在此，宗白华运用比较的方法，阐述了中西方美感发生论的不同。首先，宗白华将中国古代的“移我情”与西方美学家立普斯的“移情说”进行比较。审美主体与审美客体是美感产生的两个基本要素，但如何把握两者之间的关系，却是不同美学观的思想分野。“移情说”的诞生基于西方美学主客二分、物我对立的思维模式，该理论认为美感的产生是由于审美主体将自我情感移置到审美对象上，于是便感觉客观对象也有了与人一样的情感。也就是说，所谓“移情”，实际上是一方的情感强行“移入”对方，审美对象一旦接受了这情感移入，其生命意志便会被审美主体所消解。因此，当主体欣赏这一对象时，实际上欣赏的是对象身上的自我情感。中国古典理论则完全摆脱了这种思维模式，在“移我情”所产生的美感世界中，主体与客体并不是彼此孤立的对抗关系，而是物我会通的。“移我情”需要主体在现实生活的体验基础上充分发挥主观能动性，对自身心灵、情感进行陶养、改造与提升，克服小我的私欲与利害计较，进而对审美对象产生关怀与认同。因此，宗白华认为中国古典理论中的“移情”实际上是“移易”，他有意将“移易”与“移入”进行区分，目的在于说明“移我情”相较“移情说”而言更为深刻。

其次，宗白华将“移我情”与“静观”说、“心理距离”说进行比较。宗白华认为“心理距离”说和“静观”说是具有一定合理性的，继而其以郭六芳的诗《舟还长沙》为例展开说明。当自己身在日常生活中时，往往会忽视这生活中的美的形象，而等到自己与这生活产生了距离之后，才更容易发现自己习以为常的家其实是一幅美丽的图画。然而，中国古典美学中的“移我情”，是物我合一、心物一致的过程，伯牙与自然相交相融，彼此沟通才达到移情的境界，而并非“心理距离”说、“静观”说所言的对主观心理进行单方面的改变。所以在宗白华看来，心物流转构成的“移情”与单纯的“静观”相比，前者是构成审美心理方面的积极条件，后者则构成审美的消极条件。

宗白华从美的形象涌现的主观条件出发，详尽阐述了“移我情”的内涵，既而其调转方向，从客观条件出发对美的对象的构成进行考察，便提出“移世界”。何谓“移世界”？郭六芳所作的《舟还长沙》中，“今日忽从江上望”拉开了主体与客体的审美距离，作为审美客体的水畔人家在“十二珠帘夕照红”的映衬之下才显得更加如画般美丽。宗白华又进而举明人张大复在《梅花草堂笔谈》中记述的月下夜景的故事，更进一步地解释“移世界”的内涵。邵茂齐曾言，天上的月色能够改变世界。在皎洁月光的照射下，原本常见的山石、亭苑、竹树等变得“深”“净”“醇”“奇”，以至于“人在月下，亦尝忘我之为我也”。当月光消失之后，白日再看，所谓的美景只是一堆破瓦碎石而已。那么观者曾经看见的月下美景是幻觉吗？宗白华所给出的答案是否定的，他认为当下的现实世界就是真实存在的世界，月色下的山石泉涧也并不是幻觉，而是观赏者身处月下之时根据周围的物质环境进行想象、创造的结果。在《舟还长沙》与《梅花草堂笔谈》中，夕阳的霞光、流转的珠帘、皎洁的月色，都是构成美的形象的客观的积极因素。所谓“移世界”，就是通过改变客观世界的现象，使之形象更容易激起主体的情感，从而成为美的对象。现代的舞台布景对夕照、灯光、薄纱、轻雾等助成美的形象出现的有力因素的使用，便是“移世界”的范例。在此，宗白华对美的内容与形式之间的关系进行了思考，并对理想的形象提出了要求。形象不是形式，并不仅仅是一种格式、韵律或节奏，同时也是这格式、韵律和节奏的内容的发掘。形象是形式和内容的统一，它要求形式中的每个点、线、色、形等都表现出内容的意义、情感和价值。宋人陈简斋的海棠诗云“隔帘花叶有辉光”，诗句中的“隔帘”所起到的便是“移世界”的作用，它的线纹节奏更能将帘外的花叶纳入美的形象，但是这帘子的线纹节奏并不是机械的、空洞的，通过这节奏所呈现出的是花与叶的光辉闪烁，是其生命的华美。又如莎士比亚的十四行诗，它也不仅仅是一种形式，而是在这形式中包含着诗所指示的内容。

在宗白华看来，这存在于自然、社会、人生当中的具体的客观形象就是美感体验的具体对象。“它是通过美感来摄取的美，而不是美感的主观的心理活动自身。”在“移我情”与“移世界”这种主客体双向交流中，我们的性灵起伏万状，体验感悟着世界中缤纷的美。由此可见，宗白华清楚地认识到了主客体之间的不同属性，区分了美感与美的存在。他在将审美过程中的心理现象与触发美的事物的自身属性区分开来的同时，又看到了主客体相触相感之时的互动与交融。因此，美不是主观的，专在内心搜寻无法发现美，美也不是对客观世界的机械反映，美根源于人类的活泼心灵与外界事物相遇时产生的心理波动，是主客观的统一。

三、审美人格的培育

《美从何处寻？》发表的年代，正值20世纪五六十年代美学大讨论展开之际，各个派别就“美是什么”讨论得如火如荼。在《美从何处寻？》一文之前，宗白华便早已谈及此问题，但其立足点不是美感经验，而是艺术意境。艺术何以美？是因为“艺术家以心灵映射万象，代山川而立言，他所表现的是主观的生命情调与客观的自然景象交融互渗，成就一个鸢飞鱼跃，活泼玲珑，渊然而深的灵境；这灵境就是构成艺术之所以为艺术的‘意境’”[①]。美，是主观的生命情调与客观的自然景象的融合，用唐代张璪的话来说，就是“外师造化，中得心源”。“造化”与“心源”的交融一体，非简单机械式的统一，而是一种生命熔铸下的主客统一。20世纪五六十年代美学大讨论中的宗白华并没有加入任何派别，而是继续遵循着自己由艺术体验去探究美的为学道路。此文中，宗白华借由开篇的两首小诗讨论美的本质，与其“意境说”的理路乃是一脉相承，他不是单纯地从哲学出发，也不服膺学术史上已有的看法，而是立足体验，主张去“耳观”，去“目听”，去感悟美、把握美，这是宗白华对美本质追索的最好回答。

宗白华想借由“美是主客观的统一”所回答的问题，并不仅是美学的学术问题，更是人的生存和时代问题。20世纪上半叶，中国的知识分子面对民族苦难，欲通过启蒙达到救亡图存的目的，在这样的时代背景下，社会上掀起了一股美育热潮。中国的审美

① 宗白华：《中国艺术意境之诞生》（增订稿），见《宗白华全集》（第2卷），安徽教育出版社，1996年版，第358页。

启蒙总体上呈现出两个发展方向，一是以梁启超、鲁迅为代表的功利主义走向，表现为迫切地希望以文艺的力量开民智；二是以王国维、蔡元培为代表的非功利主义走向，表现为以审美陶冶人的心灵，进而塑造高尚的人格。宗白华是蔡元培美育思想的支持者，他认为社会的问题是人的问题，而人的问题归结于人格的问题，并向社会疾呼："不重视精神人格的培养，在这国家危急的时候，流弊也很大。"[①] 因此，宗白华的审美启蒙走得也是以审美净化心灵、提升人格的非功利主义路线，理据在于"它（美）影响着我们，它教育着我们，提高生活的境界和意趣"。宗白华借希腊联军为了美人海伦而围攻特洛伊的故事来说明美所具有的力量，他看重美的力量，这是他不断钻研美论的原因所在。

理想的人格是审美的人格，宗白华一生的美育追求便在于通过树立艺术的人生观而培育审美人格。他从歌德与晋人身上找到了审美人格的典范，勾勒了审美人格的蓝图，而如何将理想的蓝图变为现实，指向的是宗白华在本文中所表达的以审美体验涵养人格的美育思想。审美体验在主观方面需要具备审美的心灵，正如宗白华在文中所说，"心的陶冶，心的修养和锻炼是替美的发见和体验作准备的"。我们需要有一颗空灵的心，而这样的审美心灵必须要在人生的历练积淀中陶养。在此，宗白华特举里尔克《柏列格的随笔》中关于"诗是经验"的著名论断来佐证。诗的意义是需要我们用一生的时间来采集的，当我们观察过众多的人和物，走遍许多或远或近的路，拥有甜蜜亦或忧伤的回忆，享受过、悲痛过、聆听过、体验过，这些人生经历融进我们的心灵中，才会在日后某个顷刻变成诗句出现在我们的笔端。具备了审美的心

---

① 宗白华：《〈美育〉等编辑后语》，见《宗白华全集》（第 2 卷），安徽教育出版社，1996 年版，第 261 页。

灵，还要迈开脚步，去感受自然与艺术的熏陶。宗白华始终认为大自然中有一种大精神，有一种宇宙活力，就是它能够“表现出花，表现出光，表现出云树山水，以至于鸢飞鱼跃、美人英雄”[①]。而艺术能够打破心灵的壁垒，沟通人类的悲欢，一曲悲歌千人泣，一支妙舞永流传。宗白华的一生便是如此，其一边漫步于大自然之中，尽情领略着风景的优美；一边徜徉在艺术的海洋中，体会着审美的至境，自然与艺术在其人生中的和谐成就了他的审美人格。

一介书生的宗白华，以他对中华民族的一腔深情固守着学术的三尺讲台，启发学生要用美的眼光来照烛社会的黑暗，力求在灾难的悲苦中孕育出自强不息而又韵致无穷的人生。宗白华的思想具有跨时代的意义，无论身处怎样的时代，对于人生价值的追问永远存在。伴随着现代化的征程，我们当如何在物欲横流的世界中守得一隅心灵的安谧，又当如何在幽渺的生命体验中固守精神的家园,科技的进步并不能给我们答案,唯有美育可以当此重任。美育，是在实践中体验感悟的过程，是在心领神会的基础上净化心灵的过程，个体的生命走向艺术的美境，民族的精神趋于壮美，这正是宗白华的美育思想对于现代中国人文精神以及民族人格建构的意义所在。

王敏撰写

① 宗白华：《看了罗丹雕刻以后》，见《宗白华全集》(第1卷)，安徽教育出版社，1996年版，第313页。

编后记

2019 年 4 月，经学校批准，山东师范大学美学与美育研究中心成立。作为中心的副主任，我筹划建立与中心工作配套的微信公众号“大美育人”，用作中心的数字化平台。其中设立《经典文献》栏目，本着宁缺毋滥的原则，主要编辑发布美学与美育史上的重要文章，并为今后建设中心的电子文献资料库做初步准备。几年来，该栏目整理编辑发布了十余篇与美育、艺术教育直接相关的核心文献，有了一点成绩。如根据 1922 年的原始文献，首次将吕澂的重要美育文章《论美育书》重新点校分段后以电子版形式发布，等。

此过程中，也发现了一些问题，正是这些问题促成了本书的编写。比如，中国的近现代美育和艺术教育文献数量庞大，亟待收集整理。仅晚清民国这个时段的文章类文献，除了《教育杂志》《美育》等集中刊发此类文献的学术性专业期刊外，各种大型报纸、地方报刊、学校自编刊物、学会演讲等都有许多涉及美育艺术教育的文章。当前美育研究中不少常用的经典文献，很多都是首发在报纸上。后再经编辑出版时，其原始样貌由于各种原因变化颇大，有些当时的附注、按语等甚至被直接删除，里面的很多历史信息也随之丢失，实属可惜。又如，晚清民国时期的美育文献涉及不少西方名词，当时译名很不统一，有些人名如柏拉图、亚里士多德等今人耳熟能详，但由于当时人的不同翻译，需再识别。而有些西方学者人名译成汉语后，如无外文原名对应，现在的读者已经搞不清楚具体所指。可这些名字其实是探讨当时中国美育所受西方影响等问题的基本线索，需要进行探佚。再如，由于处在语言转型的早期，晚清民国时期“文白西”相互夹杂的行文语言对于今天的读者而言已经产生了一定的语言障碍。参与整理文献的研究生和本科生对此多有感受。因此，仅仅将当时的文献校对整理出来并不够，尚需进行相对专业又通俗的导读才能真正发挥文献的当代价值。还有，原始文献中作者本人就存留着错误，需要发现订正。如舒新城的《美感教育思想》将吕凤子关于中学美育实施的观点误认为是吕澂，等。诸如此类的问题尚有不少，不再赘述。

限于篇幅与能力，本书主要收集美育理论类的原始刊发文献 16 篇，对讨论各门类艺术教育以及各类审美教育具体实施的文献涉及甚少。美育理论是美育事业的源头和基础，其理念、方法、思路对美育的其他方面均具统摄作用，亦利于发挥本书小而精的优势。编写出版过程中，副主编郭焕苓在组织整理方面付出了很多心血。山东师范大学文学院的盖平运、王敏、丁丹丹、王妃萍、齐林燕、赵雯睿、许耀义、马昕悦、刘欣怡等积极参与，从各方面提供了诸多帮助，一并致谢。特别感谢山东文艺出版社杨智总编辑、王怀瑞编辑在本书出版过程中给予的认可与有力支持，他们严谨负责的工作态度是本书质量的重要保证。感谢山东师范大学人文社科预研项目的资助。最后，在本书编辑出版过程中，曾为建立美学与美育研究中心发挥重要推动作用的山东师范大学文学院原院长杨存昌教授不幸病逝。杨存昌师音容宛在，这本小书以寄哀思！

杨光

2023 年 1 月 30 日记于济南转山

出版说明

在编选过程中，为了保存历史的真实，尊重原貌，依据其原始版本，除对文字明显讹误进行订正外，其余不进行现代汉语的规范处理，提请读者注意。